普通高等教育汽车车身设计学科方向规划教材

汽车空气动力学

傅立敏　著

范士杰　审

机 械 工 业 出 版 社

本书系统介绍了汽车空气动力学基本原理及与其相关的流体力学基础，汽车的外部流场，汽车外形对空气动力特性的影响，汽车空气动力学设计，汽车发动机冷却、驾驶室通风和空调等内流问题，汽车空气动力噪声，汽车空气动力学试验以及汽车空气动力学数值计算等问题。本书是在作者多年研究工作和多项研究成果的基础上撰写的。

　　本书是高等学校车辆工程专业本科教材，对从事汽车设计、车身造型设计、汽车空气动力学试验研究的工程技术人员亦有重要的参考价值。

图书在版编目（CIP）数据

汽车空气动力学/傅立敏著. —北京：机械工业出版社，2006.8
（2024.6重印）

普通高等教育汽车车身设计学科方向规划教材

ISBN 978-7-111-19736-2

Ⅰ. 汽⋯　Ⅱ. 傅⋯　Ⅲ. 汽车—空气动力学—高等学校—教材

Ⅳ. U461.1

中国版本图书馆 CIP 数据核字（2006）第 093380 号

机械工业出版社（北京市百万庄大街 22 号　邮政编码 100037）
责任编辑：赵爱宁　版式设计：冉晓华　责任校对：王　欣
封面设计：王伟光　责任印制：郜　敏
北京富资园科技发展有限公司印刷
2024 年 6 月第 1 版第 11 次印刷
184mm×260mm · 10 印张 · 242 千字
标准书号：ISBN 978-7-111-19736-2
定价：29.00 元

电话服务　　　　　　　　　网络服务

客服电话：010-88361066　机　工　官　网：www.cmpbook.com
　　　　　010-88379833　机　工　官　博：weibo. com/cmp1952
　　　　　010-68326294　金　书　　网：www.golden-book.com
封底无防伪标均为盗版　机工教育服务网：www.cmpedu.com

序

汽车被称为"改变世界的机器"。由于汽车工业具有很强的产业关联度，因而被视为一个国家经济发展水平的重要标志。进入 21 世纪以来，随着国民经济的持续增长，轿车逐渐进入家庭，我国汽车工业进入空前的快速发展时期，已经成为国民经济的支柱产业。在"十五"末期，我国汽车年产量已达到 570 多万辆，在世界排名由第 11 位跃居第 3 位，已经成为世界汽车生产、消费和保有量大国。汽车工业正在成为拉动我国经济增长的发动机。汽车工业的繁荣，使汽车及其相关产业的人才需求量大幅度增长。与此相适应，作为高层次人才培养基地的汽车工业高等教育也得到了长足发展。据不完全统计，迄今全国开办汽车类专业的高等院校已达百余所。

虽然近几年中国汽车工业得到快速发展，市场需求稳步增长，汽车产能迅速扩大，技术水平不断提升，多元化资本进入汽车产业，但是从可持续发展的战略高度仔细分析我国汽车工业现状，仍然存在很多限制因素。中国汽车产品的质量和技术水平与国际水平存在着很大的差距，汽车产业自主开发能力十分薄弱。从未来发展趋势看，打造我国自主品牌、开发核心技术是我国汽车工业的必然选择。

十六大以来，党中央明确提出要把推动自主创新摆在全部科技工作的突出位置，把提高自主创新能力、建设创新型国家作为调整经济结构、转变增长方式、提高国家竞争力的中心环节，这对我国高等教育的办学体制、机制、模式和人才培养理念等都提出了全新的要求。

为了满足新形势下对汽车类高等工程技术人才培养的需求，在中国机械工业教育协会机械工程及自动化学科教学委员会车辆工程学科组的领导下，成立了教材编审委员会，组织制定了多个系列的普通高等教育规划教材。其中，为了解决车身开发方面的创新型人才培养中教材短缺、滞后等问题，组织编写了"普通高等教育汽车车身设计学科方向规划教材"。

本系列教材在学科体系上适应普通高等院校培养开发研究创新型人才的需求；在内容上除选择反映车身开发方面的基础理论和共性技术，如汽车车身设计、汽车造型设计、汽车车身试验学、汽车空气动力学、汽车人机工程学以外，还注重介绍反映当前国际汽车车身开发方面的新理论、新技术和新工艺，如汽车车身制造工艺学、汽车车身 CAD/CAM 技术、汽车车身CAE基础、汽车碰撞安全与乘员保护、汽车车身电子技术等；在教学上强调加强实践环节。

相信本系列教材的出版将对我国汽车类专业的高等教育产生积极的影响，为我国汽车行业创新型人才培养模式作出有益的探索。由于我国汽车工业还处于快速发展阶段，对人才不断提出新的要求，这也就决定了高等教育的人才培养模式和教材建设也处于不断变革之中。我们衷心希望更多的高等院校加入本系列教材建设的队伍中来，使教材体系更加完善，以更好地为培养汽车专业人才的高等教育事业服务。

中国汽车工程学会　常务理事

中国机械工业教育协会车辆工程学科组　副主任

林　逸

前　言

汽车空气动力特性对汽车的动力性、经济性、操纵稳定性和舒适性有重要影响，降低气动阻力是改善燃油经济性的重要前提。由于高等级公路的发展、燃油价格的上涨以及严格的相关法规，在激烈的市场竞争中，汽车空气动力特性占有越来越重要的地位。

在我国国民经济"以汽车工业为支柱产业"，"自主开发新车型"政策的指导下，汽车空气动力学日益受到重视。本书介绍了汽车空气动力学的基本原理以及与其相关的流体力学基础，汽车空气动力学设计原则，有关风洞和风洞试验的基础知识；分析了汽车外部流场，同时介绍了汽车外形对空气动力特性的影响；还介绍了发动机冷却和驾驶室内流及汽车空气动力噪声等问题；由于计算机的发展，汽车空气动力学数值计算已成为汽车空气动力学研究的重要研究手段，因此，本书还介绍了有关汽车空气动力学数值计算的基础知识。

作者长期从事汽车空气动力学研究和教学，曾完成本领域多项研究课题，获多项奖励。负责中国首座汽车风洞的建设；曾多次以访问学者和高级访问学者身份赴国外研修，并多次出席本领域国际会议做特邀学术报告；曾作为"21世纪国际优秀人才"（21 Century COE Program "Flow Dynamics International Research Educational Base"）被聘为日本东北大学客座教授，多次赴国外讲学。

作者于1998年曾出版《汽车空气动力学》一书并受到广泛的关注，被国内多所大学用做车辆工程专业教材。现应中国机械工业教育协会车辆工程学科组之约，作为车辆工程专业汽车车身设计规划教材出版本书。本书定位为大学本科教材，在原书基础上对内容作了较多删简。

在本书撰稿过程中，作者的学生吉林大学贺宝琴博士和吴允柱博士为书稿整理做了大量工作，吉林大学汽车风洞实验室全体同志给予了大力协助，在此一并致以谢意。

由于作者水平所限，本书内容难免有错误或不妥之处，望广大读者批评指正。

作　者

目　　录

序

前言

第一章　绪论 ………………………… 1

　第一节　汽车空气动力学的
　　　　　重要性 ………………… 1

　第二节　汽车空气动力学的发展 …… 5

第二章　汽车空气动力学概述 ……… 22

　第一节　气动力和力矩 …………… 22

　第二节　汽车的阻力特性 ………… 28

　第三节　与汽车相关的流场 ……… 30

　第四节　汽车空气动力学特点 …… 32

　第五节　汽车空气动力学的
　　　　　相关学科 ………………… 33

　第六节　汽车外形与空气动
　　　　　力特性的关系 …………… 34

　第七节　汽车最佳气动外形
　　　　　的设计途径 ……………… 41

第三章　汽车空气动力学基础 ……… 43

　第一节　流体的性质 ……………… 43

　第二节　流体阻力的理论 ………… 46

　第三节　汽车的绕流特性 ………… 52

第四章　汽车空气动力学设计 ……… 65

　第一节　汽车空气动力学
　　　　　设计准则 ………………… 65

　第二节　汽车空气动力学
　　　　　设计方法 ………………… 66

　第三节　最佳气动外形 …………… 71

第五章　汽车发动机冷却系的空气
　　　　动力特性以及驾驶室的通
　　　　风特性 …………………… 76

　第一节　发动机冷却系分析 ……… 76

　第二节　发动机冷却系的
　　　　　设计原则 ………………… 80

　第三节　驾驶室的通风特性 ……… 81

第六章　汽车空气动力噪声 ………… 83

　第一节　流场中的声源 …………… 83

　第二节　汽车气动噪声分析 ……… 89

　第三节　汽车周围的流场与汽车
　　　　　的气动噪声 ……………… 92

第七章　汽车空气动力学试验 ……… 94

　第一节　汽车空气动力学试验
　　　　　技术概述 ………………… 94

　第二节　汽车风洞试验 …………… 97

　第三节　汽车风洞 ……………… 107

　第四节　汽车空气动力学流态
　　　　　显示试验 ……………… 112

　第五节　汽车空气动力学道路
　　　　　试验 …………………… 116

　第六节　实车道路试验与实车风洞
　　　　　试验的数据对比分析 …… 118

　第七节　驾驶室通风试验 ……… 118

第八章　汽车空气动力学数值计算 … 120

　第一节　空气动力学数值计算
　　　　　概述 …………………… 120

　第二节　CFD在汽车空气动力学中
　　　　　的应用 ………………… 125

　第三节　非粘性流方法 ………… 128

　第四节　N—S方程的简化 ……… 139

　第五节　N—S方程的解法 ……… 145

　第六节　结束语 ………………… 147

参考文献 …………………………… 149

第一章 绪 论

第一节 汽车空气动力学的重要性

汽车空气动力学是研究空气与汽车相对运动时的现象和作用规律的一门科学。它是汽车技术发展的先行官和基础，在能源、交通、环保等领域也发挥着十分重要的作用。

汽车空气动力特性是汽车的重要性能，它是指汽车在流场中所受到的以阻力为主的包括升力、侧向力的三个气动力及其相应的力矩（即六分力）的作用而产生的车身外部和内部的气流特性、侧风稳定性、气动噪声特性、泥土及灰尘的附着和上卷、刮水器上浮以及发动机冷却、驾驶室内通风、空气调节等特性。概括地说，汽车的流场包括车身外部流场和内部流场。

由于高等级公路的发展、汽车车速的提高对汽车的操纵稳定性、安全性、舒适性提出了越来越高的要求，特别是由于世界能源危机，石油价格上涨，使改善汽车的燃油经济性成为汽车技术的重要课题。汽车空气动力特性对汽车的动力性、经济性和操纵稳定性有直接的影响。设计空气动力特性良好的汽车，是提高汽车动力性、经济性的重要途径，而高速汽车的空气动力稳定性是汽车高速、安全行驶的前提。改善驾驶室的内流特性（发动机冷却系空气动力特性、驾驶室内通风及空调特性），在减阻的同时，提高发动机、制动器部件的效能，降低空气动力噪声，则是保障舒适性的前提。

关于空气动力特性对汽车性能的影响，本章将分别进行叙述，这里仅对空气动力特性与汽车动力性、经济性以及操纵稳定性的关系进行简要分析。

一、汽车空气动力特性对动力性的影响

汽车的最高车速、加速时间和最大爬坡度是评价汽车动力性的主要指标。

1. 气动阻力与最高车速

在水平路面上等速行驶的汽车，驱动力全部用来克服滚动阻力和气动阻力。假设汽车前后车轮的滚动阻力相同、汽车的重力和气动升力均匀地分布在四个车轮上，则汽车的最高车速可表示为

$$v_{max} = \left[\frac{F_{max} - Gf}{\frac{1}{2}\rho A (C_D - C_L f)} \right]^{\frac{1}{2}} \qquad (1-1)$$

式中 v_{max}——最高车速；

F_{max}——最大驱动力；

G——汽车重力（车重）；

f——滚动阻力系数；

ρ——空气密度；

A——汽车正面投影面积；

C_D——汽车气动阻力系数；

C_L——汽车气动升力系数。

可见在最大驱动力 F_{max} 时，在一定的车重 G 及其他因素不变的情况下，最高车速 v_{max} 取决于气动阻力系数 C_D 和气动升力系数 C_L。减小气动阻力系数，可提高最高车速。由于升力对汽车操纵稳定性的影响，所以不能简单地用增大 C_L 来分析对 v_{max} 的影响。

2. 气动阻力与汽车加速度

汽车的加速度可表示为

$$\frac{dv}{dt} = \frac{dP_t}{dt} \frac{\eta_T}{Gf + \frac{3}{2}\rho C_D A u_a^2} \tag{1-2}$$

式中 $\dfrac{dP_t}{dt}$——发动机功率随时间的增长率；

$\dfrac{dv}{dt}$——汽车的加速度（m/s²）；

P_t——发动机功率（kW）；

G——汽车重力（车重）（N）；

f——摩擦系数；

ρ——空气密度（kg/m³）；

C_D——气动阻力系数；

A——汽车正面投影面积（m²）；

u_a——车速（m/s）；

η_T——汽车传动系效率。

由式（1-2）可见，汽车的加速能力首先取决于发动机的加速特性，同时还与汽车的气动阻力系数 C_D 近似成反比关系，减小汽车的气动阻力，就可增加汽车的加速度。

气动阻力增加，会导致加速能力下降。当汽车达到最大速度 v_{max} 时，其加速度的值就降低为零。

二、汽车空气动力特性对经济性的影响

1. 气动阻力占总阻力的比例

行驶汽车的总阻力 T 可表达为

$$T = \frac{1}{2}\rho v^2 A C_D + 2(G_F - L_F)f_F + 2(G_R - L_R)f_R \tag{1-3}$$

式中 $\dfrac{1}{2}\rho v^2 A C_D$——气动阻力；

$2(G_F - L_F)f_F + 2(G_R - L_R)f_R$——总的滚动阻力；

G_F、G_R——分别为作用在前、后轴上的汽车重力分配值；

L_F、L_R——分别为作用在前、后轴上的气动升力；

f_F、f_R——分别为前、后轮胎的滚动阻力系数。

图 1-1 为气动阻力占总阻力的比例。图中表明，在车速 $v=80\text{km/h}$ 时，气动阻力与滚

动阻力几乎相等；当 $v=150km/h$ 时，气动阻力相当于滚动阻力的 $2\sim3$ 倍。

2. 消耗于气动阻力的功率

汽车的气动阻力是由发动机产生的牵引力克服的。消耗于克服气动阻力的功率是发动机所做的功中相当大的一部分，因此气动阻力直接影响到所需的功率。这一点可用燃料消耗量来表示。

消耗于气动阻力的功率 $P(kW)$ 为

$$P = \frac{C_D \rho A u_a^3}{2\eta_T} \qquad (1-4)$$

式中　ρ——空气密度（kg/m^3）；

C_D——气动阻力系数；

A——汽车正面投影面积（m^2）；

u_a——车速（m/s）；

η_T——汽车传动系效率。

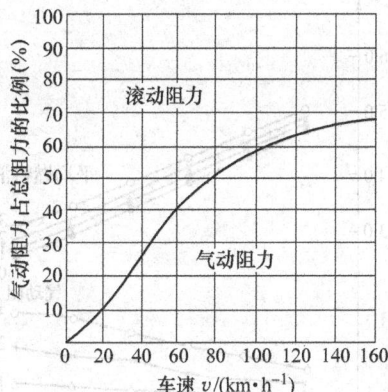

图1-1　气动阻力占总阻力的比例

可见，消耗于气动阻力的功率与速度的三次方成正比。图1-2为消耗于气动阻力的功率。

3. 气动阻力与燃料消耗量

图1-3为各种车辆每100km的燃料消耗量。小型客车用于克服气动阻力的燃油消耗量为50%左右，比例最大；其次是普通货车，占32%左右。

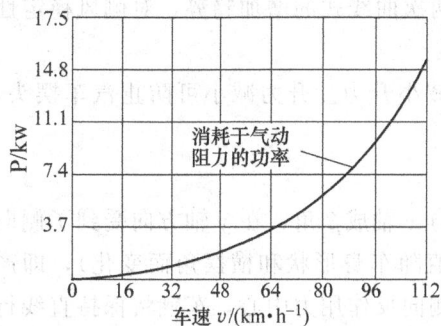

图1-2　消耗于气动阻力的功率

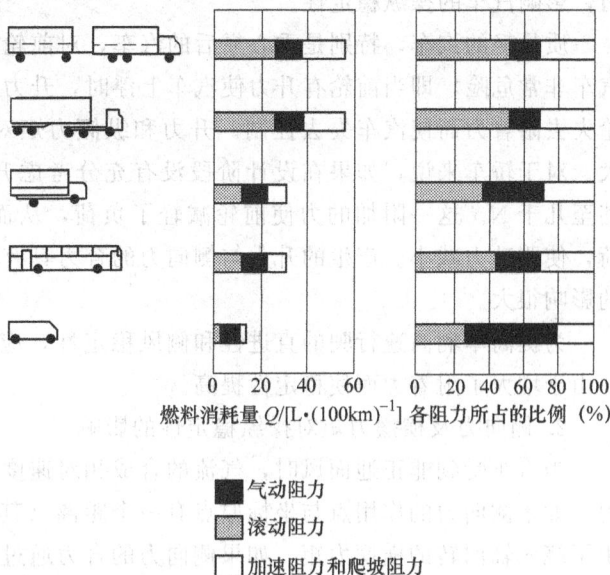

图1-3　各种车辆每100km的燃料消耗量

本书作者曾进行过国产轿车、小公共汽车和载货汽车的降低气动阻力的研究。研究表明，国产汽车通过空气动力特性改进，使油耗降低的效果为：

大型载货汽车、全挂牵引车，当气动阻力系数降低30%，并以80km/h的车速行驶时，可降低油耗12%～13%；当气动阻力系数降低20%时，可降低油耗7%～9%；当气动阻力系数降低10%时，可降低油耗3%～5%。气动阻力系数对燃料消耗的影响见图1-4和图1-5。

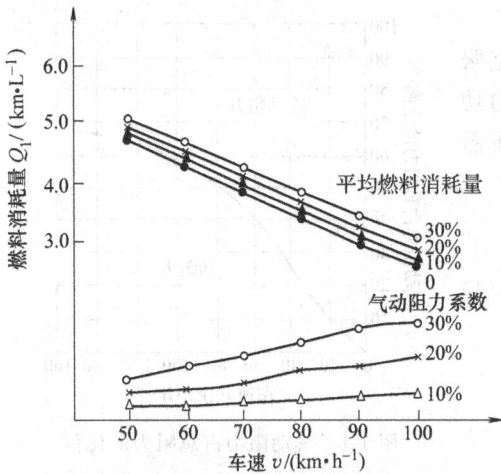

图 1-4　总质量 20t 的载货汽车 6 个月的
燃料消耗量与气动阻力系数

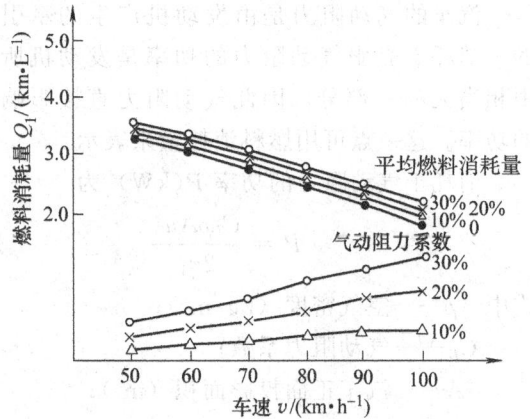

图 1-5　总质量 32t 的全挂牵引车 5 个月的
燃料消耗量和气动阻力系数

三、汽车空气动力特性对操纵稳定性的影响

1. 升力与纵倾力矩对操纵稳定性的影响

升力和纵倾力矩都将减小汽车的附着力，因而使转向轮失去转向力，使驱动轮失去牵引力，影响汽车的操纵稳定性。

质量轻的汽车，特别是重心靠后的汽车，对前轮的升力特别敏感。这个情况对行驶中的汽车非常危险，即当前轮有升力使汽车上浮时，升力又随着车速的增加而继续增加，由于前轮失去附着力而使汽车失去控制。升力和纵倾力矩对于高速行驶汽车的操纵稳定性影响很大。对于轿车来说，如果在设计阶段没有充分考虑升力的问题，升力在强风时可达几百 N甚至几千 N。这一附加的力使前轮减轻了负荷，从而破坏了汽车的操纵性；减少了后轮负荷，使驱动力减小。产生的升力与侧向力的合力具有两次曲线式的增加趋势，对侧风稳定性的影响很大。

为提高车辆高速行驶的直进性和侧风稳定性，应减小升力。升力减小可防止汽车摆头，并由于增大了附着力而使稳定性提高。

2. 侧向力及横摆力矩对操纵稳定性的影响

当汽车受到非正迎面风时，气流的合成相对速度与 x 轴成 β 角，在 y 轴方向受到了侧向力。如果侧向力的作用点与坐标原点有一个距离（其值随车身形状和横摆角而变化），即产生了绕 z 轴回转的横摆力矩。如果侧向力的合力通过侧向反作用力中心，车辆将保持直线行驶，但相对原行驶方向会有偏移。如果侧向力的合力作用在侧向反作用力中心以前时，车辆将顺着风的方向转向，并且产生横摆力矩，使车辆向着风的方向摆动，造成稳定性恶化。

为提高汽车的方向稳定性，不仅要减小侧向力，而且应使侧向力的作用点移向车身后方。

3. 侧倾力矩对操纵稳定性的影响

由于来自车身侧面及其周围气流的影响，产生了绕 x 轴的侧倾力矩。这个力矩通过悬架系统至车架及左右车轮，引起了车轮负荷的变化。对应于力矩回转的方向，使一个车轮负荷增加，另一个车轮负荷减少，从而改变了汽车的转向特性。

综上所述，在激烈的市场竞争中，汽车所面临的首要问题是向汽车空气动力特性的挑战。因为只有空气动力特性好的汽车，才能保证其具有好的动力性、经济性和操纵稳定性以及舒适性，只有最佳气动外形的造型才有生命力。可以说，汽车空气动力特性是决定汽车在市场竞争中能否取胜的重要性能。

汽车空气动力学的发展在很大程度上依赖于试验设备和手段的发展。风洞试验是汽车空气动力学研究的重要手段。世界上许多国家不惜花费巨资建成了大量的全尺寸、全天候、实车环境风洞及模型风洞，以其作为开发高性能汽车的重要手段。目前世界上汽车专用风洞不下千座，但许多国家仍感到试验设备和能力不足，还在不断地建设新风洞，与此同时，汽车风洞试验技术也在不断完善。

近年来，伴随着计算机的发展，汽车空气动力学理论计算也取得了很大的进展。风洞试验和理论计算相互补充，推动了汽车空气动力学的发展。

汽车空气动力学的大量研究成果，使汽车性能大大改善，低阻新车型不断涌现。由于汽车空气动力学在汽车工程技术领域中发挥着极其重要的作用，因而受到愈来愈大的重视。

第二节 汽车空气动力学的发展

一、汽车空气动力学发展的历史阶段

汽车依据其外形和用途可分为三类：乘用车（轿车）、商用车（客车及货车）和赛车（高性能汽车）。

轿车的演变，反映了汽车空气动力学的发展过程。

从第一辆汽车问世，至今已有一百年的历史。由于人们的不断创造和改进，汽车从只有车架和车轮等简单的行驶系统，逐步地具备了较完善的传动机构和制动机构，并装上了发动机，汽车雏形终于发展成今天这样结构复杂而精密的现代汽车。道路车辆的雏形继承了马车形状，其设计只能先解决机械问题。由于这些汽车的速度很低，所以还不存在空气动力特性方面问题。把空气动力学的概念与研究成果引入汽车设计中，形成独特的汽车空气动力学学科，是从20世纪20年代开始的。

在第一辆汽车发明后约25年，人们开始对汽车空气动力特性有了一定的认识。最初只注意降低气动阻力，随着车速的提高，人们开始注意到气动升力及侧风稳定性问题。近期汽车空气动力学的发展又注意了驾驶室内流、发动机冷却、空气动力噪声及消除车身上泥土附着等问题。

汽车空气动力学的发展历史表明，它是伴随着由于道路状况的变化和使用要求的提高而引起汽车造型的变化而发展起来的，可以说汽车造型变化的历史就是汽车空气动力学发展的历史。

汽车空气动力学经历了如图1-6所示的四个发展阶段。

汽车空气动力学是一门工程应用科学或所谓经验科学（Empirical Science），大量汽车空气动力学方面的重要结论来自对工程试验数据的分析和推理。能源危机和高速公路的发展是

推动汽车空气动力学发展的重要因素。由于市场的激烈竞争以及人们对汽车舒适性、安全性的要求，促使制造厂商在寻求最佳气动外形设计的同时，寻求更为人们所接受的美的造型。在汽车设计过程中，人们通过大量的风洞试验，不断地改进汽车设计，而风洞试验又不断地揭示各种气动现象，推动汽车空气动力学研究的发展。

（一）基本形状化造型阶段

汽车空气动力学发展的第一阶段是从 20 世纪初期开始的，人们从外形上注意了空气动力特性，把它总结为基本形状化造型阶段。

基本形是人们直接将水流和气流中的合理外形应用到汽车上，采用了鱼雷形、船尾形、汽艇形等水滴形汽车外形。早期的汽车外形在考虑了流线形化后，相对于马车来说，其气动阻力系数明显地改善了。但当时的一个通病是没有认识到气流流经这种旋转体时已不再是轴对称的，因为把旋转体靠近地面，又加上了车轮及行驶系统，与单纯水滴形的流场已不再相同。由于早期的汽车造型实用性不强，并且难以被人们的审美要求所接受，因而没有获得广泛应用。

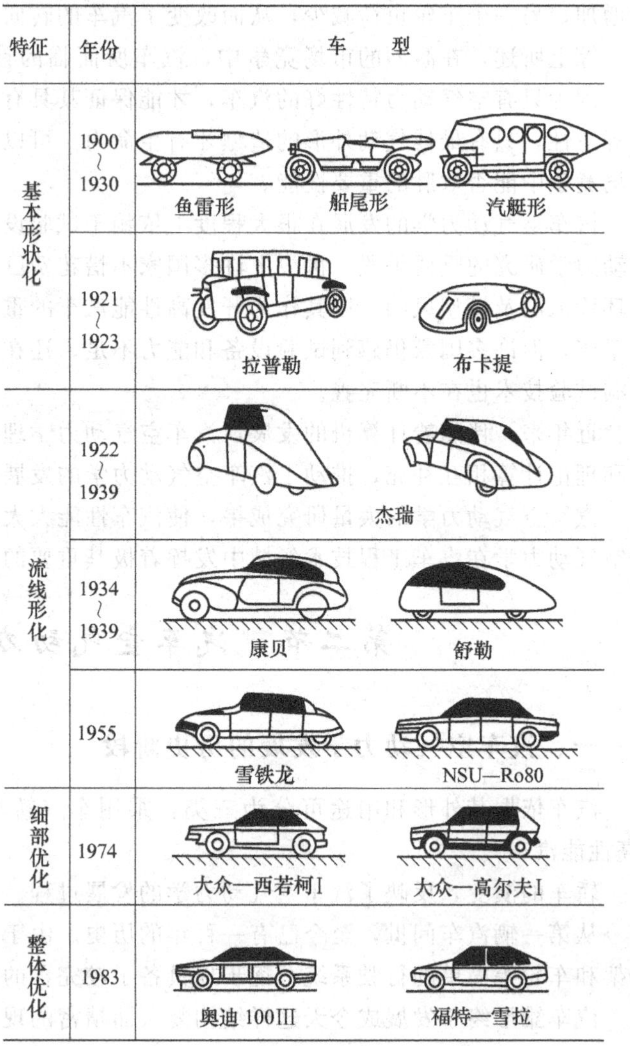

特征	年份	车 型
基本形状化	1900~1930	鱼雷形　船尾形　汽艇形
	1921~1923	拉普勒　布卡提
流线形化	1922~1939	杰瑞
	1934~1939	康贝　舒勒
	1955	雪铁龙　NSU—Ro80
细部优化	1974	大众—西若柯Ⅰ　大众—高尔夫Ⅰ
整体优化	1983	奥迪100Ⅲ　福特—雪拉

图 1-6　汽车空气动力学的四个发展阶段

图 1-7 是 1899 年由 Camille Jenatzy 按空气动力学观点设计的最早的汽车，车身形状为鱼雷形，长宽之比为 4∶1，它虽然考虑了车身的流线形，但驾驶员与车轮都露在外边，没有"一体化"，显然气动阻力很大。

图 1-8 是 1913 年问世的具有飞艇形状的汽车。图 1-9 是早期采用船形外形的汽车，气流在前端和翼子板处分离后，不能再附着，从空气动力学观点来看，这

图 1-7　最早按空气动力学观点设计的汽车

是一种不合理的设计。

（二）流线形化造型阶段

1. 用空气动力学观点指导汽车造型

空气动力学理论被用于汽车设计中，经历了一个很缓慢的发展历程。1911 年 Riedle 对汽车的行驶阻力所作的分析，是人们对汽车空气动力学认识的基础。随着 Prandel 和 Eiffel 进一步揭示了气动阻力的本质，空气动力学也越来越多地应用于汽车设计中。

在这一阶段，汽车外形已不是简单的水滴形，地面效应也已被人们所认识。这期间，人们力图降低气动阻力，并获得了可观的进展。

在这个时期，杰瑞（Jaray）的理论对汽车空气动力学的发展作出了贡献。他把空气动力学理论应用在汽车设计中，使汽车外形设计取得了巨大的进步，出现了气动阻力系数 $C_D=0.28$ 的低阻汽车（1924 年的拉普勒 Rumpler）。

图 1-8 1913 年问世的具有飞艇形状的
阿尔法·罗密欧汽车

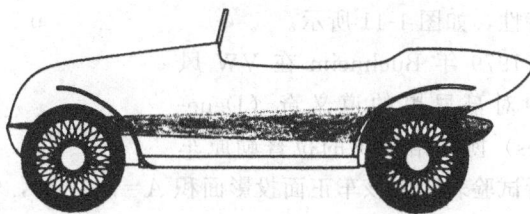

图 1-9 采用船形外形的高速敞篷车
（1912 年 N·A·G）

杰瑞等卓越的空气动力学家，对汽车空气动力学的贡献可概括为以下几点：

（1）杰瑞提出了"最小阻力的外形是以流线形的一半构成的车身"（以下称"半车身"）杰瑞认识到，一个在自由流场中气动阻力系数很小的旋转体，在接近地面时，流动就不再是轴对称的，因此造成了气动阻力系数增加。同时，尾部气流的分离也是气动阻力系数增加的原因。最小气动阻力的外形是以流线体的一半构成的车身，这种"半车身"可由自身的镜像构成一个完整的旋转体，其长高之比为 4:1，并将其设计成侧面形状为上面两角倒圆的矩形。

对这种"半车身"进行风洞试验表明，这种"半车身"离地间隙加大时，气动阻力系数也随之加大，原因是其下部有尖角，把这些尖角倒圆，就可消除阻力增加的现象，如图 1-10 所示。

杰瑞把单个符合空气动力学原理的部分组合在一起构成"半车身"进行组合模型的减阻试验。"半车身"后来不断地被一些设计

车 型	$A_{1:1}/m^2$	C_D
	2.99	0.64
 大杰瑞	2.86	0.30
 小杰瑞	1.87	0.29
 无车轮半车身	2.99	
	前端非尖角， 未修圆	0.15
	前端尖角	0.13
 有车轮半车身	前端修圆	0.09

图 1-10 杰瑞汽车及其"半车身"阻力测定
（W. Klemperer 1922 年的试验）

师采用。

（2）认识到流场的三维性能 第一次世界大战后，几个地方同时开始生产流线形豪华轿车，其中最著名的是拉普勒豪华轿车。

拉普勒轿车采用了后置发动机型式，利用了后部的狭小空间，车身的俯视图如同一飞艇，车顶也是流线形的。这表明拉普勒轿车的设计者已经了解了流场的三维特性，如图 1-11 所示。

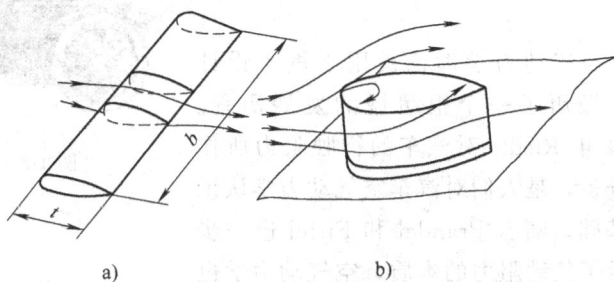

图 1-11 流场特性

a）二维流动 b）一个靠近地面形状的三维流动

1979 年 Buchneim 在 VW 风洞中对慕尼黑的道义奇（Deuesches）博物馆提供的拉普勒原车进行试验表明，该车正面投影面积 $A=2.57m^2$，气动阻力系数 $C_D=0.28$。

（3）罩住车轮 随着汽车空气动力特性的改进，车轮外露的问题日益突出。早在 1922 年由 Klempeer 做的试验表明，在拉普勒轿车上，车轮未加罩会使气动阻力增加 50% 之多，因此采用了罩住车轮的设计。

（4）杰瑞提出了"只有消除尾部的分离，才能降低阻力"的理论 图 1-12 表明了杰瑞用翼型截面和旋转体对汽车造型设计的构思。杰瑞通过分析发现，为控制赛车下部的气流，应尽可能把车身向下延伸，同时利用弧形罩罩住车轮。但不管怎样改进设计，车身尾部的气流都明显地出现了分离。

杰瑞认为，只有消除尾部的分离才能降低阻力，这是汽车空气动力学的又一个重大进步。如图 1-13 所示，杰瑞的两个构思方案的基础车身均由相等的截面体构成。第一例是把等截面体垂直地加在基础车身上，第二例是在基础车身上加了一个半旋转体，这两种车身后来就被称为"合成型式"。当后部采用"半车身"形状时，只有在长尾状态下才能消除气流分离；而在"合成型式"中，尾部的斜面被分成两个平面，以防止由于压力过度升高引起的气流分离。但是这种型式只有在尾部极狭长的情况下，才能防止分离。

图 1-12 1923 年 Bagatei 按三维理论设计的
Sterassburg Grand Pnix

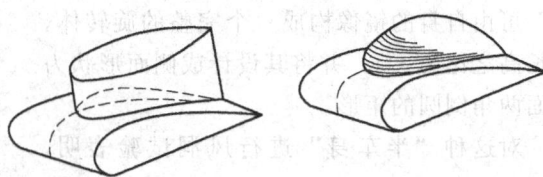

图 1-13 杰瑞的两种"合成型式"简图

1922 年，杰瑞首先发表了用"合成型式"构成汽车外形的想法。1935 年，杰瑞发表了"以空气动力学的观点可能构成的车身形状"的论文。用他的"合成型式"，竟可以把气动阻力系数降低至 0.3。然而，这一科研成果经历了 60 年的时间，直至 1982 年，Audi 100Ⅲ型车问世，才把 C_D 值为 0.3 的预见变为现实。杰瑞的"合成型式"的车身气动阻力系数 $C_D=$ 0.30，仍是带车轮的"半车身"（$C_D=0.15$）的两倍。

大批生产的杰瑞车型是 1937 年问世的太脱拉 87 型。该车发动机后置，乘客座位前移，获得了更多的空间。后来在 VW 风洞中对慕尼黑的道义奇博物馆提供的原车进行试验表明，该车 $C_D=0.361$。

由于杰瑞车过于狭长，而没有获得成功。有些仿杰瑞车，如 1934 年的克莱斯勒的气流（Airflow）牌和 VW 甲壳虫型汽车，都因尾部造型过陡而出现一对方向相反的纵涡，使纵向中间断面的气流在相当长的一段时间保持连续。这种伪流线形的车身气动阻力系数为 0.4～0.5，比气动阻力系数为 0.6～0.8 的箱形车有所进步。

在这一段空气动力学发展的曲折过程中，由于人们过分拘泥于杰瑞的基本原理，各车型过于相似，如奥迪和迪克尔（1922～1924）以及克莱斯勒（1927～1928）这些车型都未被大众所接受。当时的杰瑞车长高比为 2.1:1，车身过高是杰瑞车的又一缺点（现今汽车的长高比为 3.0:1）。1934 年，杰瑞开发了长高比为 3.3:1 的车，如 1934～1935 年的阿德勒胜利车，这种车形状狭长，尾部倾斜，使内部空间难以利用，亦未被大众所接受。

（5）认识到车身前部流场与尾部流场之间强烈的相互影响 杰瑞车的时代到第二次世界大战时期结束了，朗日（Lange）在杰瑞车的基础上开发了朗日车。如图 1-14 所示，该车长高比为 3.52:1，底部由等截面体构成，上部从风窗处开始加一个水平等

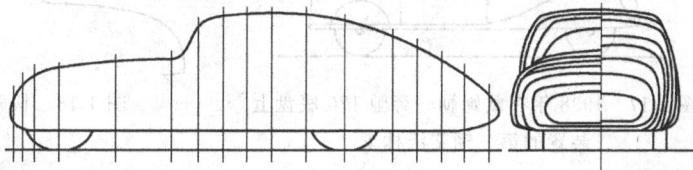

图 1-14 朗日车

截面体，从俯视图看，等截面体的前端由圆角构成，1:5 模型风洞试验结果 $C_D=0.14$。

20 世纪 30 年代，密执根大学 W.E.Lay 的研究，使空气动力学在汽车上的应用前进了一大步。W.E.Lay 系统地研究了车身前部和后部外形，分离出各部件的空气动力学影响因素，研究了主要车身参数对气动阻力的影响以及它们之间的相互作用（图 1-15）。他的重要研究成果在于明确了车身前部流场与尾部流场之间强烈的相互作用及影响。要使长尾车型获得低的气动阻力系数，必须保持车身前端的流场平顺和连续。当气流在陡的风窗处分离时，气动阻力系数明显升高；但如果极大的尾部使气动阻力系数已经很高，则陡的风窗的影响就不明显了。遗憾的是，雷（Lay）的由组合体构成的车型，侧壁的平行平面及四周的尖角导致了相当大的气动阻力系数。

雷的研究的重要结论是：短粗的尾部与长尾相比，仅使气动阻力系数有较小的升高。

1934 年起，雷所提出的粗大后尾端的形状，逐渐发展成为"快背式"（Kamm-

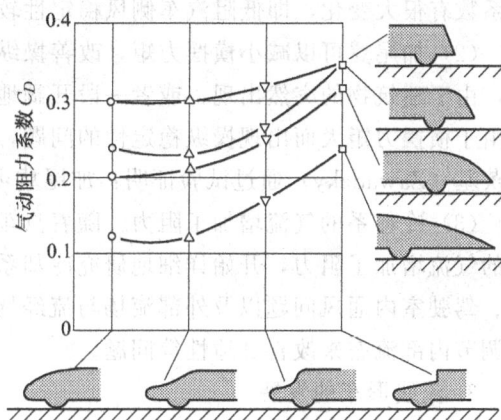

图 1-15 主要车身参数对气动阻力的影响及它们之间的相互作用

9

back），既有较大的后排座，前端外形又保持低的气动阻力系数。图 1-16 为快背式、雷氏粗尾形和克氏长尾形的几种设计。由于气流在尽可能大的区域内保持连续，从而获得了低的气动阻力系数。当切掉尾部截面逐渐减小的部分后，气流被迫分离而造成小的涡流。当车身有适当锥度时，气流在车身尾部造成压力升高，因而使汽车的"基本压力"相对升高，减小了总的阻力。

（6）切尾可明显降低阻力 1936 年，R. V. Koening-Fachsenfold 通过公共汽车的模型试验研究，证明了汽车采用切尾的方法有明显的降低阻力的优点。他是切尾的发明者。

1935 年，斯哥特技术大学汽车发动机研究院的 W. Kamm 系统地研究了车身尾部设计。1938 年，第一辆具有快背式后尾的车——艾沃林车问世（图 1-17）。此后，他又继续研制了几种车，外形设计有所进步，但由于第二次世界大战爆发而未能投产。图 1-18 为快背式车与杰瑞车的比较。

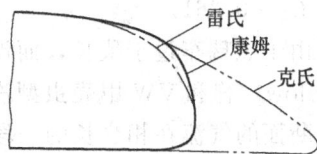

图 1-16 快背、雷氏粗尾形和
克氏长尾形的几种设计

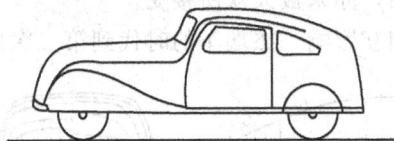

图 1-17 1938 年在戴姆勒—奔驰 170 底盘上
装置的第一辆艾沃林车

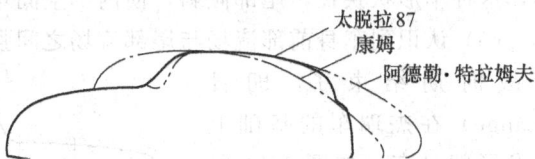

图 1-18 快背式车与两种杰瑞车的比较

2. 对内流阻力及操纵稳定性的认识

汽车空气动力学最初研究的是在静止空气中的纵向对称流动的气动阻力问题，但人们很快注意到驾驶室内通风、发动机冷却及侧风稳定性等方面的问题。

（1）低阻汽车的侧风稳定性较差 人们认识到低阻汽车侧风稳定性较差，同时也认识到高速行驶中遇到侧风时，方向稳定性非常重要。康姆（Kamm）指出，对于大阻力的带棱角的车型，气动阻力系数随横摆角的增加变化很小；而对于流线形汽车，随着横摆角变化，阻力系数有很大变化，即低阻汽车侧风稳定性较差。

（2）加尾翼可以减小横摆力矩，改善操纵稳定性 人们注意到侧风的危险主要来自于阵风，由于建筑物的突然出现，或者一段开阔地及菜地都会自然地产生阵风。人们发现，长尾车由于横摆力矩大而出现操纵稳定性的问题，而切尾的快背式汽车横摆力矩并不大。后来沙瓦茨基（Zawadzky）通过试验证明：加尾翼可以减小横摆力矩，改善汽车操纵稳定性。

（3）冷却系的气流增加了阻力 随着汽车空气动力学系统研究的进展，人们认识到冷却系的气流增加了阻力，开始详细地研究冷却系的气流，诸如汽车散热器和风扇之间的相互作用、驾驶室内通风问题以及外部流场与流经驾驶室的空气流之间的关系，并研究了通过适当地调节内部流态来改善舒适性等问题。

3. 流线形车的发展

为了获得低阻汽车，人们曾试图采用"半车身"形状。图 1-19 列出了菲什利（Fishleigh）、海德（Heald）、雷和里德（Reid）的研究成果，该图为低阻车与现有车的比较。

1939 年出现了实际"半车身"设计的汽车（图 1-20），该车的纵向中心断面由两个哥廷

研究者	年份	试验车比例	低阻车（优化半车身）	现有对比车型
W.T.Fishleigh	1931	1:4	阻力系数之比1:2.6	
R.H.Heald	1933	1:15	$C_D=0.24$ $C_D=0.20$	1922 $C_D=0.67$ 1922 $C_D=0.74$ 1928 $C_D=0.71$ 1933 $C_D=0.55$
W.E.Lay	1933	1:8	$C_D=0.30$ 0.24 0.20 0.13	$C_D=0.61$
E.G.Reid	1935	1:5	$C_D=0.15\sim0.20$	$C_D=0.61$

图 1-19 低阻车与现有车的比较

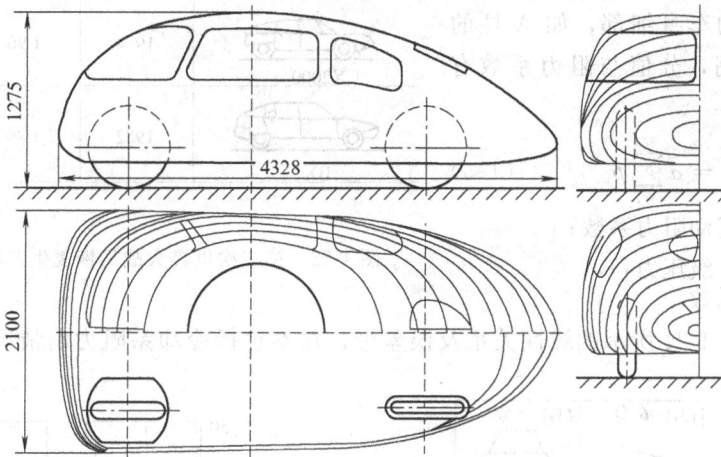

图 1-20 实际"哥廷根汽艇形半车身"汽车

根汽艇形结构构成，每个"汽艇"的气动阻力系数 $C_D=0.125$；横向断面由一个旋转的半车身发展而来，使车身周围的流场在内部空间尽可能大的条件下保持连续。图 1-21 给出了这种车几种比例模型的试验结果。试验表明，当离地间隙减小时，阻力增加。曲线①、②分别为具有光滑底部的全尺寸模型和 1/5 模型试验结果。对一个底部光滑的 1/4 比例模型，试验结果为 $C_D=0.15$，这与 AVA⊖ 用底部光滑的全尺寸模型所得的试验结果相当吻合。

⊖ 1921～1922 年开始的对杰瑞车的试验持续到 1938 年，由路德维格·普朗特（Ludwig Prandtl）指导在哥廷根的 Aerodynamiche Versuche-Austalt（AVA）风洞进行。

流线形车的发展被第二次世界大战中断了。从图 1-22 可见，战后仅有的恢复研究的厂家中，雪铁龙和潘哈德（Pon hard）ID19 车身上仍保留杰瑞车的特征，而 GS 和 CX 则与 Kamm 的切尾式的概念车有更紧密的联系。三种车型与同期的竞争者相比，都有很低的气动阻力系数。

（三）车身细部优化阶段

汽车空气动力学发展的第三阶段为车身细部优化阶段。虽然现代流线形化汽车取得了很大成功，但直到最近空气动力学才获得主导汽车设计的地位。

对空气动力学的又一贡献是研究车身细部的变化对气动阻力的影响。怀特（White）根据 1967 年在 MIRA（英国汽车工程学会）对 1:1 模型和实车风洞试验的结果，选择了几个对车身周围影响最关键的车身参数，对每个参数给予空气动力特性的影响程度进行打分（图 1-23），流动性能好的部位得分低，有可能扰动气流的车身细部，如 A 柱的大翻边得分就高，分值与阻力系数有关，即

$$C_D = a \sum_{i=1}^{9} p_i \qquad (1-5)$$

式中　C_D——气动阻力系数；

　　　p_i——各级压力；

　　　a——系数。

他得出如图 1-24 所示的线性关系及误差带，在不包括冷却系阻力的情况下，其误差为

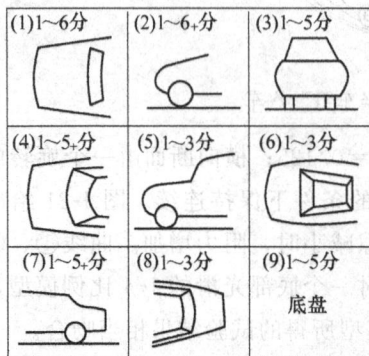

图 1-21　半车身汽车几种比例模型的试验结果

e—离地间隙　h—车高

车　　型	生产年份	A/m^2	C_D
ID19	1956	2.14	0.38
GS	1970	1.77	0.37
CX2000	1974	1.96	0.40
BX	1982	1.89	0.33～0.34

图 1-22　第二次世界大战后恢复生产的流线形车

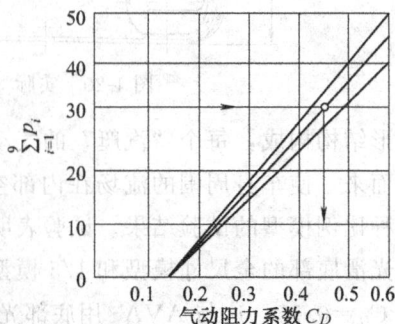

图 1-23　对气动阻力影响最关键的车身外形参数的分级

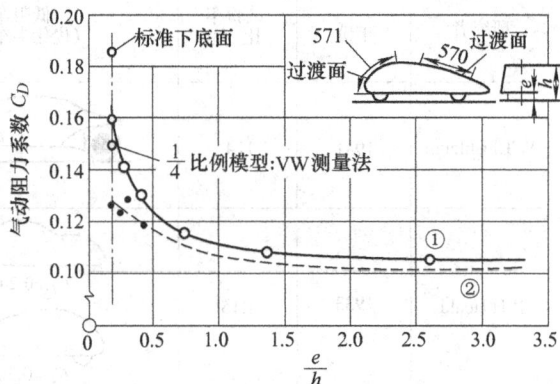

图 1-24　车身外形参数的分值与 C_D 的关系

±7%。虽然这种分级方法对于区分当今汽车的阻力并不适用，但这个方法的作用在于指出了车身哪一部分对阻力的影响最大，这对于指导汽车造型设计是有实际意义的。

20世纪70年代初，德国的 Hucho、Janssen 和 Emme-Lmann 等人提出：汽车设计应首先服从汽车工程的需要，即首先要充分保证总布置、安全、舒适性和制造工艺的要求，并在保证造型风格的前提下，进行外形设计，然后进行空气动力学修正。汽车空气动力学设计的原则是首先进行外形设计，然后对形体细部（如圆角半径、曲面弧度、斜度及扰流器等）逐步或同时进行修改，控制以及防止气流的分离现象发生，以降低阻力，称为"细部优化法"（Detail Optimization），此方法较之以前的方法获得了较大的成功。典型车型是大众（VW）公司的西若柯（Scirocco）Ⅰ型和高尔夫Ⅰ型（兔牌）。采用了细部优化法后，大众—西若柯Ⅰ型（1974年型）的气动阻力系数 C_D 由 0.50 降至 0.41，其外形虽然挺拔，却与当时流线形化设计的欧宝—GT 的气动阻力系数相同（图1-25）。

图1-26为采用"交互形状优化法"进行汽车外形设计的过程。这种方法允许对原始车型设计进行显著的改动，但总结细部优化法的设计结果表明：对于 $C_D = 0.40$ 的车，应用细部优化法可取得相当明显的效果；但对 $C_D < 0.40$ 的车，用此方法再降低阻力就相当困难了。

在"细部优化"阶段，为了降低气动阻力系数，空气动力学工作者和汽车设计师充分利用了风洞这一工具，对汽车细部进行优化设计，取得了很大成效。

（四）汽车造型的整体优化阶段

随着钝体分离流空气动力学基础研究不断取得进展及风洞试验技术的发展，人们对汽车绕流特性有了充分认识，汽车空气动力学进入了汽车造型的整体优化阶段，这一时期从1983年开始。汽车整体优化设计的方法是采用具有极低气动阻力系数的优秀空气动力学设计的原型，在不改变其整体流场的条件下，使其逐步形成具有低气动阻力系

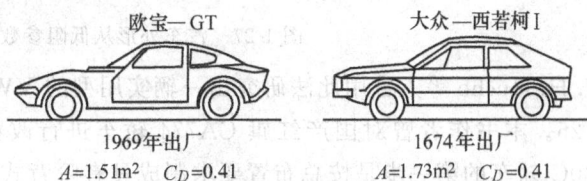

欧宝—GT　　　　大众—西若柯Ⅰ

1969年出厂　　　　　1674年出厂
$A=1.51m^2$　$C_D=0.41$　　$A=1.73m^2$　$C_D=0.41$

图1-25 流线形造型的欧宝—GT 与细部优化的大众—西若柯Ⅰ型的气动阻力系数的比较

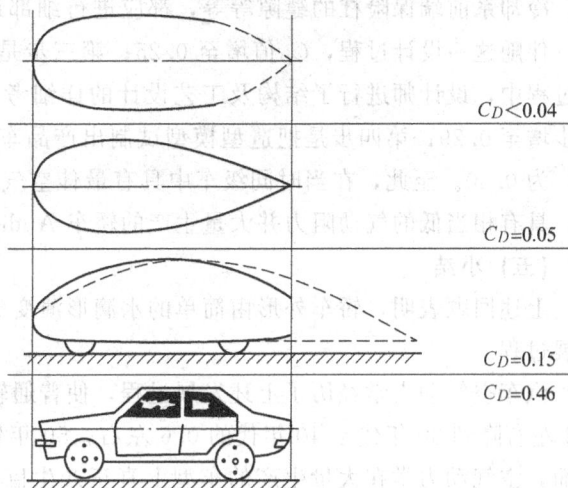

$C_D < 0.04$

$C_D = 0.05$

$C_D = 0.15$

$C_D = 0.46$

图1-26 运用"交互形状优化法"进行汽车外形设计的过程

数的实车。图1-27表明汽车外形从低阻参数开始的发展过程。

整体优化法设计的原则是首先确定一个符合总布置要求的理想的低阻形体，在其发展成实用化汽车的每一设计步骤中，都应严格地保证形体的光顺性，使气流不从汽车表面分离，称之为形体最佳化（Shape Optimization）。

应用整体优化法设计的典型例子是 Audi $100C_3$ 轿车。由于所采用的原型具有极佳的空气动力特性，所以最后完成的设计整体曲线、曲面光顺，风格统一。如果在外形要求上再作些让步，则形体最佳化技术将有可能获得比 $C_D = 0.30$ 更低的气动阻力系数值。

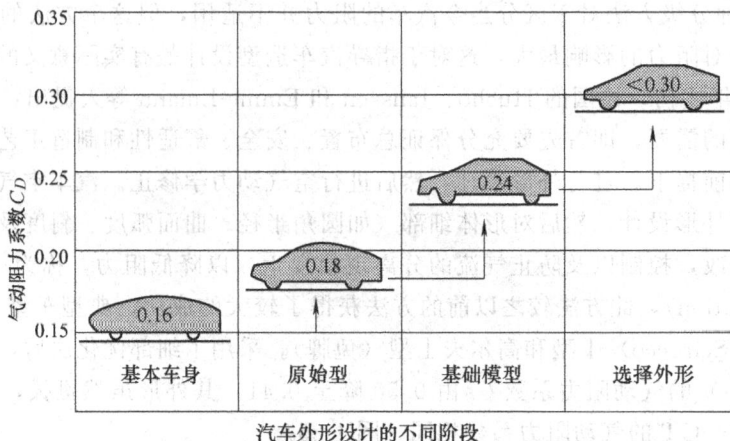

图 1-27 汽车外形从低阻参数开始的发展过程

W. H. Hucho 等人曾用此法研究出一辆实用型的 VW Research Car 2000 轿车，其 C_D 值降至 0.25。本书作者曾对国产红旗 CA774 轿车进行改型试验，使 C_D 值降至 0.25。设计 Audi 100C₃ 轿车的第一步是按总布置要求制成具有阶背式造型风格的缩比模型，并具有光顺的曲面、圆滑的车头、大弧度的风窗等较理想的造型特征，其 C_D 值为 0.17；第二步是将基本形体改造成基本汽车外形，在这一过程中，所有与空气动力学相关的细部，如：车身底部部件、冷却系前端保险杠的缝隙等等，都应进行细部最佳化处理，以尽量减小每一部件的 C_D 值。伴随这一设计过程，C_D 值增至 0.25；第三步是将基本形状车身精制成基本模型。在这一过程中，设计师进行了结构及工艺设计的详细考虑，使模型车基本接近于真车，C_D 值进一步增至 0.29；第四步是把造型模型试制出产品车（Production Car），C_D 值比基本模型稍高，为 0.30。至此，在当时同级车中具有最佳空气动力学设计效果并引起世界汽车界轰动的，具有相当低的气动阻力并大量生产的轿车 Audi 100C₃ 便诞生了。

（五）小结

上述回顾表明，轿车外形由简单的水滴形演变成流线形，充分反映了汽车空气动力学的发展过程。

汽车空气动力学经历了上述发展过程，使普通轿车的气动阻力系数从 20 世纪 20 年代的 0.8 左右降到 30 年代至 40 年代的 0.6 左右，50 年代至 60 年代又进一步下降到 0.45 左右。然而，空气动力学在大量生产的车型上真正产生巨大影响还是近期的事。继 Audi 100C₃ 诞生后，又有低阻车相继问世。近 10 年来，汽车空气动力学的研究受到极大重视，在降低气动阻力方面取得了很大进展，商品车平均气动阻力系数已降至 0.35 以下，一些先进的气动设计的样车，气动阻力系数已降到 0.15～0.20。美国"探索者 5 号（Probe Ⅴ）"的阻力系数为 0.137，已优于人们所预言的气动阻力系数 C_D 为 0.15 的值。伴随着低阻轿车的开发，车身设计趋于挺拔、大方的棱角造型，但对空气动力学有影响的关键部位，都采用圆角过渡。例如，雪佛兰轿车（Chevrolet-PP6XT-2 Pale Truk）采用空气动力学原理进行了创造性的车身设计，发动机前置，全轮驱动，风窗玻璃就是发动机罩盖，整个发动机置于风窗玻璃之下，驾驶室内隔热采用太空时代的特殊材料。英国的美洲虎概念车（Jaguar Concept Car）采用铝焊接车架及铝合金钢板焊接车身，用一个控制钮控制前后翼，汽车底部完全平滑，发动机和传动轴布置在汽车中心线上。美国通用汽车公司的 CMG 概念车，采用先进的自动调节空气弹簧悬架、电子控制四轮转向、防抱死制动、涡轮增压发动机，由于其先进的空气动力学外形设计，0～100km/h 加速时间小于 6s。凯迪拉克四座豪华型概念车（Cadillac Sollitairt）的顶盖从风窗玻璃到后座部位是一个整体的高致密的安全网栅玻璃，车身总长 5.46m，采用 V12 型双曲轴顶置气门直接喷射式发动机。Sollitairt 轿车的挡泥板罩是活动的，在正常行驶时，它与车身侧板齐平，以保持流过车身的气流流线连续。但是，在转弯时，它能自动向外移动而不影响车轮转向。该车在尾部装了多个微型摄像机，代替了普通车上的车外后视镜，以降低外形阻力。该车前悬架为独立悬架，后悬架为单横臂特殊玻璃纤维材料悬架，其气动阻力系数 C_D 为 0.28。

当前的轿车与过去的轿车形状相比，车身变长而且也窄了，长宽比变大了，车身高度也逐渐降低，车身外形已接近人体工程的极限要求。这种变化使车身对侧风稳定性更为敏感，侧风的影响显得更为重要了。

二、商用车的发展

常见的商用车有各类载货汽车、客车、集装箱车及载货篷车等。商用车的外形受到交通法规、法定尺寸标准、载货空间等多方面的限制。在燃油价格不断上涨的情况下，为降低运输成本，各制造厂商们想尽各种办法以降低油耗，而汽车空气动力学的发展给燃油经济性的改善提供了重要的途径。

商用车的空气动力学是随轿车的空气动力学的发展而形成的。随着 20 世纪 30 年代高速公路系统的建设，对高速货车和客车提出了要求。在高速公路和城间公路建设之前，大批的客运和货运是由火车完成的。最初的客车和货车只是把轿车拉长，采用杰瑞式，以后是快背式，1936 年高隆特（Gaubschat）制造了"电车"，客车的形状从此脱离了轿车。

伴随着对空气动力学认识的进步，商用车逐渐得到发展。空气动力学在商用车发展中的贡献如下所述：

（1）较小的曲率半径使阻力下降　1930 年，包洛斯基研究了矩形车身的前部圆角半径对阻力的影响，得出了"较小的曲率半径可使厢式汽车阻力下降"的结论（图 1-28）。虽然这一发现在重复多次的路试中得到确认，但在很长一

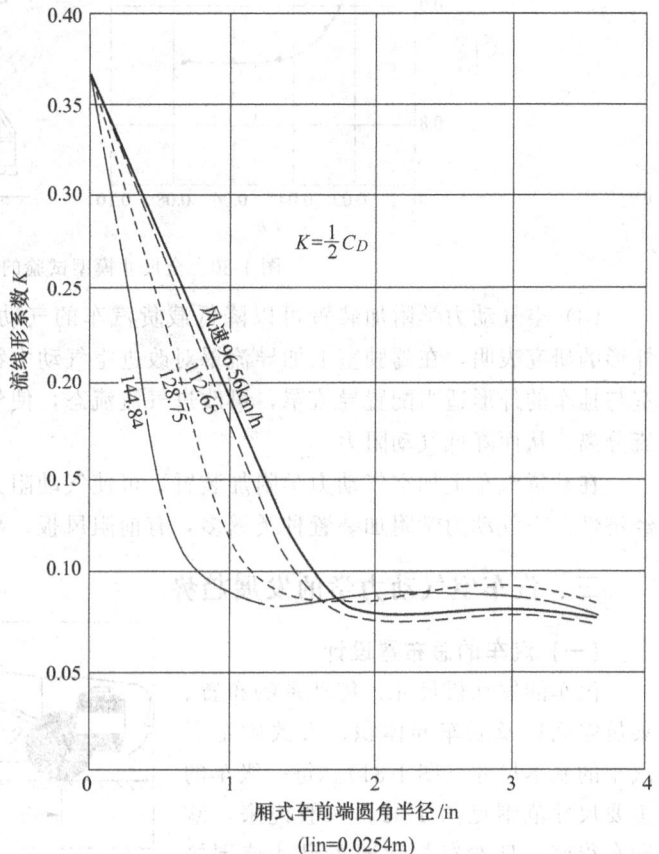

图 1-28　厢式车矩形车身前端圆角半径对气动阻力的影响

15

段时间内并未得到应用。

由于快背式车比杰瑞车可多安排一排座位，1936 年快背式车被用于客车，而且其后在实践中得到广泛的应用。

（2）厢式车前端圆角半径与车宽之比（r/b）为 0.045 就足以使边角后的流动保持连续　1951 年，木勒（Möller）开发了第一辆大众厢式客车，其前端的设计得到了广泛的承认，这是空气动力学在商用车上应用的又一里程碑。该车除极明显地降

图 1-29　1951 年木勒开发的第一辆大众厢式客车

低了阻力外，最重要的是被广大用户所接受。多年来，此车型占据了世界客车的大部分市场（图 1-29）。当时的研究表明，厢式车前端圆角半径 r 与总宽 b 之比为 0.045，就足以使其边角后的流动保持连续。图 1-30 为 1:1 全尺寸模型试验的结果。试验表明，仅需很小的曲率半径，就可防止边角处的气流分离。这项研究很有实际意义，现在的客车及货车的驾驶室，及挂车前端边角半径都是以同样的方法来优化的。

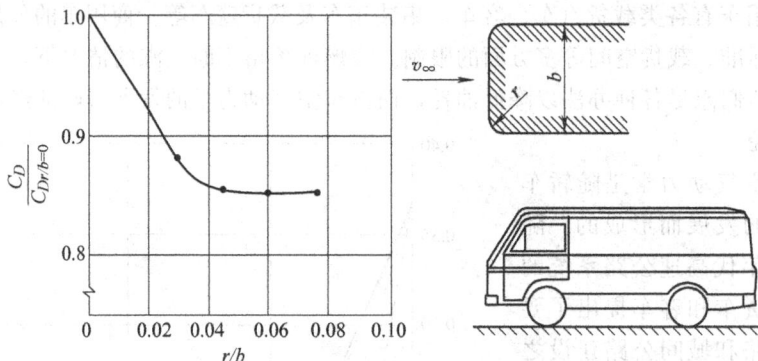

图 1-30　全尺寸模型试验的结果

（3）空气动力学附加装置可以降低载货汽车的气动阻力　Saunders 对载货汽车驾驶室外形的研究表明，在驾驶室上加导流罩对改进空气动力特性很有成效。研究表明，根据驾驶室与挂车的外形适当配置导流罩，可改进气流流态，使驾驶室与挂车之间气流连续，防止气流分离，从而降低气动阻力。

在载货汽车上加空气动力学附加装置，可使气动阻力大幅度降低，从而有效地改善燃油经济性。空气动力学附加装置种类繁多，有前阻风板、导流罩、后扰流器、尾翼等。

三、汽车空气动力学的发展趋势

（一）汽车的总布置设计

汽车的发动机尺寸、传动系的布置、乘员空间以及后车厢体积，大致确定了汽车的基本尺寸（图 1-31）。每一级车的主要尺寸范围见图 1-32。一般说来，欧洲车很窄，日本车与欧洲车尺寸范围接近，美国车的尺寸也越来越接近欧洲车。

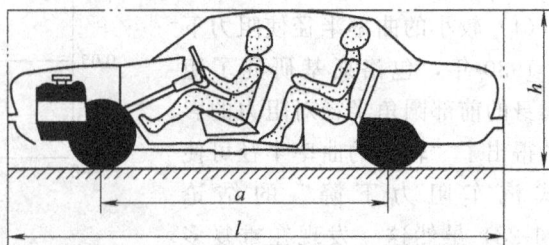

图 1-31　轿车设计的尺寸约束

汽车的总布置设计提供了长、宽、高的空间，但目前此空间并未充分利用。

目前轿车的尾部造型大致可分三种：阶背式（Notchback）、快背式（Fastback）及直背式（Squareback），三种形状的尾流各不相同。

汽车空气动力学的发展给汽车造型带来了重大的影响。设计师在汽车设计过程中，逐渐把空气动力学放在更能主宰汽车造型的地位。与此同时，人们在实践中又认识到了以下问题：

1）注意空气动力学在汽车上的应用，但应避免同类汽车造型越来越相像的弊病。空气动力学在汽车上的应用，使一些各自独立的公司分别开发的车型，在车身外形的主要部位上有很小的差异，很多车型多有雷同化的问题。由于人们越来越注意空气动力学在汽车上的应用，使得同类型的汽车越来越相像。例如，Benz 240 与 Audi 100 都是由优秀设计师独立设计的外形，但它们在侧视外形上很相似。这是伴随着汽车设计的进步，汽车造型与空气动力学发展中设计师面临的难题。

2）既要使汽车有很好的空气动力特性，又要使每个车型有强烈的独特风格，以创造千变万化的汽车外形。优秀的汽车造型设计师，应该既是空气动力学家，又是美术家，应具有渊博的知识。在汽车设计初期的总布置设计，应由造型设计师完成。造型设计师如同战场上的指挥官，超群的能力使他们能担任统帅、主导汽车设计的使命，在他们的统帅下创造出千变万化的具有独特风格并且具有良好空气动力特性的新车型。

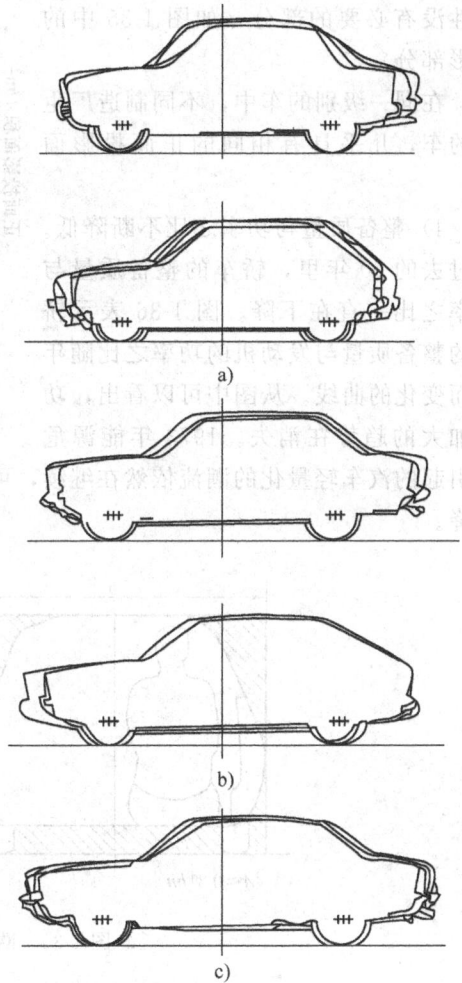

图 1-32　欧洲车的中心断面尺寸
a) 小型车　b) 中型车　c) 大型车

3）在不改变汽车正面投影面积的前提下，不断降低自重。由于气动阻力与汽车正面投影面积成正比，在汽车空气动力学中，要用正面投影面积来限制汽车的外形尺寸。

如果将汽车按其自重排列，然后分析其尺寸逐年变化的趋势就会发现，汽车自重在不断降低。而对于每一级车，为了考虑其舒适性，正面投影面积却不减小。同时，轿车的高度也在不断降低，所有级别的车正逐年接近同一高度（图 1-33 和图 1-34）。

对于不同的车种，断面形状差异很小。Flegl（弗莱格尔）和 Benz（奔驰）定义了一个系数 f，是汽车的正面投影面积 A 与车宽 b 和车高 h 构成的长方形面积之比，即 $f = A/(bh)$。1985

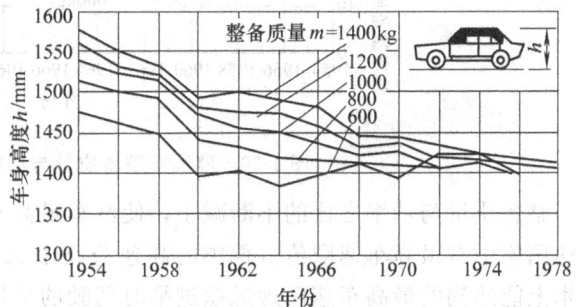

图 1-33　欧洲车高度的发展趋势

17

年欧洲车的 f 的平均值是 0.81，离散度很小。轿车设计师们从矩形上砍去那些对于乘客舒适性没有必要的部分（如图 1-35 中的阴影部分）。

在同一级别的车中，不同制造厂生产的车，几乎具有相同的正面投影面积。

4）整备质量与功率之比不断降低。在过去的 20 年里，轿车的整备质量与功率之比一直在下降。图 1-36 表示轿车的整备质量与发动机的功率之比随年度而变化的曲线。从图中可以看出，功率加大的趋势在消失。1973 年能源危机引起的汽车轻量化的潮流依然在继续，可以预见，将来汽车整备质量与功率之比还将缓慢下降。

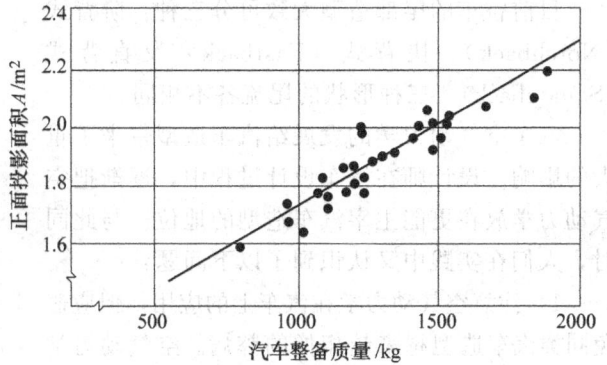

图 1-34　欧洲车正面投影面积与自重间的关系

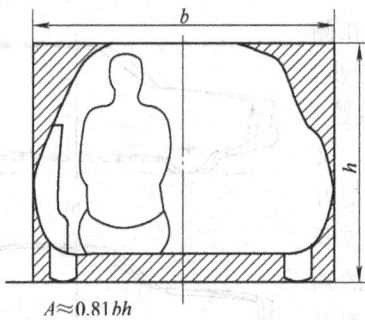

图 1-35　欧洲车正面投影面积

轿车级别	A/m^2
微型	1.8
中型	1.9
中高型	2.0
大型	2.1

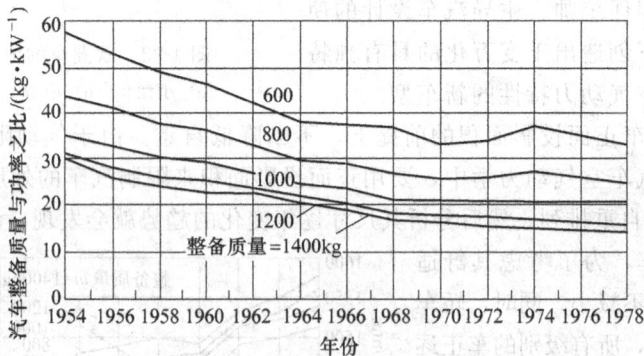

图 1-36　欧洲车整备质量与功率之比的变化趋势

整备质量与功率之比的不断减小，使汽车最高车速增加（图 1-37）。尽管在大多数工业发达国家中有最高车速限值（德国的高速公路上无最高车速限值），最高车速仍然在提高，技术上能达到的最高车速已远远超过平时驾驶的平均车速和最高车速，甚至已超过了比赛车速。在 1979 年 12 月一次非官方试验中，实现了车速超音速的梦想。

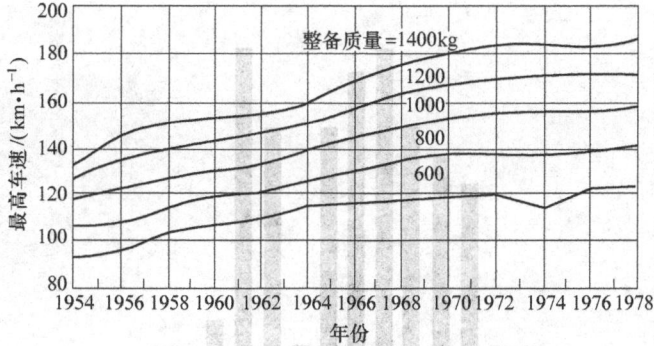

图 1-37 欧洲车最高车速的变化以整备质量为参数

（二）汽车空气动力学的发展方向

从 19 世纪 80 年代至今的 100 余年里，汽车的外形经历了复杂的变化过程，每一时期汽车造型的进步都体现了空气动力学的影响，这可以用汽车气动阻力系数的变化来说明。

1. 1920 年至 20 世纪 70 年代中期

图 1-38 表明从 1920 年至 20 世纪 70 年代，气动阻力系数的变化情况。

轿车的气动阻力系数从 20 世纪 20 年代的 $C_D=0.80$ 下降到六七十年代的 C_D 为 0.45，经历了两个阶段。

（1）两次世界大战之间 这一期间的汽车造型趋于车身狭长、细部圆角化，并有明显的特征，如突出的翼子板和前照灯。这一阶段后期，气动阻力系数降至 0.55，汽车正面投影面积也减小了，汽车空气动力特性有了明显的改进。

（2）第二次世界大战之后 第二阶段从木筏式车身及其变形车引入了阶背、快背和直背式车身。由于翼子板和前照灯置于封闭的车身内，因而使汽车空气动力特性显著改进，气动阻力系数降至 0.4~0.5。

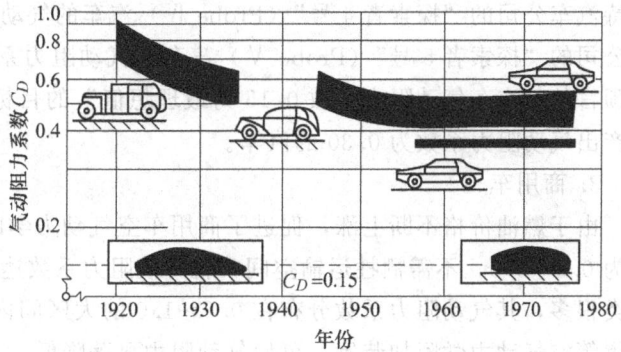

图 1-38 轿车气动阻力系数的降低

2. 近期世界轿车

图 1-39 和图 1-40 表明近年来轿车平均气动阻力系数的逐年变化情况。图中表明，世界轿车的平均气动阻力系数从 1978 年开始下降，但各车型的气动阻力系数离散区域仍然很大，而最好的欧宝·欧米伽轿车的气动阻力系数 C_D 为 0.280。

国际上众多的汽车公司都有研究型和概念型车，这些车的明显特

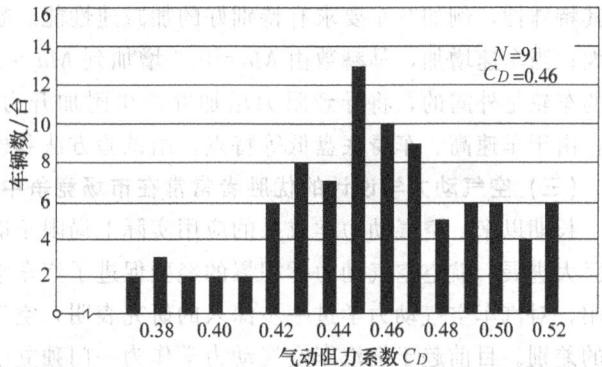

图 1-39 1968 年～1976 年生产的 91 种汽车的 C_D 分布

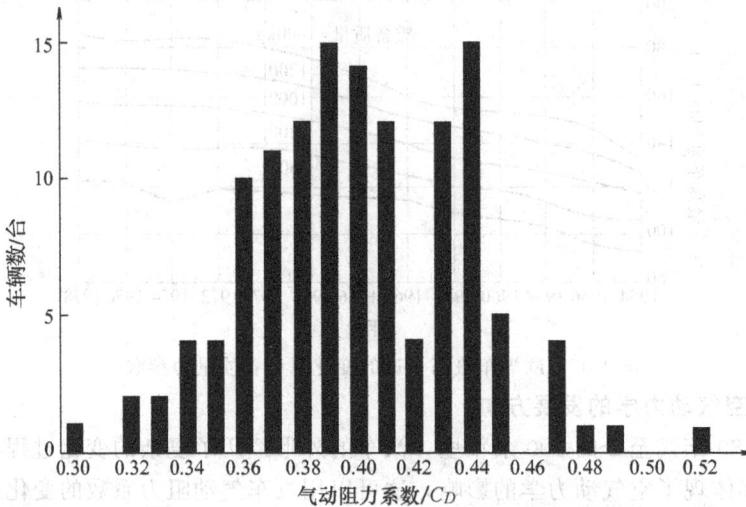

图 1-40　1983 年欧洲市场上汽车的 C_D 分布

点是气动阻力均小于生产型车，显示了先进的气动布局构型。通用汽车公司的 Aero 2002 和福特汽车公司的"探索者 4 号"（Probe Ⅳ）汽车的气动阻力系数分别为 0.14 和 0.15，而福特公司的"探索者 5 号"（Probe Ⅴ）汽车的气动阻力系数为 0.137，已达到了 1922 年人们所预言的"汽车气动阻力系数 0.15 为最理想值"的目标。现今，不需花费昂贵的经费就可生产出气动阻力系数为 0.30 的汽车。

3. 商用车

由于燃油价格不断上涨，促进了商用车空气动力学的进展。目前厢式货车的气动阻力系数为 0.4～0.5，不需牺牲运输空间，就可使阻力系数达到 0.4。对重型载货汽车，由于形状种类很多，其气动阻力系数分布在 0.6～1.0 的大区间内，通过驾驶室的优化设计和采用导流罩等空气动力学附加装置，可使气动阻力显著降低。

随着公路运输的发展，对商用车的空气动力学研究还需做大量的工作。

4. 赛车

赛车的车速越来越高，且更趋于安全。与轿车相比，赛车有较小的正面投影面积，故使 C_D、A 值较小，但这并不完全说明其 C_D 值比轿车小。赛车的气动性能与轿车不完全相同，有其特殊性，例如赛车要求有特别好的加减速性能。赛车车速接近声速，受空气压缩性影响很大；当车速增加，马赫数由 $Ma=0.5$ 增加到 $Ma=1.2$ 时，其 C_D 将高出 20%。再如，赛车的车轮是外露的，将导致阻力增加并产生附加升力，容易产生车轮与车身间的干扰。此外，由于车速高、车身底盘低等特点，给试验方法和模拟技术也带来困难。

（三）空气动力学设计的优胜者常常在市场竞争中获得胜利

长期以来，空气动力学成果的应用实际上局限于航空领域。在该领域内，这个学科取得了巨大进展。航空空气动力学积累的经验促进了汽车空气动力学的发展，但无论是理论还是应用，对汽车空气动力学进一步深入的研究表明，空气动力学在航空和汽车的应用上有着根本的差别。目前趋于把汽车空气动力学作为一门独立于航空之外的学科。

由于汽车空气动力学工作在过去是由航空界人士担任的，他们有航空流体力学的经验，但由于对汽车缺乏了解,其中大多数建议过于超前于时代,因此不被接受,拉普勒、舒勒(Schlor)和杰瑞就是典型的例子。尽管他们较接近汽车工业,但如果他们能进一步与造型师交流,就会做出更多成绩。航空界人士设计的汽车几乎大同小异,甚至有的完全雷同,这当然使造型师难以接受;而造型师由于缺乏空气动力学知识,设计出的吸引顾客的装饰,从空气动力学上讲往往是错误的,船尾形在快背式车上盲目所加的尾翼就是一例。空气动力学人员与造型设计师的复杂关系,从汽车制造者开始在自己建造的风洞中进行空气动力学研究之日起发生了变化。由于空气动力学人员参与了汽车设计,开始意识到造型设计师要在遵守许多技术要求和法规的前提下,考虑空气动力特性,进行汽车设计;而造型设计师理解了汽车造型的发展趋势是以空气动力学为主导的,并开始接受了这个以空气动力学为主导的设计准则。人们认识了"能占据市场的竞争胜利者,正是空气动力学设计的优胜者"这一事实。

(四)汽车造型个性化

未来汽车气动阻力系数会进一步降低,即使接近极限值 $C_D = 0.15$,仍然足以使汽车造型个性化。图 1-41 为现今 $C_D = 0.43$ 的"标准车"与 $C_D = 0.30$ 的低阻汽车的边界限的比较。

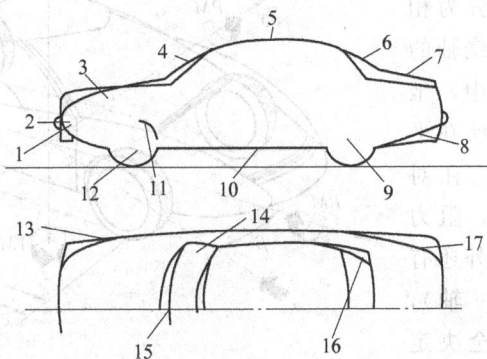

图 1-41 现今 $C_D = 0.43$ 的标准车与 $C_D = 0.30$ 的低阻车的边界限的比较

1—前端圆角 2—优化的冷却系进风口 3—发动机罩斜度 4—风窗角度 5—顶盖圆角 6—后窗角度
7—后行李箱高度 8—后扰流板 9—覆盖的车轮 10—光滑下表面 11—车轮挡泥板圆化
12—车轮表面光滑 13—俯视锥度 14—A柱圆角 15—风窗玻璃弯曲 16—C柱内扫 17—后端鸭尾

由于造型设计师充分认识了空气动力学在汽车造型中的作用,在考虑空气动力特性的前提下,不断创造出具有独特造型风格的新车,使汽车造型个性化。

开发高性能并有独特造型风格的汽车,风洞试验是必不可少的手段。据布海姆(Buchheim)等人的经验,开发一个新车型,需要 1000h 的风洞试验。

第二章 汽车空气动力学概述

第一节 气动力和力矩

一、气动力和力矩

汽车行驶时，除了受到来自地面的力外，还受到其周围气流的气动力和力矩的作用。来自地面的力取决于汽车的总重、滚动阻力和重心位置。气动力和力矩则由行驶速度、车身外形和横摆角决定。

作用于运动汽车上的气动力和力矩，如图 2-1 所示，分为相互垂直的三个分力和三个绕轴的力矩。图 2-1 所示坐标系中，坐标原点位于前、后轴中心所在平面上，x、y 轴表示路面。在对称流（横摆角 $\beta = 0°$）时，阻力 D 和升力 L 同时存在，另外还有纵倾力矩 PM（相对于 y 轴），三个分量 D、L、PM 完全决定了产生气动力的矢量。已知的重心位置，常被作为纵倾力矩的参考点。在有侧风的情况下，汽车的绕流是一个不对称的流场。在这种情况下，除上述力和力矩外，汽车还受到侧向力 S 的作用。另外，它还受到绕纵向轴（x 轴）的侧倾力矩 RM 及绕垂直轴（z 轴）的横摆力矩 YM 的作用。因此，由六分量 L、D、S 和 PM、RM、YM 决定了总的气动力矢量。

图 2-1 中各参数的物理意义是：

v_∞——合成气流相对速度，$v_\infty = \sqrt{v_F^2 + v_S^2}$；

v_F——纵向气流相对速度；

v_S——侧向气流相对速度（侧风速度）；

β——横摆角，$\beta = \arctan(v_S/v_F)$；

D——车身纵向气动阻力（x 轴方向）；

S——车身侧向气动阻力（y 轴方向）；

L——车身垂直方向的气动阻力（z 轴方向）；

PM——纵倾力矩（绕 y 轴）；

RM——侧倾力矩（绕 x 轴）；

YM——横摆力矩（绕 z 轴）；

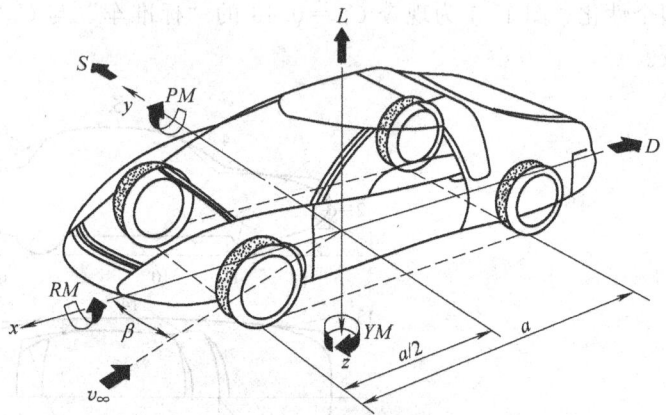

图 2-1 汽车稳定坐标系

a——轴距。

汽车的气动力、力矩和正面投影面积 A、气流动压 $q=\frac{1}{2}\rho v_\infty^2$（式中，$\rho$ 为空气密度）、轴距 a 的关系如表 2-1 所示。

表 2-1　气动力和力矩及其系数

力　和　力　矩	系　　数
横摆角 $\beta=0°$ 时车身纵向作用的气动阻力 D	阻力系数 $C_D=\dfrac{D}{\frac{1}{2}\rho v_\infty^2 A}$
垂直于路面的升力 L	升力系数 $C_L=\dfrac{L}{\frac{1}{2}\rho v_\infty^2 A}$
垂直于车身对称面 (x,y) 的侧向力 S	侧向力系数 $C_S=\dfrac{S}{\frac{1}{2}\rho v_\infty^2 A}$
绕 x 轴的侧倾力矩 RM	侧倾力矩系数 $C_{RM}=\dfrac{RM}{\frac{1}{2}\rho v_\infty^2 A a}$ （a——特征长度，下同）
绕 y 轴的纵倾力矩 PM	纵倾力矩系数 $C_{PM}=\dfrac{PM}{\frac{1}{2}\rho v_\infty^2 A a}$
绕 z 轴的横摆力矩 YM	横摆力矩系数 $C_{YM}=\dfrac{YM}{\frac{1}{2}\rho v_\infty^2 A a}$

本书术语采用国际通用术语，亦即气动阻力系数 C_D、升力系数 C_L、侧向力系数 C_S、侧倾力矩系数 C_{RM}、纵倾力矩系数 C_{PM} 和横摆力矩系数 C_{YM}。所有这些气动力和力矩系数都取决于气流动压 $\frac{1}{2}\rho v_\infty^2$ 和汽车的正面投影面积 A，而力矩系数还与特征长度轴距 a 有关。

1. 气动阻力

气动阻力 D 是与汽车运动方向相反的空气力。$D=qC_D A$，其中 q 代表气流动压 $\frac{1}{2}\rho v_\infty^2$。气动阻力 D 取决于正面投影面积 A 和气动阻力系数 C_D，而汽车外形的空气动力特性由气动阻力系数 C_D 来描述。通常正面投影面积取决于汽车的外形尺寸，这是由设计需要决定的，因此减小气动阻力就是要减小气动阻力系数。

对于气动阻力系数 $C_D=0.45$ 的汽车，其基本形状阻力约占总气动阻力的 60%；而 $C_D>0.45$ 的汽车，其形状阻力所占比例将不同程度地降低。不同车型的气动阻力系数范围大致如下：

小型运动车	$C_D=0.23\sim0.45$
小轿车	$C_D=0.35\sim0.55$
载货汽车	$C_D=0.40\sim0.60$
公共汽车	$C_D=0.50\sim0.80$
二轮车	$C_D=0.60\sim0.90$

目前世界轿车的平均气动阻力系数已降到 $0.35\sim0.40$，一些先进气动布局的汽车气动阻力系数已降至 $0.15\sim0.20$。表 2-2 列出了在同一风洞中测得的一些汽车的气动阻力系数。

表 2-2 一些汽车的气动阻力系数

车　　型	A/m^2	C_D	C_DA/m^2
大普里克斯 Grand Pix（1937 年）	1.18	0.596	0.705
保时捷 Formel Ⅱ（1959 年）	0.89	0.53	0.471
保时捷 Formel Ⅰ（1962 年）	0.72	0.60	0.432
波尔舍 Abarth（1962 年）	1.43	0.365	0.522
波尔舍 Spyder offen（1956 年）	1.03	0.45	0.465
波尔舍 Coupe 356c（1963 年）	1.61	0.398	0.640
波尔舍 901（1964 年）	1.66	0.38	0.630
波尔舍 904 GTS（1964 年）	1.32	0.33	0.435
大众	1.81	0.48	0.870
大众 Chia	1.58	0.384	0.607
福特 Anglin	1.67	0.49	0.818
雷诺 Dauphine	1.69	0.42	0.710
福特 Falcon	1.98	0.50	0.990
普里毛斯 Valiant	1.97	0.47	0.928
别克 Elektra	2.30	0.49	1.130
凯迪拉克	2.27	0.46	1.045
雪佛兰（四门）	2.28	0.48	1.093
道奇	2.29	0.49	1.122
福特	2.31	0.52	1.200
林肯（默冠利部）	2.40	0.46	1.105
奥斯莫比尔 98	2.34	0.45	1.053
普兰毛斯（克莱斯勒）	2.27	0.49	1.110
旁蒂克	2.30	0.53	1.220

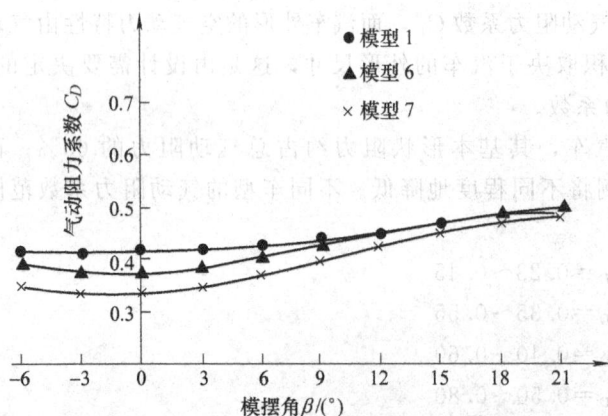

图 2-2 FD—09 风洞测得的红旗 CA774 轿车的
气动阻力系数的横摆角特性（$v=60 m/s$）

当汽车受侧风作用时，气动阻力系数有增大的趋势。图 2-2 所示为在 FD—09 风洞中测得的三个红旗 CA774 轿车模型气动阻力系数的横摆角特性。表 2-3 列出了各种汽车气动阻力系数的横摆角特性。

表 2-3 各类汽车气动阻力系数的
横摆角特性

汽车种类	$dC_D/d\beta$
赛车	0.001～0.002
轿车	0.002～0.004
载货汽车	0.005～0.008
公共汽车	0.010～0.015

2. 气动升力及纵倾力矩

由于汽车车身上部和下部气流的流速不同，使车身上部和下部形成压力差，从而产生升力。由于升力而产生绕 y 轴的纵倾力矩。

侧风作用下的轻型高速汽车，车身前部可能有较大的局部升力，汽车进风口处的冷却气流会使流过车身的气流发生明显的变化，导致对升力的影响。作用在汽车上的空气，有 35%～40% 从车身上面流过，10%～15% 从下面流过，25% 从侧面流过，所以减小车身上下部分的压力差，使大量的气流流经侧面，可以减小升力；使底板下部流线形化，压低发动机罩前端，减缓前风窗倾角，都可减小前端的升力。

作用于汽车上的升力将减小轮胎对地面的压力，使轮胎附着力和侧偏刚度降低，影响汽车的操纵稳定性。图 2-3 为各种外形汽车的前、后轮负荷随横摆角变化的状况。

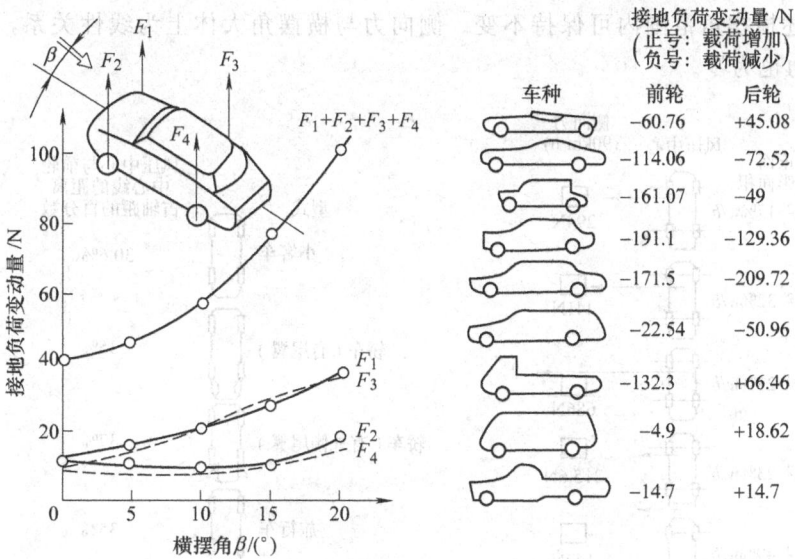

车种	前轮	后轮
	−60.76	+45.08
	−114.06	−72.52
	−161.07	−49
	−191.1	−129.36
	−171.5	−209.72
	−22.54	−50.96
	−132.3	+66.46
	−4.9	+18.62
	−14.7	+14.7

图 2-3 各种外形汽车的前后轮负荷随横摆角变化的状况

图 2-4 所示为各种外形汽车升力系数的横摆角特性。在无侧风时，一般升力系数 $C_L=-0.4～+0.4$；当受到侧风影响时，升力系数随横摆角大致呈二次方的比例增大，升力系数有可能增加 2～3 倍。由于车身底部外形对升力系数影响很大，故不能仅根据侧面形状来分析汽车空气动力特性。

3. 侧向力及横摆力矩

汽车由于受到侧向力的作用而影响其直线行驶性能。为了保证汽车的行驶稳定性，在减小侧向力的同时，还应使侧向力的作用点即风压中心移向汽车重心之后；而风压中心后移，又有使侧向力增大的趋

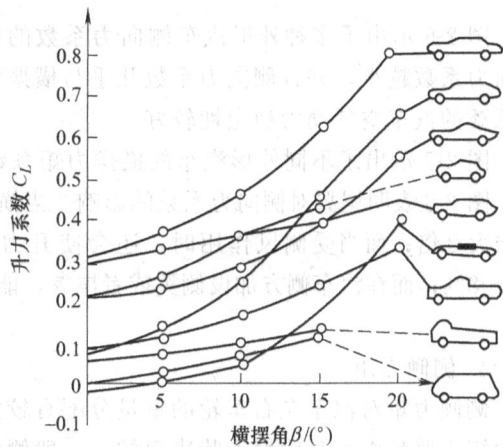

图 2-4 各种外形汽车升力系数的横摆角特性

势。因此，用尾翼使风压中心后移时，还应该注意到其承受的侧向力是很大的。

侧向力和横摆力矩都影响汽车的行驶稳定性。在非对称气流中，横摆力矩有使汽车绕垂直轴（z 轴）转动的趋势。如果所产生的横摆力矩有减小横摆角的作用，那么汽车具有稳定的气动性能，上述结果可表示为

$$\frac{dC_{YM}}{d\beta} > 0 \qquad 稳定$$

$$\frac{dC_{YM}}{d\beta} < 0 \qquad 不稳定$$

图 2-5 表明五种汽车——轿车、小客车、厢式货车、赛车和运动式轿车，当其横摆角为 10° 时，即相当于汽车以 90km/h 的速度行驶，并遇到 4.5m/s 的侧向风时，其风压中心的位置。图中 w/b 表示风压中心与前轮中心线的距离占轴距的百分比。对大多数汽车来讲，风压中心在上述横摆角范围内可保持不变。侧向力与横摆角大体上为线性关系，当横摆角为 0° 时，侧向力也为零。

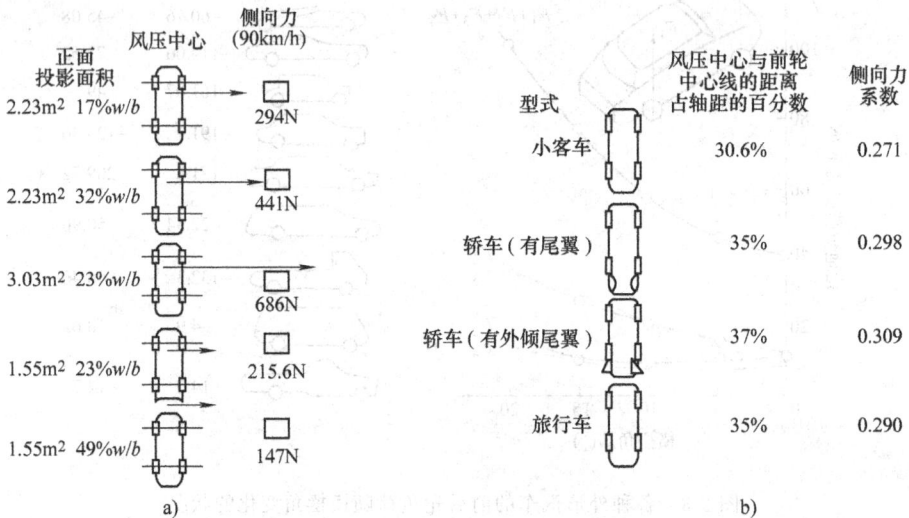

图 2-5　风压中心的位置

图 2-6 示出了多种外形汽车侧向力系数的横摆角特性。由该图可知，流线形系数越大，侧向力系数越小，并且侧向力系数几乎与横摆角成比例增加。一般长度较小、宽度较大、车身低矮的汽车空气动力稳定性较好。

图 2-7 示出了不同外形汽车的横摆力矩系数随横摆角变化的情况。

图 2-8 表明尾翼对侧向力系数的影响。当横摆力矩为负值时，汽车上装设尾翼后，侧向力将增大 2 倍；而当受侧风作用时，还会使升力增大。一般汽车加尾翼后，气动阻力将增大 5%～8%；而在汽车侧方加设侧翼或者尾翼，能在不增大侧向力和升力的前提下，减小横摆力矩。

4. 侧倾力矩

侧倾力矩对汽车左右车轮的重量分配有较大的影响，并且直接影响到汽车的侧倾角。侧倾力矩主要是由车身侧面形状决定的，一般侧面流线形好的汽车，侧倾力矩相对较小。汽车的高度和宽度对侧倾力矩影响很大，一般低而宽的汽车侧倾力矩系数比高而狭长的汽车的侧

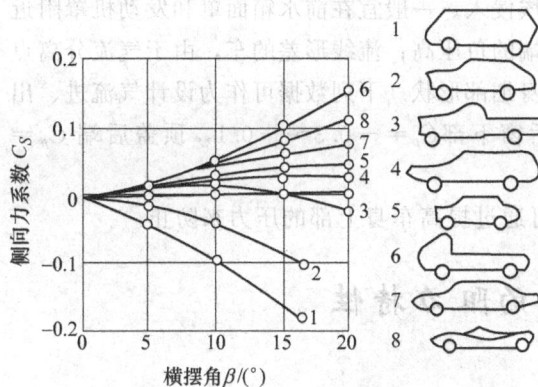

图 2-6 各种外形汽车的侧向力系数的横摆角特性

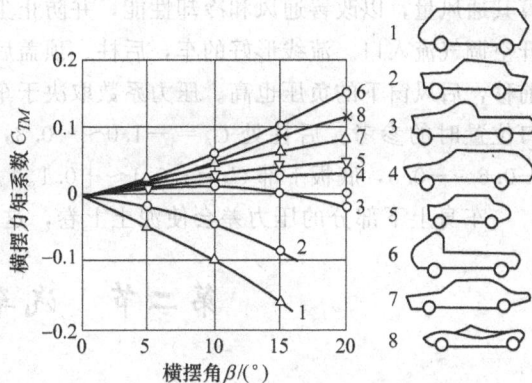

图 2-7 不同外形汽车的横摆力矩特性

倾力矩系数小。汽车设计时，应尽量使风压中心接近侧倾轴线。

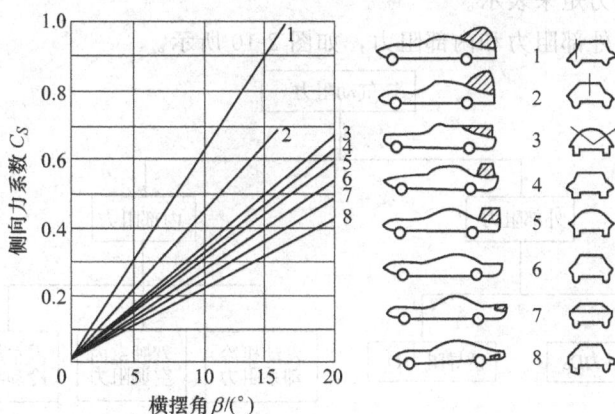

图 2-8 尾翼对侧向力系数的影响

二、车身表面的压力分布

图 2-9 为某国产轿车的车身表面压力分布图。车身表面的压力系数用 C_p 表示，即

$$C_p = \frac{p - p_0}{\frac{1}{2}\rho v_\infty^2} \tag{2-1}$$

式中 p——车身表面的压力；

p_0——大气压力。

车身表面的压力分布与车内、外的污秽，采暖通风，空调系统，发动机散热器的冷却效果，雨中行车的密封性以及风噪声等，都有密切的关系。通常可根据车身表面的压力分布状况确定与驾驶室内通风及发动机冷却相关的气流的进、出口位置，并推

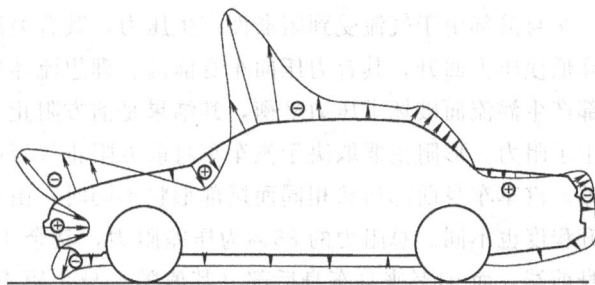

图 2-9 车身表面压力分布图

算其通风量，以改善通风和冷却性能，并防止尘埃侵入。一般宜在前水箱面罩和发动机罩附近开空调气流入口。流线形好的车，后柱、顶盖后端的负压高；流线形差的车，由于气流分离点前移，后风窗下的负压也高。压力系数取决于车身细部形状。下列数据可作为设计气流进、出口位置时的参考：后柱处 $C_p=-1.0\sim-0.3$，后窗下部 $C_p=-0.3\sim+0.1$，顶盖后端 $C_p=-0.6\sim-0.3$，底板下部 $C_p=-0.1\sim+0.1$。

车身上下部分的压力差会使泥土上卷，这可通过提高车身上部的压力来防止。

第二节　汽车的阻力特性

一、阻力分类

行驶中的汽车受到的气动力是非常复杂的，如本章第一节所述，它可由平行于 x，y，z 各轴的力和绕各轴的力矩来表示。

气动阻力可分为外部阻力和内部阻力，如图 2-10 所示。

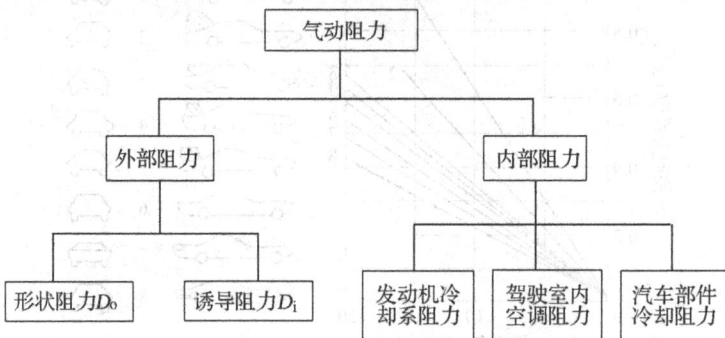

图 2-10　气动阻力的分类

外部阻力系数 $C_D{}'$ 可表示为

$$C_D{}' = C_{D_o} + C_{D_i}$$

式中　C_{D_o}——形状阻力系数；

C_{D_i}——诱导阻力系数。

诱导阻力是升力的水平分力，它的计算基于无粘流；而形阻（形状阻力的简称）的计算，要计入空气粘性的所有效应。车的外部阻力是由粘性效应和涡场所产生的，但是由于粘性流与涡间的相互作用，这两种影响并不能分开。

车身前部由于气流受到阻滞而产生压力，其合力压向车身后方，而车身后部由于气流速度降低使压力回升，其合力压向车身前部。理想流体中两个方向的合力平衡。由于汽车车身尾部产生涡流而破坏了压力平衡，其结果是前方阻止气流前进而产生的压力占优势，所以就产生了阻力。形阻主要取决于汽车车身前方阻止气流前进的压力与车身尾部使压力恢复的压力差。汽车车身前部形状相同而尾部形状不同时，由于其车身尾部分离区域大小不同，压力回升程度也不同。总阻力的 85% 为压差阻力，其余 15% 为摩擦阻力。压差阻力的 9% 来自车身前端，而 91% 来自车身后部（其值随车身长短不同而异）。从气动阻力的形成机理看，压差阻力是由形阻和涡阻（涡流阻力的简称）构成的。涡阻占总压差阻力的 40% 左右，它明显地取决于尾流结构。

二、压差阻力与表面摩擦阻力

压差阻力和表面摩擦阻力的本质来自于气流的粘性。绕流作用在车身表面，产生了压力场和切应力场，如果当地的逆压梯度超过了一定的陡度，则造成气流从车身表面分离。当气流分离时，产生的压力分布与无粘流不同，随着产生的边界层厚度的增加，切应力减小，直至分离点减至零。对表面的压力和切应力进行积分可得到压差阻力和表面摩擦阻力，它们的总和就是包括诱导阻力在内的全部外部阻力。

三、诱导阻力

诱导阻力是伴随升力而产生的阻力成分，表示为

$$C_{D_i} = \beta \frac{C_L^2}{\pi \lambda} \tag{2-2}$$

式中　C_{D_i}——诱导阻力系数；

λ——宽长比（总宽/总长）；

β——修正系数。

图 2-11 是不同尾部外形的汽车的尾流流态图。在车身尾部气流的流动中，包含着纵向的涡。它们是由车身顶部与车身底部的压力差所产生的，这个涡场包含着一定量的动能。它等于必须克服部分阻力的功，这部分阻力称为诱导阻力，所说的涡场则与汽车的总升力相关。

在很多情况下，对一个给定的车改型时，可以发现阻力和升力的密切关系，即在改型过程中，降低气动阻力的任何一种措施也同时产生升力降低的效果，当然也有升力反而增加的

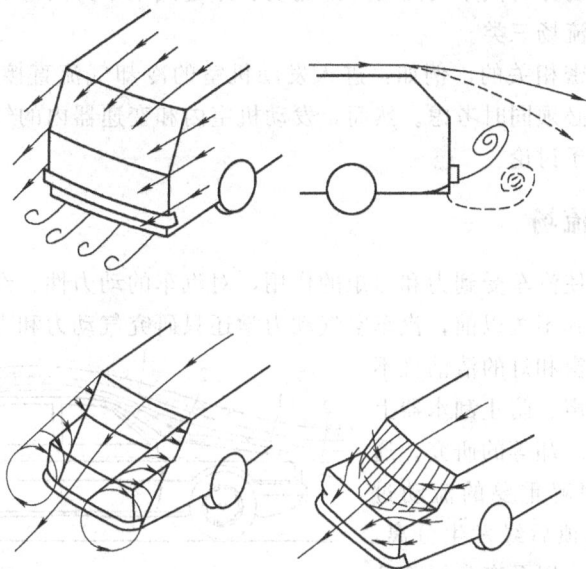

图 2-11　不同尾部外形汽车的尾流

情况。图 2-12 给出改变尾部倾角对气动阻力系数 C_D 及后轴升力系数 C_{LR} 影响的一例。

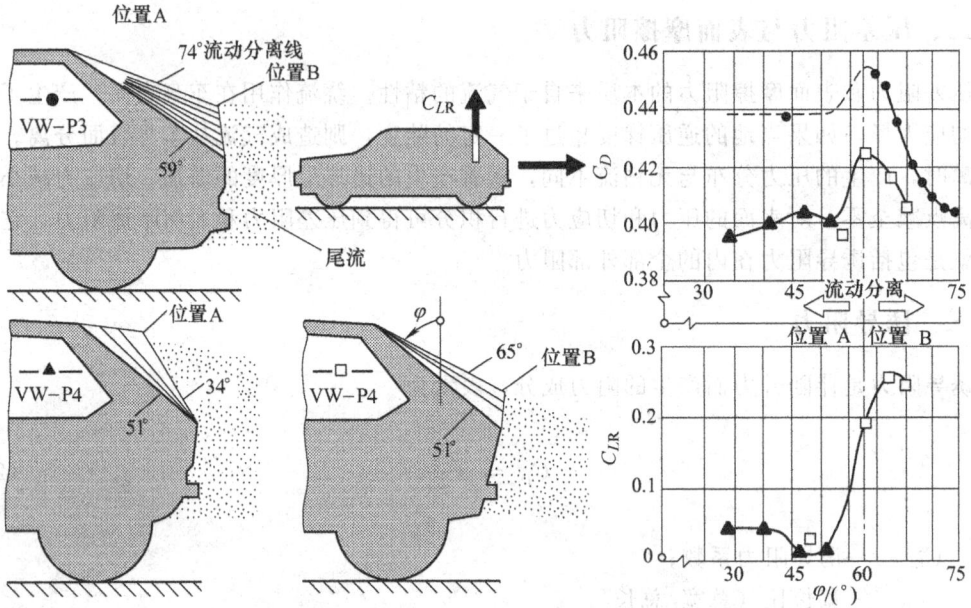

图 2-12   改变尾部倾角对气动阻力系数 C_D 及后轴升力系数 C_{LR} 影响的一例

第三节   与汽车相关的流场

一、与汽车相关的流场的分类

与汽车相关的流场分为汽车周围的外部流场、穿过汽车车身内部的流场，以及发动机室及变速器等机体内的流场三类。

前两种流场是紧密相关的，例如：进入发动机室的冷却气流直接取决于汽车周围的流场，所以这两种流动必须同时考虑。然而，发动机室内和变速器内的气流流动，则与前两者无关，这在本书中不予讨论。

二、汽车外部流场

汽车的外部流场使汽车受到力和力矩的作用，对汽车的动力性、经济性和操纵稳定性产生极大的影响。但直到不久以前，汽车空气动力学还只研究气动力和力矩效应。近年来，人们开始注意对保持风窗和灯的清洁且不积存雨水、降低风噪声、防止刮水器上浮、制动器和油底壳冷却等的研究。通过流态分析，可以理解重要的流动过程，如气流在汽车车顶后缘发生分离，形成一个很大的滞区，以及车身尾部的气流分离过程。图 2-13 表明某车型纵

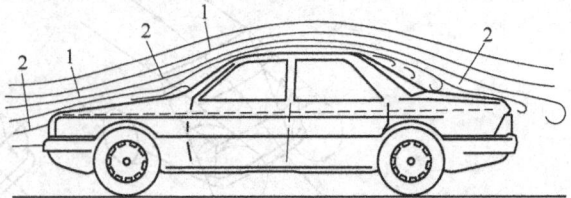

图 2-13   汽车的外部流场
1—流线之间间距小   2—流线之间间距大

向中心断面的流态，其流动存在滞区，从图中可看出各流线之间不是等间距的，而各流线之间间距的差异，表明了升力的来源。间距近，表明流速高，因此静压低，产生与汽车行驶方向垂直的纵向力（升力），它是向上的，趋于提起汽车，从而减小有效载荷，随之产生的纵倾力矩，则造成前后轴载荷的转移。

纵向对称平面的气流，在侧风中是非对称的，汽车的形状应使干扰力和力矩保持在不会对方向稳定性产生大的影响的范围内。首先，当侧风的风力和方向发生改变时，若要求驾驶员随时作出相应的调整，会造成许多不便。其次，在极少见的情况下，有丧失操纵的危险。因此，只能通过良好的空气动力学设计来避免上述情况。然而，驾驶员在突然侧风下迅速作出正确的反应，也是非常重要的。道路及周围环境的设计，也是不可忽视的重要问题。

根据对车身尾部气流流态的分析，可研究汽车尾部泥土附着问题。灰尘和脏水被车轮卷起后，尘粒和水滴被湍流分散在整个滞区内，并粘在汽车的尾部。由于尾部的流态对 C_D 有显著的影响，因此，不能孤立地考虑泥土附着问题。

进入散热器的气流，决定了车辆前部气流的流态（见第五章）。选择冷却气流进口位置，必须考虑滞点的位置。水箱面罩的设计，应把冷却空气导向散热器，同时，应尽量减小冷却系的压力损失。

在发动机和前风窗的凹区，流动是附着的，在这里压力升高，驱动冷却气流进入暖气和通风系统，而这里的压力还与车速相关。当车速升高时，压力也升高，使得维持室内气候不变非常困难。如果空气入口移到与环境气压相同处，则至少在气流对称状态下（没有侧风），可使内、外流场相互独立。冷却气流的出口必须设在与环境压力相同处。

三、汽车内部流场

汽车的内部流场主要是通过散热器和发动机室的气流以及穿过驾驶室的暖气和通风的空调系统的气流，在有些情况下（如赛车）还有单独用于通向机油冷却器、制动冷却、发动机进气等导管的气流。

1. 发动机冷却系的气流

发动机冷却系的作用是散掉与发动机有用功大致相当的热量。随着汽车设计技术的发展，对冷却系设计也提出了更高的要求。由于水冷却比风冷却需要更大的冷却气流，而对冷却空气的要求是与发动机冷却形式相关的（详见第五章）。发动机不断地提高功率，需要更大量的冷却空气；由于造型与空气动力学的需要，汽车的前端不断变扁，而使进气口变小，同时还将原来大而连续的进口面积分割成独立的小口；由于汽车紧凑设计的需要，留给发动机室内散热器和冷却气流导管的空间也越来越小；为考虑安全的车身前端的设计，气流受到宽保险杠和横梁的障碍等等，这些都是发动机冷却系设计面临的新课题。

为保证最佳的冷却效率，应尽量使散热器前面的气流速度均匀，同时要尽量减小由于气流在冷却导管中的动量损失而引起的气动阻力增加。当自然通风的空气流量不足时，必须用风扇来弥补，散热器和风扇必须匹配。设计冷却系时，应考虑消耗最小的功率就可满足冷却气流的需要。

2. 驾驶室内的气流

穿过驾驶室内的气流有如下三个作用：

1）保证足够的通风，使驾驶室内所有污染的空气和尘土排出，同时更新呼吸消耗的氧气。

2）在车外气候极大的变化范围内，保证驾驶室内气候舒适。冬季要有一个高性能的暖风系统，夏季要有新鲜空气流过，在极热的气候条件下，还要有冷风系统。

3）内部气流必须穿过车窗，以除霜。

对驾驶室内气流性能有特殊要求，例如希望在发动机起动后，暖风很快就可以供热；而且在汽车行驶时，内部气流应与外界天气、车速以及发动机运行状态无关；气流流动应产生尽可能小的噪声；防止风噪声，减小风扇噪声；车身上的空气进出口处应保证在极限状态下，雨水也不能进入车内（如洗车时）。

汽车空气动力学的设计目标是因车而异的，如轿车主要考虑气动阻力，高速轿车和厢式货车主要应降低对侧风的敏感性，其解决方法有多种，随车辆种类不同而异。对于赛车，主要是增加轮胎的附着力，采用负升力。前、后翼已成为现代赛车必备的装置，车翼保证车轮载荷随车速增加而增加。为减小轿车气动阻力而采用的方法应与造型相协调。

第四节　汽车空气动力学特点

汽车空气动力学与飞机空气动力学有相似之处，其主要目的非常相似，既要求有非常优良的驾驶或飞行特性，很小的气动阻力，同时还要求纵向和侧向力的力矩平衡，以保证驾驶或飞行的稳定性。但两者之间还有显著的区别，具体说明如下所述。

一、汽车空气动力学的重要结论来自于试验

飞机空气动力学在相当大的范围内采用理论分析。当今飞机的空气动力学设计从理论分析亦即从数值计算开始，然后进行小模型的风洞试验，最后才进行样机的飞行试验。

汽车空气动力学研究主要是通过试验，包括各种模拟试验、验证和改进各种改型措施，同时模拟试验又不断揭示各种气动现象，通过试验数据的分析和推理，得出大量的重要结论，这又推动了汽车空气动力学研究的发展。

汽车空气动力学设计与飞机设计步骤不同。汽车不仅要考虑空气动力学，同时还要考虑造型风格、操纵稳定性、安全性、舒适性以及生产工艺的合理性。人们正不断致力于把飞机空气动力学的结论应用到汽车上，并且在解决某些问题时，取得了巨大的成就，但二者还是有很大差别的。

二、数值计算不能取代风洞试验

飞机的机翼、机身和尾翼可以单独考虑，因此，飞机周围的气流计算就得到了简化，各部分的相互作用也可以用理论方法来评价。由于气流通常是"附着的"（连续的），计算可以分两步进行。首先确定非粘性流场，然后用"边界层"理论计算粘度效应，这个步骤所依据的理论和方法在不断发展，目前已扩展到更高速下的计算（马赫数效应）。

汽车周围的气流存在着显著的分离现象，粘性的影响不再局限于车身表面较小的范围内。另外，对于汽车来说，无法区分出几个或多或少的相互独立的流场，因此汽车周围的流场不可以像飞机流场那样处理，对汽车的流场只能作为一个整体来考虑。

第八章将专门论述汽车空气动力学数值计算方法，这些方法得出的结果可以用来验证风洞试验，然而空气动力学的大部分计算工作是要防止或调节气流分离，而达到这一目的的重要方法是风洞试验。汽车空气动力学的研究成果和重要结论，几乎都是以风洞试验为依据的。汽车空气动力学的主要研究方法是风洞试验，数值计算不能取代风洞试验。

第五节　汽车空气动力学的相关学科

一、建筑空气动力学

与汽车空气动力学相关的学科有建筑空气动力学，它研究的主要内容是：

1）建筑物立面周围的流动；

2）由分离而确定的流场；

3）地面边界层及其影响；

4）建筑物间的相互影响；

5）风洞试验技术。

建筑空气动力学与汽车空气动力学相似的研究内容是：

1）建筑物整体的受力；

2）建筑物元件，如屋顶、立面和窗等的受力；

3）为保护行人而改变周围流场；

4）内、外流的合理匹配（气候条件、烟囱抽力等）。

二、火车（列车）空气动力学

1. 火车周围的流场

火车周围的流场与汽车很相像，主要区别是火车将单一的车箱连成一串，从而形成一个相对高度和宽度都较大的车身。在火车相遇时，由于轨道相距很近，会有特殊变化；当火车进入隧道或在隧道内行驶时，也会使流场产生变化。

2. 研究火车空气动力学的主要目的

研究火车空气动力学的主要目的是：

1）降低气动阻力；

2）降低列车相遇或进入隧道时的压力峰；

3）减小侧风的影响；

4）内、外气流很好地匹配，以保证冷却和空调性能良好。

由于火车的车速在不断提高，因此火车空气动力学日显重要。

三、船舶空气动力学

在吃水线以上部分的船体周围的流场，是越来越受注意的中心问题。排水舰船的气动阻力相对水的阻力是小的，但相对水上飞机、水翼艇和气垫船情况就不相同了。船舶空气动力学除研究阻力外，还包括侧向力。对于具有大型上层结构的船只（如渡船），靠近码头时的空气动力特性很重要，而客轮的烟囱周围的流动也是令人关注的问题。

第六节 汽车外形与空气动力特性的关系

本节参考了参考文献 [2] 中 W. H. Hucho 公开发表的研究结果，结合作者本人的研究对汽车外形与空气动力特性的关系作如下论述。

一、前端形状对空气动力特性的影响

根据图 2-9 所示的轿车的压力分布图进行积分可得到前端的压差阻力值。典型的现代轿车的前端的压差阻力系数值约为 0.09，发动机罩的阻力系数值接近零，而风窗玻璃的阻力系数值约为 -0.035，因此前端压差阻力系数值为 0.055。不同的前端外形，就有不同的压力分布，致使前端阻力系数不同，因而改善前端的设计是降低气动阻力系数的重要途径。好的前端设计，可能使其阻力系数变为负值，即可达到 -0.015。

从理论上讲，车的前端完全流线形化为最好，但在实际设计中却并不可能采用。图 2-14 是按流线形的原则，在原有前端外形的基础上进行的改型。各方案使 C_D 值降低的效果如图所示。

在设计中，如能尽量倒圆棱角，使外形接近流线形，并减小车头部的正面投影面积，就可得到较好的空气动力学效果。

图 2-15 是改善汽车前端设计的又一例。为了分析汽车前缘的气动特性，用辅助头锥改变其外形，辅助头锥做成两片，以便分别测量水平、垂直两个方向的气动特性。当装上两片辅助头锥 $M_1 + K_1$ 时，$\Delta C_D = 0.05$；若仅用辅助头锥 K_1，ΔC_D 为 -0.015，即仅有全辅助头锥阻力减小量的 30%。精心导圆前端水箱面罩外盖板和保险杠的垂直前缘使阻力降低，ΔC_D

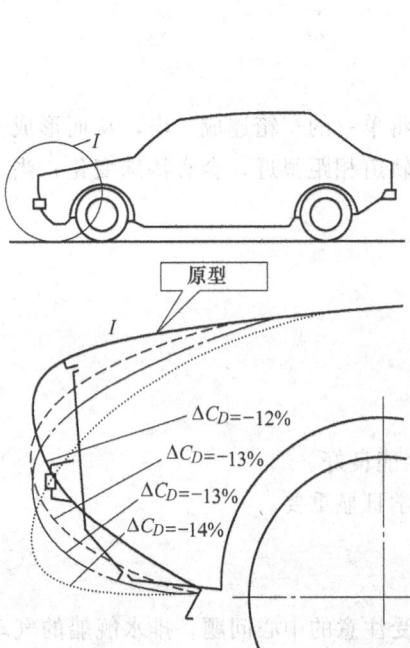

图 2-14 改变前端外形降低气动阻力的一例

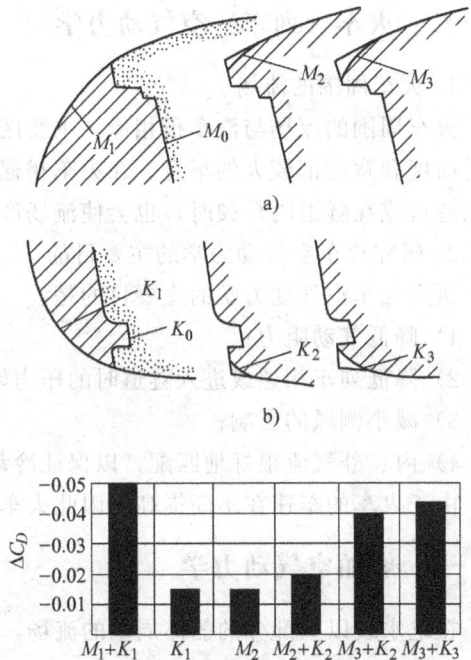

图 2-15 改善前端的气动特性例子
a) 汽车垂直剖面 b) 前照灯处的水平剖面

分别为70%和30%。这部分的影响受前部横向曲率、前保险杠位置和形状，散热器格栅的外形、车的横摆角和离地间隙以及前部发动机罩的斜度等因素所左右。在不改变前端造型风格的原则下，加辅助头锥 M_2 及 K_2 使阻力减小，ΔC_D 为 -0.02，即40%，这是上述几种比较方案中的最佳值。同样在不改变前端造型风格的前提下，用方案 M_3+K_3 把前缘导圆，产生90%的阻力降（$\Delta C_D=-0.045$）。这个方案并未改变汽车外形尺寸，可见合理设计前端外形就可产生改善气动特性的效果。

二、风窗玻璃与发动机罩形状对空气动力特性的影响

影响风窗玻璃与发动机转角部位空气动力特性的主要因素是：发动机罩与风窗玻璃的夹角、发动机罩的三维曲率及结构、风窗玻璃的三维曲率及结构。

1. 发动机罩与风窗玻璃夹角 γ

根据图2-16给出的对称线上的主要分离点 S 点（在对称线上）和再附着点 R 点的位置，标出它们相对于风窗玻璃与发动机罩的夹角 γ 的位置，S、R 点和 γ 角的相应位置在坐标上为圆弧曲线。当 $\gamma=60°$ 时，得到 R 点的最大偏离值，其误差为风窗玻璃全长的2%。发动机罩在水平方向的曲率越大，分离点就越往下移动；同样，风窗玻璃曲率增加也会使再附着点 R 向下移动。

气流在发动机罩上的流速很快，但当由发动机罩流向风窗玻璃时，受到阻力，气流流速变慢。在风窗玻璃的前缘气流分离，致使在风窗玻璃的下缘产生分离区。而后在风窗玻璃的上缘重新开始附着，如图2-16的 R 点。作者在某国产轿车的外形空气动力特性分析中，曾多次进行风洞试验，证实了发动机罩与风窗玻璃夹角对空气动力特性的影响。在一定的 γ 角时，风窗玻璃下缘压力降低。当 $\gamma=48°$ 时，会出现一个局部的压力降，它是由来自与两侧的溢流相混合而产生的局部涡流的影响所致。在风窗玻璃的气流再附着区，沿汽车对称平面的压力分布随 γ 角的变化很小。当发动机罩与风窗玻璃的夹角为30°

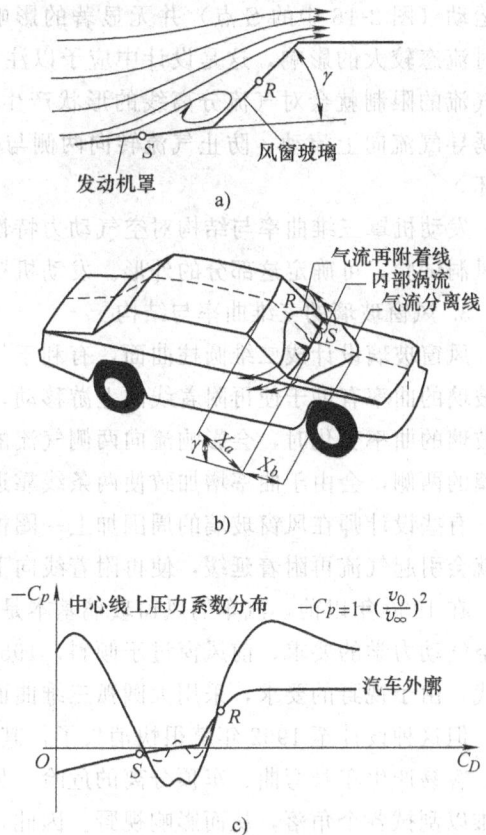

图2-16　发动机罩与风窗玻璃的
夹角对气动特性的影响
a）汽车发动机罩与风窗玻璃间的流谱
b）汽车发动机罩上的流谱
c）汽车表面中线上的压力系数分布

左右时，C_D 值最小，而机罩与风窗玻璃的夹角在30°以下时，分离线与再附着线移动很小，亦即对降低气动阻力效果不大。可见，虽然增大风窗玻璃的斜度、减小发动机罩和风窗玻璃的夹角，可使分离线与再附着线靠近，减小分离区，降低气动阻力；但当风窗玻璃与发动机罩的夹角 γ 降到30°以下时，再降低此夹角，对阻力系数和升力系数的降低效果是很小的。

本书作者在 FD—09 风洞进行的国产轿车空气动力特性试验研究也证明了这一事实。可见，车身设计师不要把精力浪费在减小前风窗倾角（增大前风窗斜度）上，这样，不但牺牲了车室内的空间，而且前风窗过分倾斜会造成外景失真、视野变坏。总之，过大的前风窗倾角不仅牺牲了人体工程的要求，而且没有改善空气动力特性，这是应该避免的。

为减小 γ 角，另一措施是增大发动机罩倾角。试验表明，在发动机室布置允许的情况下，尽量压低发动机罩前端，增大发动机罩的倾角，从而减小 γ 角，则产生降低气动阻力、升力的效果。

2. 发动机罩的三维曲率与结构

目前采用的发动机罩的曲率均比较小，$I/R = 0.02 \text{m}^{-1}$，因为水平面的小曲率对气流的运动（图 2-16 中的 S 点）并无显著的影响。发动机罩的侧面曲率对气流的限制，造成了对流态较大的影响，这是设计中应予以注意的问题，如现在有一种可升起的前照灯，其对气流的限制就会对气流分离线的形状产生影响。为使气流从前方流畅地通过发动机罩，应诱导气流向上流动，防止气流转向两侧与侧面的气流互相干扰，出现分离而使气动特性变坏。

发动机罩三维曲率与结构对空气动力特性产生的影响，目前已被人们所认识。通过大量的风洞试验，可确定这部分的外形。发动机罩在现生产的车上已基本达到成熟的最佳设计。

3. 风窗玻璃的三维曲率与结构

风窗玻璃设计成二维圆柱曲面，有利于气流向两侧流动，而且压力向两侧逐渐降低。风窗玻璃的曲率有助于使再附着线向上游移动，即有利于再附着线移至风窗玻璃的下缘。当风窗玻璃的曲率变化时，会影响流向两侧气流的分离线和再附着线的形状，在发动机罩和风窗玻璃的两侧，会由于曲率增加致使两条线靠近。

有些设计师在风窗玻璃的周围加上一圈橡胶条，即在风窗玻璃周围增加了一层凸边，这样就会引起气流再附着延缓，使再附着线向下移动，显然使空气动力特性变坏。

在 1930 年以前，汽车的风窗玻璃基本是垂直的。此后，由于片面追求表面的动感及引进空气动力学的要求，前风窗过于倾斜。1950 年之后，前风窗斜度逐渐加大。至 20 世纪 60 年代，由于视野的要求，采用大圆弧三维曲面风窗玻璃，将风窗玻璃由驾驶员前方扩展到侧面。但这种设计至 1962 年就很快消失了，其主要原因是车身强度低，发生撞车和翻车事故时，容易产生车身弯曲、车顶分离的危险。另外，由于前风窗玻璃过度弯曲，下雨时刮水器也难以刮拭各个角落，从而影响视野。因此，虽然这种玻璃能使气流流畅、视野好，并曾在世界上流行一时，但却很快就消失了。

设计师为寻求风窗玻璃处的完好造型，应谋求在发动机罩和风窗玻璃上获得所要求的压力分布，与此同时，还必须考虑自然风造成的风速梯度的影响（图 2-17）。由于自然风引起的空气涡流和垂直速度梯度的影响，使相对气流速度随着离地距离的增加而迅速增加，从而导致气流的分离，即在距地面最远的汽车表面上先产生气流分离，造成了发动机罩、风窗玻璃位置的压力分布产生变化。这种影响应在汽车设计中予以考虑。图 2-18 给出了在前风窗设计时，在确保驾驶室内的居住空间的同时，降低 C_D 值时的前风窗倾角的参考数据，其横坐标所示的角度为前风窗上端固定。当倾角角度变化时，C_D 值也随之变化。当倾角增大时，C_D 值随之增大。

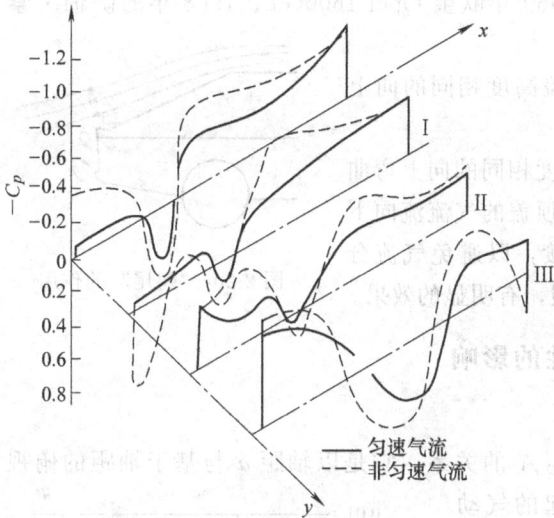

图 2-17　风速梯度下发动机罩表面压力系数的典型分布

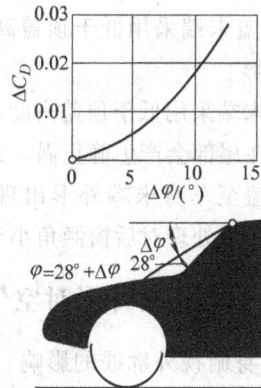

图 2-18　前风窗倾角对 C_D 值的影响

三、顶盖外形对空气动力特性的影响

顶盖的外形对汽车的气动特性有很大的影响。轿车要采用平滑的顶盖，使其表面外形不易产生涡流。最重要的是顶盖边缘外形的处理，应诱导气流平顺地流过顶盖，为此应注意以下问题。

1. 顶盖外形应选择适当的上挠系数

为使气流平顺地流过车顶，一般顶盖设计成上挠的外形。汽车的气动阻力与正面投影面积成正比，气流平顺地流过车顶可使 C_D 值降低，而带来的副效果则是正面投影面积增加，这又使阻力增大。因此，在进行顶盖外形设计时，应综合考虑这两个矛盾的因素，在满足驾驶室居住性要求的同时，选择最佳气动外形。图 2-19 表明顶盖外形对空气阻力的影响。图中 l_r 为顶盖上挠的纵向跨度，a_r 为上挠的距离，随着 a_r/l_r 的增加，ΔC_D 为负值，但 $\Delta(C_D A)$ 却具有正值，且有逐渐上升的趋势。因此，在进行顶盖外形设计时，应选择适当的上挠系数 a_r/l_r 值。

2. 采用鸭尾造型的效果

为改善空气动力特性、降低气动阻力，应避免由前端经顶盖流向尾部的气流与由地板下部上卷的气流在车身尾部混合而形成尾涡。顶盖的末端采用

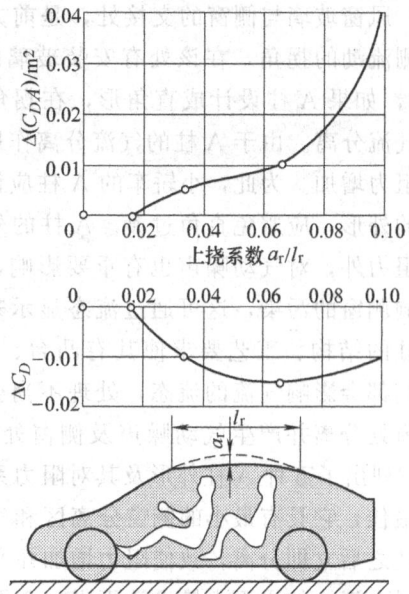

图 2-19　顶盖外形对 C_D 的影响

上挠的鸭尾式外形，可降低 C_D 和 C_L。特别是尾部倾角在 30°以上时，降低 C_D 的效果更明显。采用鸭尾的外形，有泥土易于上卷的缺点，为此应采取相应的措施。

采用鸭尾造型后，沿车顶流动的空气遇到"鸭尾"时会产生向下的作用力，使后轮的附

着力增大（图 2-20）。典型的鸭尾外形有 1969 年欧宝 Opel 1600GT、1968 年的萨伯·索内特和 1968 年的福特 GT 等车型。

3. 顶盖末端采用低于顶盖高度或与顶盖高度相同的向上弯曲的外形

顶盖末端采用低于顶盖高度或与顶盖高度相同的向上弯曲的外形，在尾部会产生静止涡，并诱导来自顶盖的气流流向下方，使顶盖至车身末端外形出现柔和的过渡，以避免气流分离。这种造型处理对后窗倾角小于 30°的车型，有明显的效果。

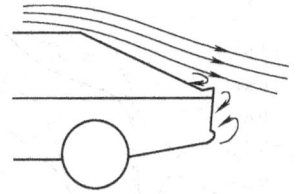

图 2-20 "鸭尾"的作用

四、车身侧面外形对空气动力特性的影响

1. 车身俯视外廓线的影响

图 2-21 表明车身俯视外廓线与 C_D 及 $C_D A$ 的关系，它是以轴距 a 与基于轴距的俯视外形中部鼓起的弦长 a_h 之比 a_h/a 的变化引起的气动特性的变化来评价俯视外形弧度的影响。由图可见，侧面弧度外形在一定范围内会使 C_D 降低。但由于侧面外形弯曲，又使正面投影面积增大，而 A 的增大大于 C_D 的减小，故综合效果是使阻力增加，所以也不能盲目追求侧面外形的弯曲。

2. A 柱外形对气动力特性的影响

风窗玻璃与侧窗的交接处，是前方来流向车身两侧流动的拐角，在该处有安装玻璃的前立柱（A柱），如果 A 柱设计成直角形，在拐角附近就会产生气流分离。由于 A 柱的气流分离作用，会导致气动阻力增加。为此，小轿车的 A 柱应设计成圆弧过渡的外形，应避免直角过渡。A 柱的外形除影响气动阻力外，对气动噪声也有重要影响，此外，还会影响侧窗的污染，这可通过流态显示来分析。由于 A 柱的结构、工艺要求使其有凸台、凹槽及棱角，它们都会影响气流的流态，处理不当会引起气流在

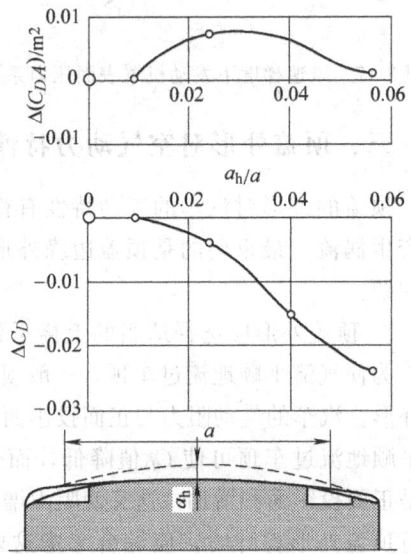

图 2-21 车身俯视外廓线与 C_D 及 $C_D A$ 的关系

侧窗处分离并产生气动噪声及侧窗处尘土污染，故对 A 柱外形应很好地设计和整形。图 2-22列出了五种 A 柱外形及其对阻力系数和侧窗分离区的影响。由图可见，第五种 A 柱外形最佳，它具有最小的侧窗分离区和气动阻力。原型 A 柱①带有突出的雨水槽，空气流经 A 柱之后立即分离，致使阻力增加并产生严重的风噪声。由水流的路径分析表明，雨水槽挡住了水流。如果雨水槽设计不当，会弄脏侧窗，而若风窗玻璃的曲率太小，水就会漫过雨水槽而流至整个侧窗，分离严重时就会产生水雾滴，有的甚至溅至后视镜，影响视野和交通安全。A 柱②没设雨水槽，使 C_D 减少 7%。由于有效地防止了分离，所以减小了风噪声；但因没有雨水槽，使雨水流过 A 柱弄脏侧窗，并影响视野。A 柱③的特点是，雨水槽与它的凸缘与 A 柱及车身外板部分齐平，这种设计使 C_D 值较 A 柱①低 5%而较②增加 3%（因有雨水槽）。A 柱④把雨水槽全部埋入 A 柱，其阻力系数与无雨水槽的 A 柱②相同，风噪声测

试结果也与 A 柱②相同，A 柱④在制造工艺上并无特殊的困难。A 柱⑤带有一个长的雨水凹槽，其侧窗几乎与车身外板齐平，比 A 柱②的阻力低 3%，A 柱⑤的底部设计了雨水的出口，以把凹槽的水排出。A 柱⑤的水凹槽的光滑外表面，在交通事故中减轻了严重伤害行人的危险。因其侧窗几乎与车身外板齐平，使 A 柱气流几乎不受扰动，从而降低了风噪声。在国产轿车的气动特性研究中，把 A 柱与 A 柱周围做成圆滑并向内倾斜收缩的外形，使气流沿其表面流动，控制了涡流的产生，从而达到降低 C_D 值的效果。

上述分析表明，在保证总布置设计要求即在居住空间控制的范围内，应使侧面外形曲率达到最佳化，消除侧面部件的外凸和棱角，使其平滑以消除和控制气流分离，减小涡流区，降低 C_D 值。为使气流平顺地流经车身侧面，设计需要时，可适当设置侧翼。

图 2-22 五种 A 柱外形的分析

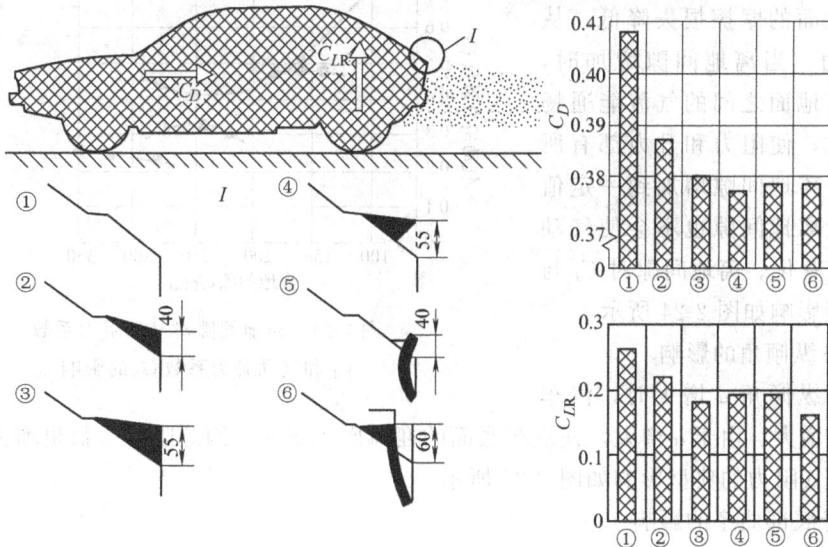

五、后窗周围形状对空气动力特性的影响

试验表明，把顶盖后缘做成稍呈圆形或把顶盖后侧板做成高于后窗表面的外形时，可以使 C_D 值降低。

图 2-12 表明车尾后缘不同倾角下的阻力系数 C_D 和后轴升力系数 C_{LR} 曲线，侧视图表明了尾流状态、分离点及极限角。该车原型从 34°～51°之间的倾角通过延长顶盖和升高水平后

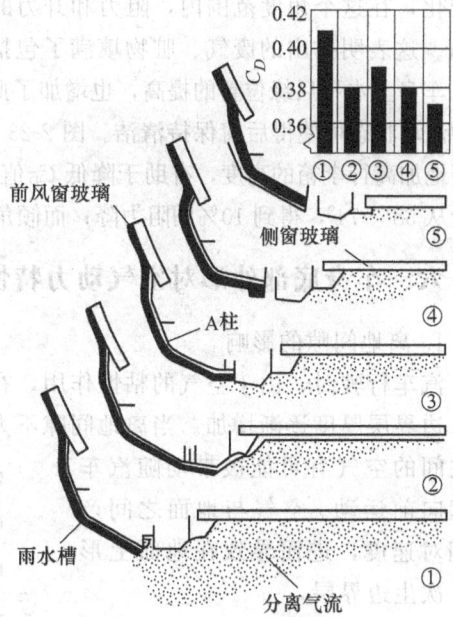

图 2-23 后扰流器的高度对 C_D 的影响

缘变化，在这个角度范围内，阻力和升力的变化都很小，顶盖的分离点保持在顶盖后缘的位置 A。这表明排出的废气、脏物填满了包括后窗在内的车身背部。

车身上水平后缘位置的提高，也增加了此倾角，使气流的分离点从顶盖位置 A 移到位置 B。这种流动状态可使得后窗保持清洁。图 2-23 是大众公司提供的后扰流器高度对 C_D 影响的数据。适当地加高行李箱的高度，有助于降低 C_D 值。分离点变至顶盖较低的部位，引起阻力增加 3%；倾角从 58°～74°，得到 10% 的阻力降；而倾角大于 74°后，就不再会使 C_D 值进一步减小。

六、车身底部外形对空气动力特性的影响

1. 离地间隙的影响

汽车行驶时，由于空气的粘性作用，在汽车底面将产生边界层。随着气流向车身后部移动，边界层厚度逐渐增加。当离地间隙不大时，边界层有可能延伸至地面，使汽车底面与地面之间的空气有可能被带动随汽车一起向前运动。空气与地面之间产生相对速度，进而导致在地面上形成了次生边界层。

汽车的底面通常高低不平，使得底部的气流变得复杂，形成了强湍流区和各种复杂的涡流。

当离地间隙较小时，汽车底部与地面之间的气流可能受阻，使前方来流转向流至车身上表面，这增大了汽车上表面的气流流速，使压力降低，导致汽车的阻力和升力增大。汽车底部表面做成平滑的外形，使车身下表面的摩擦损失降低，从而降低阻力。当离地间隙增加时，车身下部与地面之间的气流能通畅无阻地流过，使阻力和升力都有所下降。但当离地间隙增加到一定值时，再增加离地间隙也不会使气动阻力有大的变化。离地间隙对 C_D 与 C_L 值的典型影响如图 2-24 所示。

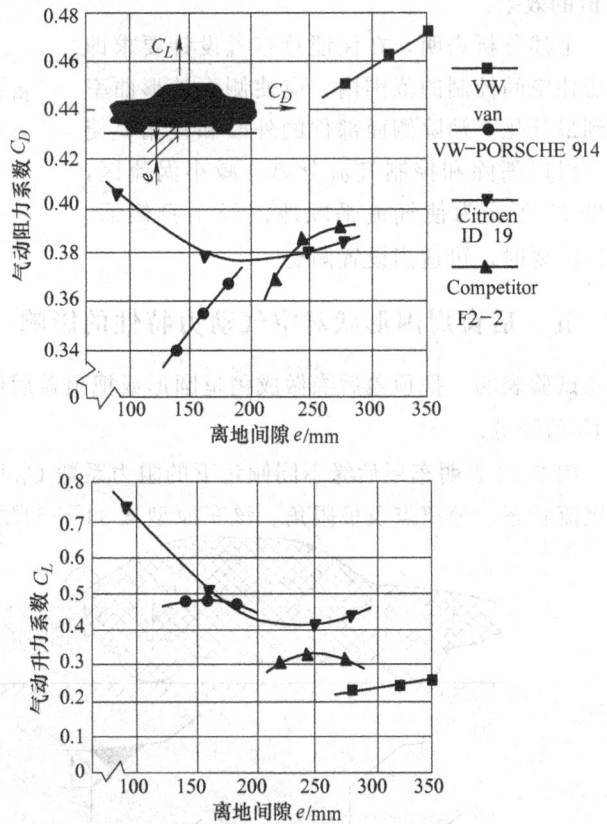

图 2-24 离地间隙对气动阻力系数 C_D 和气动升力系数 C_L 的影响

2. 车身纵倾角的影响

当车底纵倾角 α 增大时，汽车的升力系数增大。由于 α 增大，使汽车底面的迎风面积增大，因此阻力系数也增大。汽车纵倾角 α 对空气阻力的典型影响如图 2-25 所示。

3. 车身底部曲率的影响

车底适当的纵向曲率，使得气流平顺地通过汽车底部与地面之间的间隙，减小了气流的阻塞程度，从而减小汽车的阻力和升力。由于车身下部的纵向曲率，使车底尾部趋于上翘，

引起尾流区的负压对车身下部压力的影响，有助于减小作用于汽车后轴上的升力。

车身下部的横向曲率，有助于车身底部的气流流向两侧，减小车身底部气流的总阻塞度，使底部区域压力下降，从而减小阻力和升力。汽车车身下部的气流比两侧的气流受到更多的限制，因此两侧边的平均气压低于底部，使车底的气流流向底板的两侧。但是，如果在汽车两侧下部镶侧裙，将不利于汽车底部气流的横向流动，所以从空气动力学观点来看，这是一种不合理的设计。

在车身外形对空气动力特性的诸多影响因素中，车身尾部外形对空气动力特性有不可忽视的影响。本书作者在参考文献［3］中，结合国产轿车的空气动力特性分析，详细地叙述车身尾部外形对空气动力特性的影响，并结合国产轿车寻求最佳气动外形的研究，对前阻风板等空气动力学附加装置的作用以及改善国产轿车的操纵稳定性等研究进行了叙述。

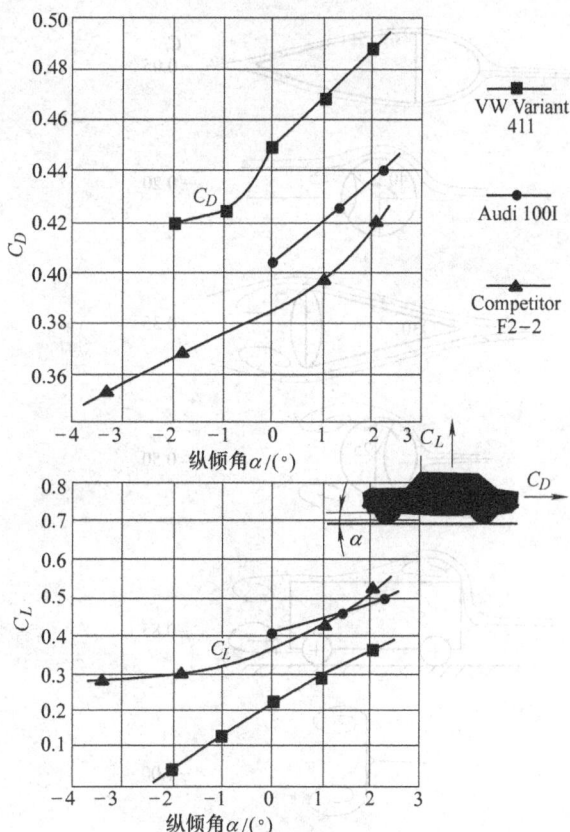

图 2-25 汽车纵倾角 α 对 C_D、C_L 的影响

第七节　汽车最佳气动外形的设计途径

轿车的外形经过逐步改进，虽然已趋于成熟化，但大多数轿车尚未彻底解决高速操纵稳定性的问题，因此轿车的外形尚有待于进一步研究和改进。轿车外形的最佳设计，一般有两个途径。

一、细部优化

从现有的汽车外形出发，通过其各个部分外形的细部优化，逐步改进，使其接近理想的流线形外形。理想的流线形物体的气动阻力系数仅为 0.04～0.05（图 2-26），这种外形在汽车造型上的实用化是截尾流线形体，其阻力系数为 0.15，但转换成实用汽车的外形，阻力系数还会大得多（图 2-27 和图 1-26）。

二、从低阻外形开始的优化

从低阻物体外形出发，逐步改为实用形（图 2-27），有可能使气动阻力系数达 0.30 左右或更低。

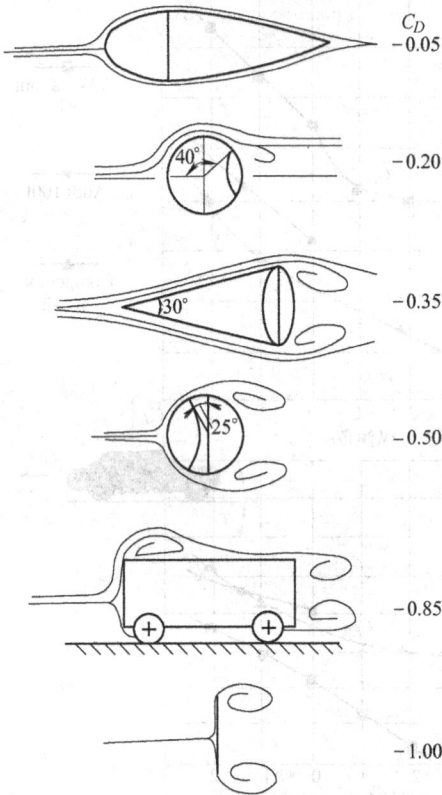

C_D

- 0.05

- 0.20

- 0.35

- 0.50

- 0.85

- 1.00

图 2-26　各种外形物体的 C_D 值

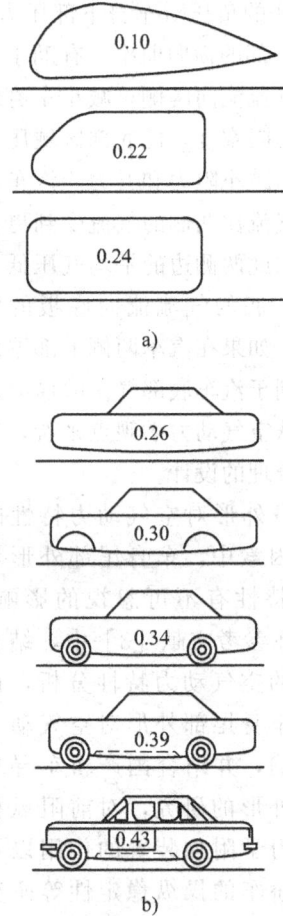

0.10

0.22

0.24

a)

0.26

0.30

0.34

0.39

0.43

b)

图 2-27　由流线形转换成实车的外形

a) 基本形　b) 转换成实车

1977 年，哈考定义了汽车外形参数 k（图 2-28）。k 定义为型面曲率 K 的变化的线积分，为了简便，只对中心剖面取其积分，图中 r 为外形的曲率半径，$r = l/K$。对于流线体，沿其外形的曲率变化率是缓和的，其车身外形没有突然变化的表面曲率，因此其外形参数 k 小。该图为试验测出的气动阻力系数与外形参数 k 的关系。在计算 k 时，保险杠、汽车底盘上的突起等，都忽略了。k 值在 $200 \sim 300$ 之间的车，具有良好的空气动力特性，其典型车型为 Nsu-Ro-80、Persche 924 以及 Citroen。由于具有良好的空气动力特性，这类车型的气动阻力系数在 $0.3 \sim 0.4$ 之间。

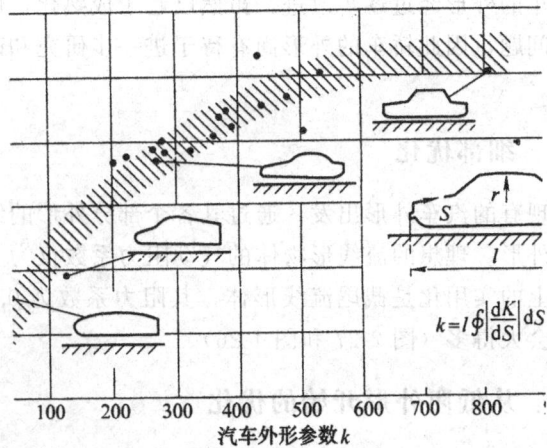

$$k = l \oint \left| \frac{dK}{dS} \right| dS$$

汽车外形参数 k

图 2-28　汽车外形参数与 C_D 值的关系

第三章　汽车空气动力学基础

第一节　流体的性质

一、真实流体和理想流体

流体是液体与气体的统称。流体在剪切力作用下发生连续变形，或者说流体在静止时不能承受任何剪切力，即流体具有流动性。一般把流体作为连续介质处理。

液体和气体又有各自的特性。液体的特性是容积一定，有一个自由表面；气体的特性是没有固定的容积，没有自由表面，易于压缩。

从宏观的角度考虑，流体有流动性、压缩性、粘性、热传导性和液体的表面张力等性质。某种流体在某一具体流动情况下，其上述诸性质中往往只有几项起主要作用。例如，在研究绝大多数液体的流动性质和低速流动的气体时，压缩性不起主要作用，因而假设流体为不可压缩流体所引起的误差甚小。

在实际情况下，当流体作变形运动时，相互接触的流体质点之间都有剪力作用，这是流体粘性的表现；当流体与固体接触时，由于流体质点分子力的作用，使流体附着于固体表面的现象，也是流体粘性的表现。另一方面，当流体的温度分布不均匀时，在流体中会发生热的传递，这就是流体的热传导性。有一些流体的粘性和热传导性都不显著，在某些流动情况下，粘性力比惯性力小得多，传导换热比对流换热小得多，流体的粘性和热传导性不起主要作用。因此，假设这些流体是无粘性的和无热传导性的是合理的。将这样的流体称为理想流体或完全流体，又称非粘性流体。必须考虑粘性和热传导性的流体称为真实流体或粘性流体。

真实流体与理想流体的主要差别如下：

1) 在速度分布不均匀的流场中，真实流体的质点与质点之间有切应力作用，而理想流体没有。

2) 在温度分布不均匀的流场中，真实流体的质点与质点之间有热量的传递，而理想流体没有。

3) 真实流体附着于固体表面，即在固体表面上的流体流速与固体的速度相同，而理想流体在固体表面上发生相对滑移。

4) 真实流体在固体表面上具有与固体相同的温度，而理想流体在固体表面上与固体之间发生温度突跃。

二、流体的密度、压强和温度

密度、压强（工程上也称压力）和温度是表征流体状态的三个基本参数。

1. 密度

流体单位体积的质量称为其密度，以 ρ 表示，流体的密度定义为

$$\rho = \lim_{\Delta V \to 0} \frac{\Delta m}{\Delta V} = \frac{dm}{dV} \tag{3-1}$$

式中 ΔV——一块空间域；

    Δm——ΔV 内流体的质量。

如果计算 ΔV 内部流体的平均密度，则 $\rho = \Delta m / \Delta V$。

2. 压力

流体的压力 p 定义为单位面积上的法向力，其单位是 N/m^2（或 Pa）。在流场中，压力 p 的大小将随位置及时间而改变。

3. 温度

温度表示流体的冷热程度，常用的温度表示法有两种，一为摄氏温度 $t(℃)$，另一为热力学温度 T，两者的换算公式为

$$T = T_0 + t \tag{3-2}$$

式中，T 的单位是 K(开尔文)，$T_0 = 273.15K$，热力学温度可看成是表示气体分子移动的平均动能。

4. 完全气体的状态方程

大量试验结果表明，气体的密度、压力和温度三者不是相互独立的，而是存在一定的关系。如果气体分子的体积与分子间的作用力可以忽略不计，则可视为完全气体，三者的关系可用完全气体状态方程表示为

$$p = \rho R T \tag{3-3}$$

式中 p——气体压力（N/m^2 或 Pa）；

    ρ——气体密度（kg/m^3）；

    T——热力学温度（K）；

    R——气体常数 $[J/(kg \cdot K)]$。

不同气体各有其 R 值，空气是混合气，$R = 287J/(kg \cdot K)$。

对于自由流体中物体的流场，由于压力和温度的变化将引起密度的变化，这对于空气的可压缩性来说是很重要的。

路面上行驶的汽车（包括赛车）所达到的最高速度都低于声速的 $1/3$。空气中的声速 $c = 340m/s = 1224km/h$。在这个速度范围内，流场中压力和温度与自由流相比，数值变化很小，相应的密度变化可以忽略，因此可以认为空气是不可压缩的，其密度不变。根据美国标准，在海平面条件（$p = 101.325kPa$，$T = 288K$）下，大气密度 $\rho = 1.225kg/m^3$。

三、流体的压缩性和膨胀性

如果温度不变，流体的体积随压力增加而缩小，这种特性称为流体的压缩性。通常用压缩率 κ 表示。它指的是在温度不变时，压力增加一个单位，流体体积的相对缩小量，即

$$\kappa = -\frac{1}{V} \frac{dV}{dp} \tag{3-4}$$

流体压缩率的倒数就是流体的弹性模量 E。它指的是流体的单位体积的相对变化所需要的压力增量，即

$$E = \frac{1}{\kappa} \qquad\qquad (3\text{-}5)$$

如果压力不变，流体的体积随温度升高而增大，这种特性称为流体的膨胀性。通常用体胀系数 α_V 表示。它指的是在压力不变时，温度增加一个单位，流体体积的相对增大量，即

$$\alpha_V = \frac{1}{V}\frac{dV}{dT} \qquad\qquad (3\text{-}6)$$

流体的弹性模量 E 和体胀系数 α_V 的数值均可从流体力学手册上查得。

四、流体的粘性

流体内部分子摩擦产生粘度，它表明了相对于速度梯度所产生的动量变化（图 3-1）。流体具有阻抗各层之间的相对滑动的性质，叫做粘性。

根据平行于平面流的牛顿定律有：

$$\tau = \mu\frac{du}{dy} \qquad\qquad (3\text{-}7)$$

式（3-7）表明，切应力 τ 与速度梯度 $\dfrac{du}{dy}$ 成

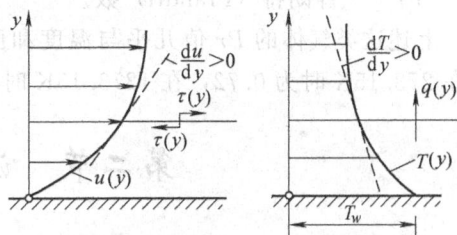

图 3-1 流体的粘性

正比。比例常数 μ 称为动力粘度（简称粘度），是一个由试验决定的常数，它只与流体的种类及温度有关，而与压力无关。μ 的单位是 Pa·s（或 N·s/m^2），此公式称为粘性定律。对于气体，μ 只与温度有关。

在流动的问题里，惯性力总是和粘性力并存的，μ 和 ρ 往往以 μ/ρ 的组合形式出现：

$$\nu = \frac{\mu}{\rho} \qquad\qquad (3\text{-}8)$$

这个比值 ν 称为运动粘度，它与温度和压力有关。根据美国标准，大气在海平面下，$T = 288.15\text{K}$ 时，$\rho = 1.225\text{kg/m}^3$，$\mu = 1.7894\times10^{-5}\text{Pa·s}$，$\nu = 1.4607\times10^{-5}\text{m}^2/\text{s}$。

完全不具有粘性的流体为"理想流体"，真实流体的粘度是在有速度梯度的平面内产生摩擦阻力的物理原因。

真实流体都具有粘性，但在很多情况下，流体的粘性对流动的影响很小，可以忽略不计，因此假设流体为"理想流体"。绕物体流动的空气，除了在具有很大速度和温度变化的区域以外，对大多数区域来说，假设流体不具有粘性是与真实情况很逼近的。在理想流体情况下，流体运动的基本方程变得比较简单，应用这些方程，便于研究流体的基本流动规律，因此，"理想流体"假设具有实用意义。

五、流体的面积热流量

流体的特性是与它的导热能力相联系的，面积热流量就是相应于温度梯度的热量变动，由傅里叶定律：

$$q = -\lambda\frac{dT}{dy} \qquad\qquad (3\text{-}9)$$

式中 dT/dy——温度梯度；

λ——导热系数。

定律表明，单位面积和时间的热量变化 q 与温度梯度成正比；负号表明，热量变化的正方向与温度梯度相反。导热系数 λ 表示流体的特性，一般它的值取决于流体的种类、温度和压力。面积热流量存在于有温度梯度的平面内，是产生热传导的物理原因。

试验表明，大多数接近完全气体的气体，其导热系数 λ 与粘度 μ 几乎成正比，因而可以定义一个无量纲量 Pr，即

$$Pr = \frac{\mu c_p}{\lambda} \tag{3-10}$$

式中　c_p——气体比定压热容；

　　　Pr——普朗特（Prandtl）数。

上述这类气体的 Pr 值几乎与温度和压力无关，只取决于气体种类。例如，空气的 Pr 值在 273.15K 时为 0.72，在 1273.15K 时为 0.706，二者相差甚小。

第二节　流体阻力的理论

一、流体阻力的试验现象

（一）圆柱体与流线形物体的流态与阻力

当物体在水和空气等流体中运动时，在物体上产生阻力，其大小在低速时与速度一次方成正比；高速时，与速度的二次方成正比。流线形物体与非流线形物体所受的阻力不同。根据试验得到下述现象（图 3-2）：

把圆柱体置于水和空气等定常流中。为简便起见，假设流体是不可压缩（密度不变）的理想流体（粘度不变）。试验表明，由于流速大小不同，流态出现很大区别。流速慢时，流线几乎前后对称（图 3-2a）；当流速稍稍增加时，圆柱背后形成一对"目"、"玉"字形的涡（图 3-2b）；当流速进一步增加时，涡对开始不稳定，一对一对地交错流动，在圆柱的下游，形成一对很漂亮的涡（图 3-2c），这叫卡门涡（Karman Vortex）；当流速进一步提高时，产生急骤的涡，卡门涡崩溃了，在圆柱的背后，出现了时间与空间都不规则变化的涡（图 3-2d）。上述表明，在尾流区出现了复杂的涡流区，但在圆柱的上流和侧方，流态仍保持定常状态。

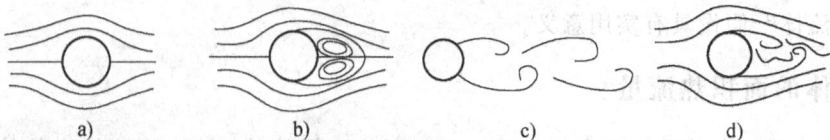

图 3-2　置于理想流体中的圆柱体的流动
a) $Re \ll 1$　b) $Re \approx 10$　c) $Re \approx 100$　d) $Re \gg 1000$

在图 3-2a 所示的流动中，阻力与流速成比例，亦即斯托克斯（Strokes）法则成立；在图 3-2d 的状态中，阻力与流速的二次方成比例，亦即纳维尔（Newron）的阻力法则成立；

图 3-2b、c 所示流动，相当于在两个法则之间移动的区域。

另外一种试验是把流线形柱体放在同样不可压缩的理想流体介质（密度和粘度都不变的水和空气）中，此时，见不到如图 3-2b 所显示的涡对，同时也见不到如图 3-2d 所显示的复杂的涡流区。不论流速大小，流态几乎保持定常状态，即保持漂亮的流线形（图 3-3）。但是，流速高时（图 3-3b）比流速低时（图 3-3a）物体表面流速为零的区域急骤增大。

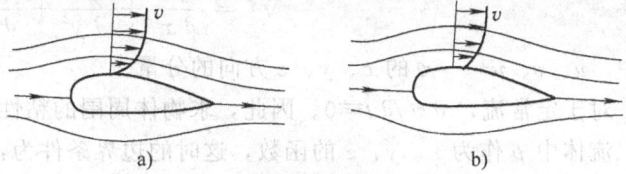

图 3-3　置于理想流体中的流线体的流动
a) $Re \ll 1$　b) $Re \gg 1$

用一个流线体与一个圆柱体进行阻力比较试验，该圆柱体的直径为流线体的长度。试验表明，当流速低时，二者具有同样的阻力；而当流速高时，流线体的阻力明显小于圆柱体的阻力。这一性质被人们采用，即为减小阻力而采用流线体。

（二）流场中物体阻力的理论

用以圆柱体为代表的"钝头体"和"流线体"的区别来说明流体阻力的理论。为进一步对图 3-2 与图 3-3 所揭示的各种流态的机理进行分析，必须定量地求出各种状态下的阻力值。

用普朗特（Prandtl）的边界层理论，可完全解决第一个问题，即以圆柱体为代表的"钝头体"的问题。对于"钝头体"的低速状态，即对应于图 3-2a、b 所示的状态，可用纯理论的阻力计算法，求出其阻力；而对于图 3-2c、d 所示的状态，只能根据一定程度的经验事实作出假定，而引入半经验的理论。

首先，引入雷诺数这一重要的无量纲系数

$$Re = \rho v l / \mu \tag{3-11}$$

式中　v——速度；

l——物体的特征长度（如圆柱体，l 是其直径）；

ρ——流体的密度；

μ——粘度。

雷诺数代表流场中物体所受的惯性力与粘性力的比。因此，Re 数越小的流动，粘性作用越大（相对于惯性来说）；Re 数越大的流动，粘性作用越小。

在图 3-2 所示各状态下，Re 数分别为 $Re \ll 1$，$Re \approx 10$，$Re \approx 100$，$Re \gg 1000$。

二、流体运动的基础方程

（一）不可压缩流体的基础方程

$$\rho \frac{\mathrm{d}\boldsymbol{v}}{\mathrm{d}t} = -\operatorname{grad}\boldsymbol{p} + \mu \nabla^2 \boldsymbol{v} \tag{3-12}$$

$$\operatorname{div}\boldsymbol{v} = 0 \tag{3-13}$$

式中　$\boldsymbol{v}(u, v, w)$——流速的矢量；

$\boldsymbol{p}$——压力的矢量。

式（3-12）为纳维尔—斯托克斯方程，式（3-13）为连续方程，$\mathrm{d}v/\mathrm{d}t$ 为加速度，∇^2

为拉普拉斯算子，则

$$\frac{\mathrm{d}\boldsymbol{v}}{\mathrm{d}t} = \frac{\partial \boldsymbol{v}}{\partial t} + u\frac{\partial \boldsymbol{v}}{\partial x} + v\frac{\partial \boldsymbol{v}}{\partial y} + w\frac{\partial \boldsymbol{v}}{\partial z} \tag{3-14}$$

$$\nabla^2 = \frac{\partial^2}{\partial x^2} + \frac{\partial^2}{\partial y^2} + \frac{\partial^2}{\partial z^2} \tag{3-15}$$

式中 u、v、w——$\boldsymbol{v}$ 的 x、y、z 方向的分量。

对于定常流，$\partial v/\partial t \equiv 0$。因此，求物体周围的粘性流的问题，未知数为 $\boldsymbol{v}(u,v,w)$。流体中 p 作为 x、y、z 的函数，这时的边界条件为：

1）无限远处为定常流，即

$$x,y,z \to \infty, \boldsymbol{v} \to (u,0,0) \tag{3-16}$$

2）在物体表面流体粘着，即

$$\boldsymbol{v} = 0 \tag{3-17}$$

（二）低速流动，$Re \ll 1$

以式（3-16）和式（3-17）为边界条件，求解方程式（3-12）。当 v、p 一定时，可求出物体表面的压力 p 和摩擦应力 τ 的分布。物体运动的力可由沿其表面积分求得。该力的定常流方向的成分 D 为阻力，直角方向的成分 L 为升力，而把阻力 D 分为压差阻力 D_p 和摩擦阻力 D_f。

由式（3-14）可见，表示左边的加速度项是关于未知数 v 的二次方程，解这个方程是很难的。因此，用关于低速流动的假设，忽略关于 v 的二次项，则

$$\mu\nabla^2 v = \mathrm{grad}p \tag{3-18}$$

式（3-18）为斯托克斯（Strokes）的近似方程。例如：半径为 a 的球，阻力为

$$D = 6\pi\mu a v \tag{3-19}$$

对于圆柱体，用 $v\partial v/\partial x$ 代替加速度 $\mathrm{d}v/\mathrm{d}t$ 得

$$\mu\left(\nabla^2 - 2\lambda\frac{\partial}{\partial x}\right)v = \mathrm{grad}p \tag{3-20}$$

$$2\lambda = \frac{\rho v}{\mu} \tag{3-21}$$

这是欧森（Oseen）近似法。

斯托克斯及欧森的近似法可用于各种姿态的圆柱体、二圆柱体之间的干涉、无限圆柱列的干涉、平面壁的影响、圆管内的球以及流过椭圆体的流动等等，不胜枚举。但是，遗憾的是，这些近似公式的适用范围仅限于 $Re < 5$ 的低速流动（大部分为 $Re = 1$），即仅能解决图3-2a 及图 3-3a 的问题。

（三）高速流动：$Re \gg 1000$

与能解决 $Re < 1$ 的情况相反，考虑 $Re \gg 1000$ 的极限情况。由 Re 数的定义可知：$Re \to \infty$，这意味着 $\mu \to 0$，而纳维尔—斯托克斯（Nawron-Strokes）方程式（3-12）中，$\mu \to 0$ 时，得出

$$\rho\frac{\mathrm{d}v}{\mathrm{d}t} = -\mathrm{grad}p \tag{3-22}$$

式（3-22）完全消除了粘性的影响，是完全气体的基础方程式，也就是欧拉（Euler）方程式。通过对完全气体进行大量的研究，得出了以下重要结论：

1）亥姆霍兹（Hemholtz）的涡定理：在完全气体中涡既不能产生，也不能消灭。

2）达朗贝尔（Dalembert）疑题：置于完全气体的定常流中的物体，作用在其外表面上的压力之和等于零。

根据亥姆霍兹的涡定理，流动中没有涡（rot$v$=0），则流速矢量一般为

$$v = \mathrm{grad}\varphi \qquad (3\text{-}23)$$

用速度势φ表示，并与连续方程式（3-13）组合，则得

$$\nabla^2\varphi = 0 \qquad (3\text{-}24)$$

式（3-24）的边界条件为

$$x, y, z \to 0, \mathrm{grad}\varphi \to (v, 0, 0) \qquad (3\text{-}25)$$

和物体表面

$$\partial\varphi/\partial n = 0 \qquad (3\text{-}26)$$

它只满足沿流速的法线成分为零的条件，这与流体的粘着条件式（3-17）相矛盾，这个难题由普朗特很好地解决了。如果粘性非常小，物体周围的流动大体上是无涡的流动，但是在物体表面极薄的层Ⅱ中，由于流速急骤降低，满足粘着条件v=0（图3-4）。

在这个薄层内，由于流速变化非常剧烈，$\nabla^2 v$非常大，因此在纳维尔—斯托克斯方程式（3-12）中，$\mu\nabla^2 v$

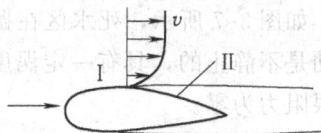
图3-4 边界层的流动

不能为零。但因为层的厚度非常薄，不需要考虑压力p沿法线方向的变化，在层的外缘及无涡流动的内缘中的压力不可能相等，故对边界层Ⅱ，纳维尔—斯托克斯方程式用

$$\mu\frac{\partial u}{\partial x} + v\frac{\partial u}{\partial y} = -\frac{1}{\rho}\frac{\mathrm{d}p}{\mathrm{d}x} + v\frac{\partial^2 u}{\partial y^2} \qquad (3\text{-}27)$$

的形式简化，这里x、y为平行于物体表面的直角坐标。

根据边界层方程式（3-27）和连续方程式（3-13）确定边界层的流动，即

$$\frac{\partial u}{\partial x} + \frac{\partial v}{\partial y} = 0 \qquad (3\text{-}28)$$

由方程式（3-28）可以解出已知外侧无涡流动Ⅰ中的$p(x)$。

关于边界层的重要问题，是求物体表面的摩擦应力$\tau=(\partial u/\partial y)_{y=0}$，沿其表面积分，可求出摩擦阻力。但必须指出的是：如果τ的计算值在表面的某一点为零处，边界层出现分离，而闯进无涡的区域Ⅰ（$\tau<0$，表明在物体表面附近产生逆流）。流场除无涡的区域Ⅰ、边界层Ⅱ外，

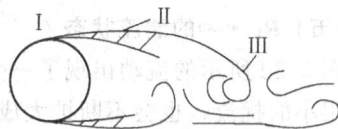
图3-5 复杂涡流的流动

由于边界层的分离而产生了包括复杂涡流的区域Ⅲ（图3-5），这种状态相当于图3-2d。

（四）$Re \to \infty$的定常流：层流状态

1. 流线体的阻力分析

首先，按照完全气体无涡的流动状态，计算出给定物体周围的流场，可得出物体表面的压力分布$p(x)$。用边界层方程式（3-27）和连续方程式（3-28）求出摩擦应力$\tau(x)$和边界层的厚度$\delta(x)$。如果$\tau(x)$为正值，边界层不出现分离，其流态为图3-4所示的状态。此时沿物体全表面压力积分，即可得到阻力。根据达朗贝尔疑题，这种状态下的压差阻力为零，而由摩擦应力$\tau(x)$得到的摩擦阻力极小。上述理论分析说明，流线体的阻力极小。

为使边界层的计算结果与实际接近，计算区域Ⅰ的内缘的压力分布 $p(x)$ 时，必须正确地给出边界层的厚度。

2. 钝头体的阻力分析

钝头体的边界层从物体表面分离。用垂直放置于流体中的平板作为典型的钝头体进行分析。如果 $\mu=0$（即完全气体），则可能出现如图 3-6 所示的前、后对称的流动。由于板的两端边界层分离，从主流中溢出，所以图 3-6a 不能表征实际的 $Re\rightarrow\infty$ 时的流态。图 3-6b 中包括 Kirchhoff 死水区，满足了实际流体 $Re\rightarrow\infty$ 时的所有的流动条件。首先区域Ⅰ是无涡的流动；在区域Ⅲ的静止的流体中，满足了在板上粘着的条件；区域Ⅱ为板前面的覆盖边界层以及从主流溢出的涡层（流速不连续变化的自由流线），当 $Re\rightarrow\infty$ 时，区域Ⅱ厚度无限小（厚度为 $Re^{-1/2}$）。

研究表明，$Re\rightarrow\infty$ 的物体周围的流动是伴有 Kirchhoff 死水区的不连续流；分离点的自由流线的曲率与物体自身的曲率一致。

如图 3-7 所示，死水区在抛物线形流的无线下游。巴奇勒（Batchelor）认为，死水区的流动是不静止的，具有一定涡度的回转流，这种流动适用于达朗贝尔疑题，即当 $Re\rightarrow\infty$ 时，极限阻力为零。

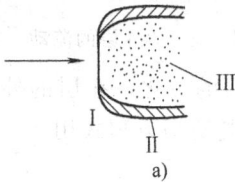

图 3-6　钝头体（垂直放置于流体中的平板）的流动　　　图 3-7　死水区的流动

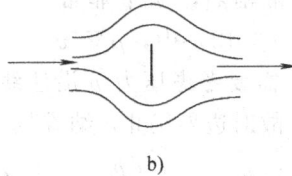

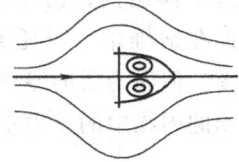

$Re\rightarrow\infty$ 时的阻力系数为

$$C_D^{1/2} = C_{D\infty}^{1/2} + KRe^{-1/2} \qquad (3\text{-}29)$$

$$C_D \equiv \frac{D}{\frac{1}{2}\rho v^2 l}, \quad Re = \frac{lv}{\nu} \qquad (3\text{-}30)$$

（五）$Re\rightarrow\infty$ 的湍流状态

图 3-2d 所示的流动出现了一个复杂的涡流区。当 $Re\rightarrow\infty$ 时，定常解一般不稳定，即使加进很小的扰流，也会不断扩大成为复杂的非定常解，而出现湍流。

垂直放置于流场的平板（图 3-8）的流态是在板的背后区域Ⅲ存在着非静止的复杂运动，但其速度比区域Ⅰ小得多。假设区域Ⅲ是压力为 p_1 的静止流体，若 $p_1=p_\infty$（p_∞ 为远前方来流的压力），则区域Ⅲ为 Kirchhoff 的死水区。

对于不存在涡流的流场，区域Ⅰ能用完全气体的理论进行　图 3-8　平板背后的复杂流动
计算，并用区域Ⅰ计算的结果与 p_1 的差值来计算板的运动阻力，该阻力理论就是 RIABOUCHINSKY 的镜像物体反喷流理论以及 ROSHKO 的有限伴流理论。

三、钝体物体的阻力理论

上述理论满足区域Ⅰ，但不能解决区域Ⅲ的问题。

物体背后的涡流区是相当复杂的随时间而变动的流动，但物体所受的阻力几乎不随时间改变，这表明了流场中有互相抵消的变动成分而使流场保持定常状态。

根据试验作如下假定（图 3-9）：

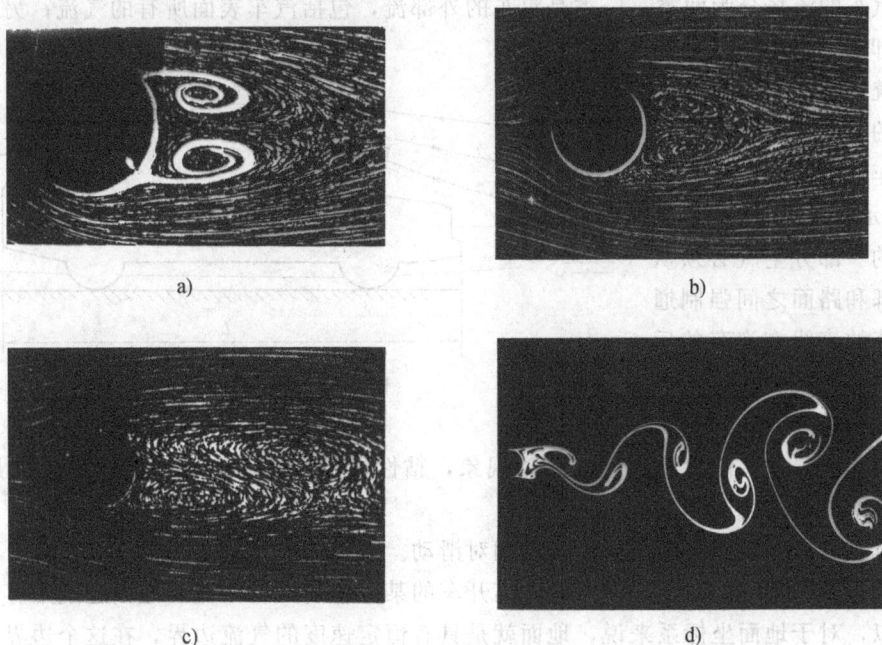

图 3-9　液态显示的一例

a）水，流速 0.20cm/s，圆柱直径 10mm，$Re=19$，电解沉淀法＋铝粉法
b）水，流速 0.25cm/s，圆柱直径 10mm，$Re=26$，铝粉法
c）水，流速 0.55cm/s，圆柱直径 10mm，$Re=55$，铝粉法
d）水，流速 1.5cm/s，圆柱直径 10mm，$Re=140$，电解沉淀法

1）区域Ⅰ是无涡的流动；

2）区域Ⅲ中平均流为涡粘性 ε 的定常流。

那么，纳维尔—斯托克斯方程式变为如下条件：

1）在图 3-10 中，物体的前面区域Ⅰ中没有涡，即 $\mathrm{rot}v=0$。

2）在图 3-10 中，物体的背面区域Ⅲ中没有滑动。

图 3-10　湍流流动

在上述条件下，存在如何确定涡的粘着率的问题。对各种形式的湍流运动，引用"有效雷诺数"的概念。有效雷诺数 $Re^*=\rho vl/\varepsilon$，$Re^*=40\sim50$。

用

$$C_D = C_{Dp} + C_{Df} \tag{3-31}$$

计算物体的阻力。

式中　C_D——气动阻力系数；

　　　C_{Dp}——压差阻力系数；

　　　C_{Df}——摩擦阻力系数。

对于高 Re 数的"钝头体"周围的流场，用大致一定的"有效 Re 数"（$Re^*=40\sim50$）求阻力系数的时间平均值问题，可根据式（3-29）的阻力法则求阻力，实质问题归结为 $C_{D\infty}$ 与 λ 的计算问题。

第三节　汽车的绕流特性

绕汽车的流场分为两类：一类是汽车的外部流，包括汽车表面所有的气流；另一类是内部流，即通过诸如发动机、排气系统、冷却系统以及驾驶室内的气流。

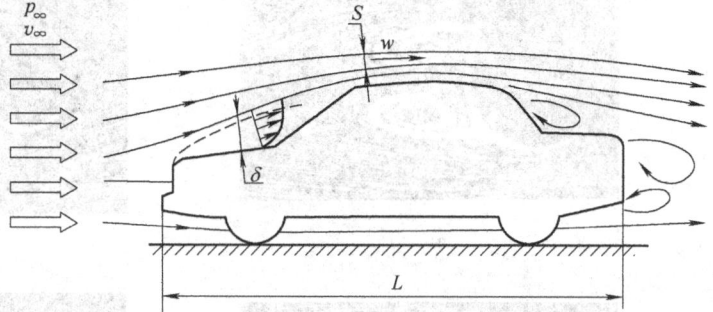

图 3-11　汽车的外部流

汽车周围的外部流如图 3-11 所示，其特点是：地面附近的一部分空气必须从车身底部和路面之间强制通过，气流的流线在汽车的后面并不终止，而是形成涡流，从而产生阻力。

在静止空气中，假设没有气流分离现象，粘性只是在汽车表面几毫米厚的薄层中起作用，这个薄层就称为边界层。

在汽车表面，气流与汽车表面没有相对滑动。当气流在车身尾部发生分离时，边界层便扩展了，这时，气流的粘性起作用。在离开车的某一距离，自由流和地面之间不存在速度差异。所以，对于地面坐标系来说，地面就是具有恒定速度的气流边界，在这个边界上没有边界层，这是风洞中模拟道路和汽车周围气流的重要条件。

汽车的形状和雷诺数影响着汽车的粘性流特性。对于汽车，雷诺数是表征汽车周围粘性流特性的无量纲系数，即

$$Re_l = \frac{v_\infty l}{\nu} > 10^4 \tag{3-32}$$

式中，Re_l 是车速 v_∞、流体的运动粘度 ν 和汽车的特征长度 l 的函数。

如果不同的物体有不同的特征长度 l、气流速度 v_∞ 和流体特性 ν，根据方程式 (3-32)，物体呈几何相似，具有相同的 Re 数，这时称物体周围的气流流场"动力学相似"。动力学相似是模型风洞试验的基础。如果雷诺数相同，比例模型的试验结果和原车将具有相同的无量纲气动力系数。在有些情况下，要完全满足这个相似条件是困难的，由于模型比实车小，所以要增大自由流的速度 v_∞，但速度值必须低于亚声速。即对于小模型，不可能在超声速中进行试验，因为在超声速情况下，破坏了可压缩流的相似定律。

内部流就是被各个面所包围的气流，其流态如图 3-12 所示，流线与管壁平行。一般内流不能按距离管壁的远近分为非粘性流和粘性流边界层。在整个流场内，粘性流都起作用。内部粘性流的改善，也取决于雷诺数，即

$$Re_D = \frac{v_m D}{\nu} \tag{3-33}$$

式中　v_m——平均速度（图 3-12）；

D——管的直径，是特征长度。

对于不同的 Re_D 值，可产生不同形式的气流。

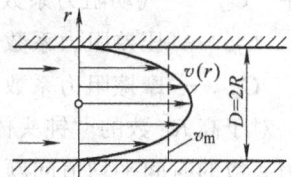

图 3-12　内部流

一、外部流问题

（一）非粘性不可压流体的方程

边界层外非粘性流的改变影响了车身表面的压力分布，故首先讨论这种气流。

根据质量守恒定律，对不可压流体（ρ＝常数）最简单的表达形式是

$$vA = 常数 \tag{3-34}$$

式中　A——图 3-12 所示流管直径的横截面积；

　　　v——当地气流的速度。

假定通过 A 的气流速度不变，方程式（3-34）表示：在高速区流线的间距小，在低速区流线的间距大。气流遵循动量守恒定律，即质量乘以加速度等于作用在其上的力的总和。对于非粘性流，根据此定律可得出惯性力和压力平衡。对不可压气体的动量方程沿流的积分得

$$p_0 = p + \frac{\rho}{2}v^2 = 常数 \tag{3-35}$$

方程式（3-35）是伯努利方程。方程表明，在同一条流线上，气流的速度增大，压力下降；反之，则相反。当气流静止时，速度降为零，压力达到最大值，该点称为滞点。该点的压力用 p_0 表示，这个值称为总压或滞点压力，其中 p 为静压，$\frac{\rho}{2}v^2$ 为动压。

如图 3-13 所示，汽车前端静压和总压相等，达到流场中的压力最大值。汽车周围的所有流线都是从自由流开始，静压为 p_∞，流速为 v_∞，所以总压力为

$$p_0 = p_\infty + \frac{\rho}{2}v_\infty^2 = 常数 \tag{3-36}$$

图 3-13　汽车的二维流场

（二）非粘性不可压流体的基本方程的应用

上述基本方程式（3-36）可用于汽车空气动力学。图 3-13 是汽车的二维流场，可以看作是汽车三维流场的简化，也可看成是汽车中心断面处气流的定性图解。图 3-13 画出的流线中，共有三个滞点：前端、发动机罩与前风窗的交点以及尾部边缘。用图示法画出外形图上的压力分布，则

$$C_p = \frac{p - p_\infty}{\frac{1}{2}\rho v_\infty^2} \tag{3-37}$$

式中　C_p——无量纲压力系数。

应用方程式（3-35）和方程式（3-36）得出

$$p + \frac{\rho}{2}v^2 = p_\infty + \frac{\rho}{2}v_\infty^2 \tag{3-38}$$

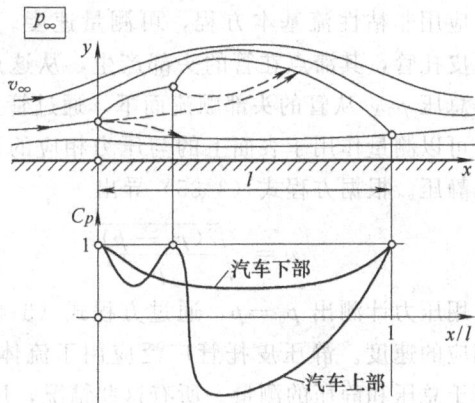

从而导出

$$C_p = \frac{p - p_\infty}{\frac{\rho}{2}v_\infty^2} = 1 - \left(\frac{v}{v_\infty}\right)^2 \qquad (3-39)$$

在流场中的滞点处，$v=0$，由式（3-39）导出 $C_p=1$；在汽车下表面，压力高于自由流压力，$C_p>0$，在离地间隙小时，甚至要产生抽吸；在发动机罩和风窗之间，压力较高，$C_p>0$；驾驶室的上部有很高的负压，$C_p<0$，但因尾部出现一个陡增的压力，显示了真实粘性流与非粘性流之间的差异。图 3-13 所示的压力分布表明：汽车的下部较上部的压力高很多，形成很大的压差，因而产生了一个向上的升力作用在汽车上。如果对汽车表面的压力分布进行 x 分量的积分，其结果是阻力 $D=0$，这就是前面详细描述过的达朗贝尔疑题："对于不可压缩的非粘性二维流不存在阻力。"实际上，由于存在粘性而有阻力。

通过对图 3-13 所示压力分布图的分析，可以选择合适的冷却与通风的空气进、出口的位置。进气口可以选择在正高压区，例如：前端或发动机罩与前风窗交界处；而出气口则在负压区。关于发动机冷却与驾驶室通风将在第五章中详细讨论。

应用非粘性流基本方程，可测量速度。图 3-14 是静压皮托管，其滞点在管的头部产生，从这点通过小管量得总压 p_0，从管的头部顺流而下，通过管上的几个小孔，可以测量作用于表面上的与压力相应的速度，从而测出静压。根据方程式（3-35）导出

$$v = \sqrt{\frac{2(p_0 - p)}{\rho}} \qquad (3-40)$$

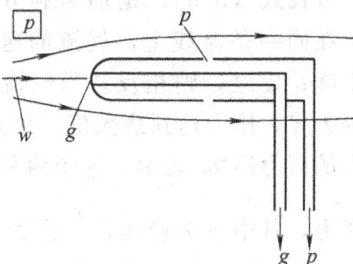

图 3-14　静压皮托管

用压力计测出 p_0-p，通过方程式（3-40）就可计算相应的速度。静压皮托管广泛应用于流体速度测量，也用于总压和静压的测量。所有这些情况，压力 p_0 和 p 都是分别独立地以各自的参考压力测量的。为保证测量的准确性，皮托管的轴线必须严格地和局部气流方向一致。

（三）粘性的影响

1. 边界层

尽管边界层很薄，但层内的粘性流对整个流场的变化影响很大。二维不可压流中，由于粘性的影响而产生阻力。

图 3-15 为流体在无限空间内，流过一个物体的边界层现象。在大气中（无限空间）放着一块薄平板，气流从无限远处以速度 v_∞ 顺着平板流来，气流从平板前端 A 点起，开始与平板壁面发生摩擦，在平板壁面附近产生边界层。气流在平板壁面的速度为零，在垂直于平板的法线方向上，速度从零逐渐增大，到壁面某一距离 δ 时，流体速度达到 $99\%v_\infty$ 值。再往外，流体速度几乎不变，都是 v_∞。速度小于 $99\%v_\infty$ 的区

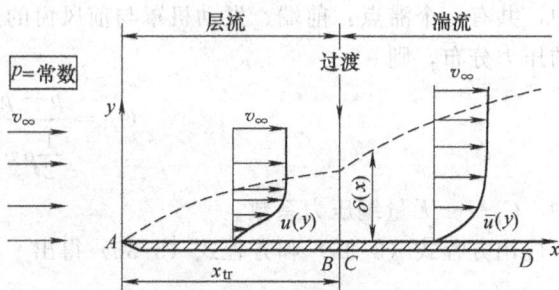

图 3-15　沿平板表面的边界层

域叫做边界层。

在图 3-15 中，由于 BC 所表示的过渡段极短，所以 B 点与 C 点为同一点。此外，图中 y 方向的尺寸被放大。

根据粘性公式

$$\tau = \mu \frac{du}{dy} \tag{3-41}$$

在边界层内，流体速度从零迅速达到 $99\% v_\infty$，这时，尽管流体的 μ 值很小，但边界层内 du/dy 很大，所以 τ 不可忽视。在边界层外，气流速度从 $99\% v_\infty$ 变到 v_∞ 值，这时速度变化 du/dy 不大，因而尽管流体本身是有粘性的，但其 τ 值却很小，可以忽略不计。因此，边界层外的流动，可以近似认为是理想流体的流动。

2. 层流与湍流的转变

边界层内的流动，有层流与湍流两种。图 3-15 表明，流体流到平板前端 A 就开始进入边界层。最初由于流体刚刚与壁面发生摩擦，边界层内的流体还是保持成层地流动，图 3-15 中AB 段就是层流边界层，这里的速度分布与管内的层流很接近。流体经过 AB 段内不断的粘性摩擦后，开始紊乱，在 BC 段开始产生流体质点的横向混杂运动，而且越来越激烈，边界层内的流动逐渐就变成湍流流动了。CD 段是湍流边界层，而 BC 段是层流向湍流过渡的区域。一般 BC 段很短，可以近似地看成一点，叫做转捩点。湍流边界层内的速度变化与管内湍流规律很接近。

在层流边界层内，粘性流在平板表面没有滑动，边界层气流稳定，其流向基本平行于平板。层流边界层的厚度，沿流线方向按下式增长，即

$$\delta \sim \sqrt{\frac{\nu}{v_\infty}} \sqrt{x} \tag{3-42}$$

边界层的厚度，随距离 x 的增长、运动粘度的增长以及自由流速的减小而增加。边界层的层流状态，只是对于某一扰动区域才是稳定的，在距平板的距离为 $x = x_{tr}$，即图 3-16 的转捩点处，出现边界层由层流状态向湍流状态的转变。雷诺数对两种状态的转变起着决定性作用。对于平板，转捩点出现在

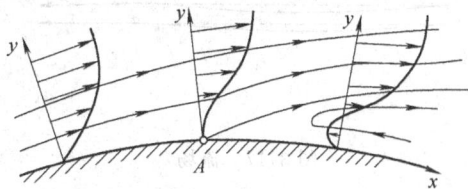

图 3-16　表面边界层的分离示意图

$$Re_{x tr} = \frac{v_\infty x_{tr}}{\nu} = 5 \times 10^5 \tag{3-43}$$

处。从层流到湍流的转变一般发生在小压力区，而且随着雷诺数的增加，转捩点顺流下移。

层流和湍流边界层取决于由于外部绕流产生的压力分布。由于顺流压力增大，边界层流动受阻，特别是靠近壁的地方，甚至出现倒流。图 3-16 描绘了这种特性，它表明在正向流和倒流之间，有一条流线离开壁面，这种现象称为分离。分离点 A 满足条件

$$\left(\frac{du}{dy}\right)_w = 0 \tag{3-44}$$

湍流边界层可以承受很大的压力梯度而不发生分离。与层流边界层相比，湍流的混合过程，产生了从内部流向壁面的动量传递。由于在流向上压力减小，所以不存在气流分离趋势。

3. 流场、流线和流谱

流场指的是流动在进行着的空间，是指流动参数的分布情况和随时间的变化情况，例如速度场、压力场和温度场等，其中速度场最重要。这些场均是位置和时间的函数，即

$$v = v(x,y,z,t) \tag{3-45}$$
$$p = p(x,y,z,t) \tag{3-46}$$
$$T = T(x,y,z,t) \tag{3-47}$$

下面举例说明速度场和压力场是怎样变化的。如图 3-17 所示，在没有模型时，流场是均一的，各处流速相同。放进模型之后，模型迫使气流分成两路，分别绕模型的上下方而过，而且不仅紧靠模型的气流流速有变化，流场也不再是均一的，扰动会由近及远地传开去；即使离模型有一定距离的地方，流动也不再是直匀的，流速的大小和指向都有了一定变化。这种扰动离模型越远影响越弱。这样，整个流场上便出现了一定的速度分布，从而派生出一定的压力分布。

流场中每一点都有一个速度矢，在某一瞬间从某一点出发，顺着该点的速度矢向前画一微小的距离到达邻点；按该点的速度矢再向前画一个微小的距离，到达第三点；再按第三点的速度矢画下去，如图 3-18 所示。把每一段微小距离缩到无限小，便得到一条光滑曲线。在这条曲线上的任何一点，曲线和切线都和该点上流体微团的速度矢一致。这种线名为流线。在一流场，这样的线可以画出无数条。在非定常流的流场上，这些流线是同一瞬间的曲线，下一瞬间会变成另外一组曲线。用这样一些流线可以把一个具体的流动情况表示出来。这种具体的流动图形称为流谱。

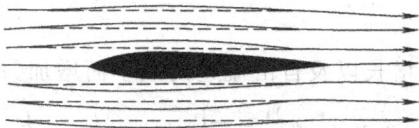

图 3-17　流场

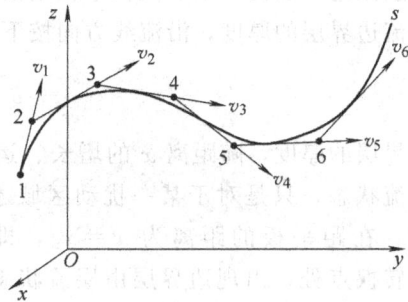

图 3-18　流线

按流线的定义，流线的微段 ds 的三个分量 dx、dy、dz 和流速的三个分量 v_x、v_y、v_z 有如下的关系

$$\frac{dx}{v_x} = \frac{dy}{v_y} = \frac{dz}{v_z} \tag{3-48}$$

如果已知流场各点的三个分速度，但流线无法用解析式表达，那么可以用式（3-48）把流线一小段接一小段地画出来。

除流线外，另外还有流管和流面两个概念。流管是由一系列相邻的流线围成的。在三维流里，经过某条一般围线（如图 3-19a 中的围线 $ABCDA$）的那些流线围成一条流管。所谓一般围线是指有流量穿过去的那种封闭曲线，而不是像图 3-19b 流管侧表面上 $KLMK$ 那样的围线。围线 $KLMK$ 中是没有流量穿过的。由流线围成的流管像一条具有固壁的实物管子一样，管内的流体是不会越出流管流到管外的；反之，外面的流体也不会流进去。流面是由一系列相邻的流线连接的曲面，不一定合拢成流管。当然流管的侧表面也是一个流面。流面

也是流体不可穿越的面。

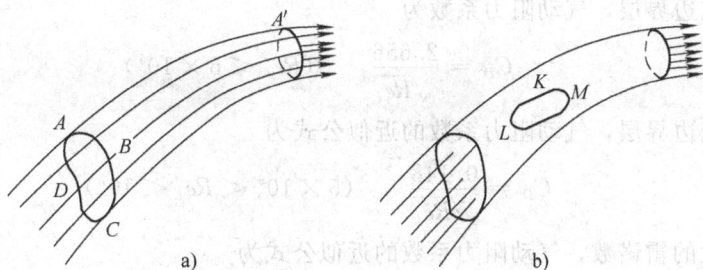

图 3-19　流管

4. 摩擦阻力

如果在壁面附近的粘性流体存在着速度梯度 du/dy，则在物体的表面上将会产生切应力 τ_w，如图 3-20 所示。在自由流方向上

$$D_f = \oint \tau_w \cos\varphi \, dS \qquad (3\text{-}49)$$

在相应的力分量上积分，得出称为摩擦阻力的 D_f。在二维粘性流中，没有气流分离的情况下，摩擦阻力是物体总阻力的主要成分。

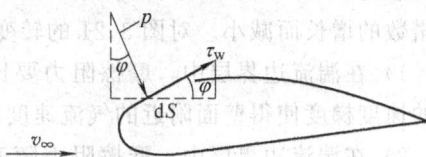

图 3-20　在二维流动中的阻力分析

图 3-21 为沿图 3-15 的薄平板对气流积分的结果。定义一个无量纲的阻力系数为

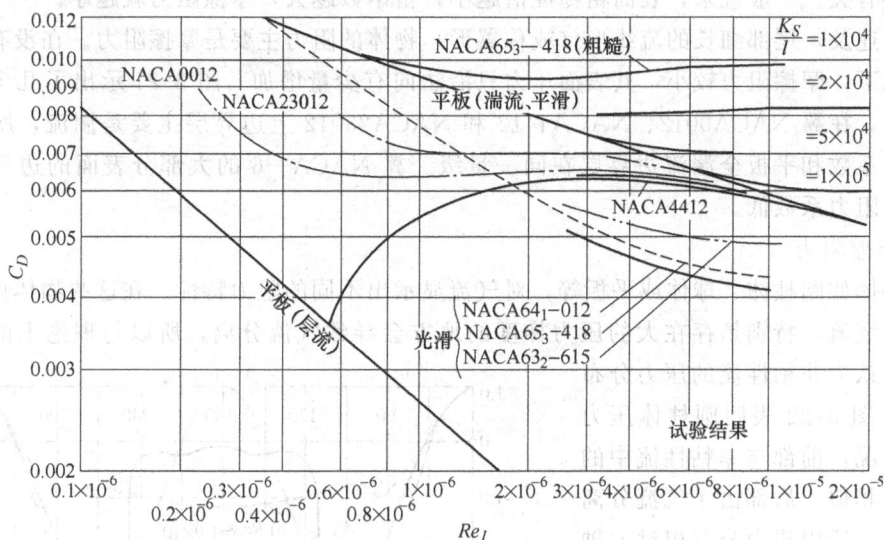

图 3-21　平板与翼面的气动阻力系数与雷诺数 Re_l 的关系

$$C_D = \frac{D}{\dfrac{\rho}{2} v_\infty^2 \, bl} \qquad (3\text{-}50)$$

动压
$$q_\infty = \frac{1}{2}\rho v_\infty^2 \qquad (3\text{-}51)$$

这种情况下，只是在平板的两侧产生摩擦阻力 $D = D_f$。用平面面积 bl 作参考面积，图

3-21 的阻力系数用 Re 表示，$Re = v_\infty l/\nu$，Re 数依赖于平面系长 l 或者翼形体的弦长。

对于层流边界层，气动阻力系数为

$$C_D = \frac{2.656}{\sqrt{Re_l}} \qquad (Re_l < 5 \times 10^5) \qquad (3\text{-}52)$$

对于湍流边界层，气动阻力系数的近似公式为

$$C_D = \frac{0.148}{\sqrt[5]{Re_l}} \qquad (5 \times 10^5 < Re_l < 10^7) \qquad (3\text{-}53)$$

对于更大的雷诺数，气动阻力系数的近似公式为

$$C_D = \frac{0.91}{(\lg Re_l)^{2.58}} \qquad (Re_l > 10^7) \qquad (3\text{-}54)$$

图 3-21 的层流向湍流转变的曲线是基于在平板的前面是层流边界层，后面有湍流边界层的假定下画出的。对于低雷诺数，转变曲线更接近于全湍流公式，因为层流部分的长度随雷诺数的增长而减小。对图 3-21 的转变过程分析后，得出如下结论：

1）在湍流边界层中，摩擦阻力要比层流中大得多。这是因为湍流边界层中湍流汇合，大的速度梯度使得壁面附近的气流速度范围比层流中大得多。

2）在湍流边界层中，摩擦阻力随表面粗糙度值的增加而增加。随着相对粗糙度 K_S/l 的增大，阻力系数也增大。粗糙平板与钝头体的阻力系数随雷诺数变化的特性相同。

3）摩擦阻力 D_f 主要取决于雷诺数。摩擦阻力的大小，与物体的表面粗糙度和物体的雷诺数直接有关。一般说来，表面粗糙度值越小，雷诺数越大，摩擦阻力就越小。

前已述及，尾部细长的流线形（或称翼形）物体的阻力主要是摩擦阻力。在没有气流分离的情况下，摩擦阻力较小，其表面压力只沿法向有少量增加。图 3-21 示出了几个翼形的阻力系数，在翼 NACA0012、NACA4412 和 NACA23012 上边界层主要是湍流，所以这些翼的阻力系数和平板全湍流边界层在同一量级。翼 NACA—6 的大部分表面的边界层是层流，所以阻力系数低。

5. 压差阻力

钝头体如圆柱体、球体或平板等，对气流显示出不同的阻力特性。在这些物体尾部的非粘性外部绕流，特别是存在大的压力梯度的地方会导致气流分离，所以与理论上的情况相比，可以认为非粘性流的压力分布变化了。图 3-22 表明圆柱体压力分布的情况，前部与非粘性流中的压力分布相似，后部由于气流分离产生负压，所以压力分布相对 y 轴不对称。对自由流分量进行积分，得出

$$D_p = \oint p \sin\varphi \mathrm{d}S \qquad (3\text{-}55)$$

与式（3-31）相对应，一般气动阻力为

$$D = D_f + D_p \qquad (3\text{-}56)$$

对于钝头体，气动阻力系数为

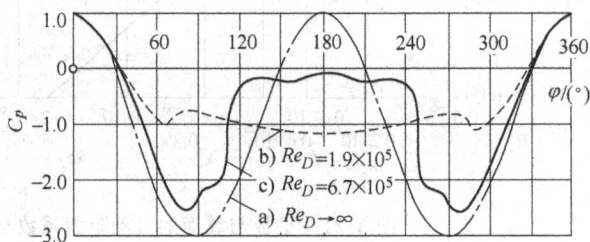

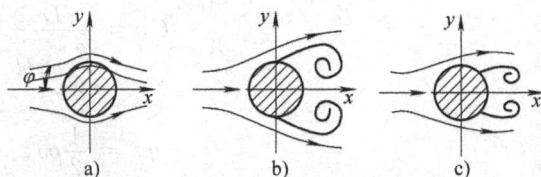

图 3-22 圆柱体压力分布的情况

$$C_D = \frac{D}{\frac{\rho}{2}v_\infty^2 A} \qquad (3-57)$$

它是自由流动压 $\rho v_\infty^2/2$ 以及物体最大横截面积 A（在垂直于自由流平面上物体的正面投影面积）所决定的。图 3-23 是根据雷诺数 $Re_D = v_\infty D/\nu$ 画出的圆柱体和平板的阻力系数曲线。除 Re 极小的情况外，对于边缘削尖的物体，在所有的 Re 范围内，气流都以相同的方式产生分离，所以在这种情况下，可以认为阻力系数与 Re 无关。但是对于稍稍圆化的物体，由于分离是不固定的，所以分离点的位置取决于边界层的状态。在小 Re 区域，边界层是层流，图 3-22、图 3-23 中的 b 点是分离点最接近边界层的位置，相应的阻力系数也大。临界雷诺数大约为 $Re = 5 \times 10^5$。

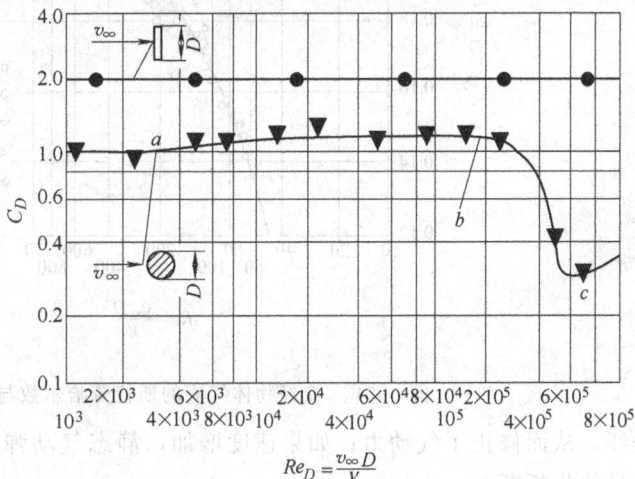

图 3-23 钝头体的气动阻力系数变化与雷诺数的关系

（四）特殊问题

1. 气动噪声

汽车的绕流是气动噪声的产生根源。由于某一部件处出现周期性的气流分离，从而产生气动噪声，如汽车的雨水槽、后视镜、收音机天线等。一般在雷诺数为 $60 \leqslant Re_D \leqslant 5000$ 范围，物体出现周期性的气流分离，产生气动噪声。

汽车的绕流是在周期性的气流分离中，涡从车身的两侧拖出。这些涡在尾部顺气流方向移动，并且可以看出它们拖出很长的距离。在随涡移动的坐标系中，可以发现规则的涡系，称为卡门涡。由于周期性涡的产生，整个流场是不稳定的，在流场的某一点，所有流的分量都随着车身的涡分离频率 n 发生变化，无量纲频率是一个重要的参数 Sr（Strouhal），即

$$Sr = \frac{nD}{v_\infty} \qquad (3-58)$$

式中，Sr 为斯特劳哈尔数，如图 3-24 所示，这个参数是雷诺数的函数。当 $Re > 10^3$ 时，$St = 0.21$，即在此状态下，Sr 不随 Re 而变化。

预防气动噪声的方法是避免产生气流分离并用恰当的方法扰乱周期性的尾流。有关气动噪声的问题，将在第六章详述。

2. 气动弹性

由于弹性体的弹性变形，使作用在其上的气动力产生变化，诱发产生新的气动力，进而出现气动弹性影响的问题。

（1）静态弹性 由于气动载荷引起变形，而新的几何形状又修正了气动力，最后的变形使得气动力与弹性平衡。

由于风载而产生的收音机天线的变形，就是一例。当天线变形时，偏斜流不再垂直于天

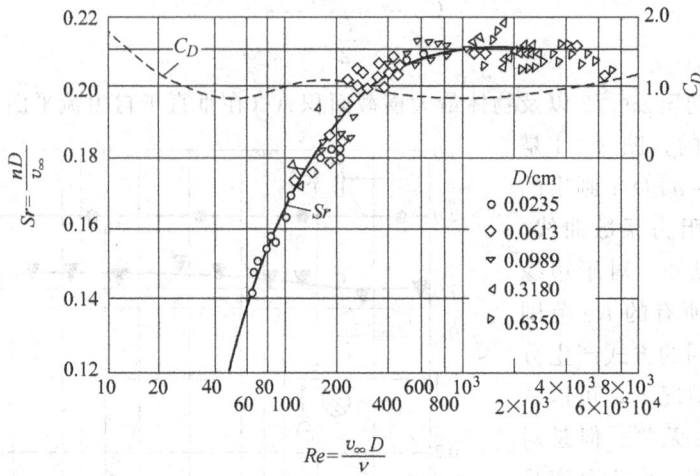

图 3-24   流经物体气流的斯特劳哈尔数与雷诺数的关系

线轴线，从而修正了气动力；如果速度增加，静态气动弹性也将增大，在达到某一速度时，天线最终将折断。

（2）动态弹性   由动态弹性作用产生的振颤，会使弹性系统出现突发的不稳定性。

气流中，在某一频率下周期运动中的物体上作用的气动力也以同样频率作周期性变动。在运动中，气动力或者与运动方向一致或者相反。如果此振动系统在整个运动周期的平均时间内，不从气流中吸收能量，则此自激振动没有危险；如果这两种运动相位相同，振幅同时达到最大值，则在一半时间气动力方向一致，另一半时间方向相反。因此，在整个周期内，气动力所做功的时间平均值为零。但其他情况下，在此振动系统中，气动力则做功。图 3-25 下边的图形，振动的弯曲运动相位相差 10°，弯曲最大时，振动振幅为零。此时，气动力与振幅方向一致，所以将产生自激振动振颤，而弹性系统内部的振动不再维持稳定，全系统出现了突发的不稳定性。

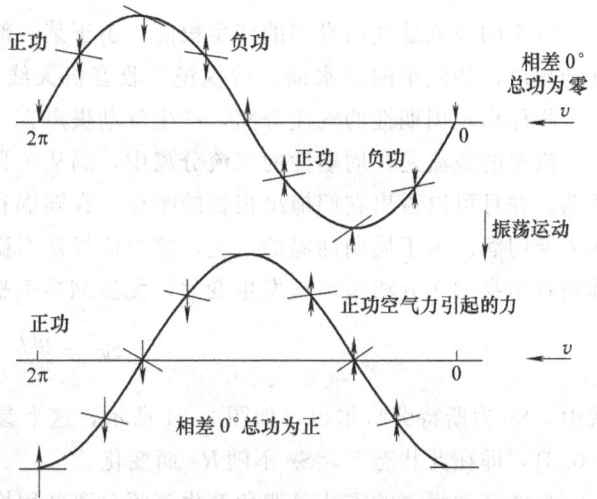

图 3-25   包含热和阻尼振荡的能量平衡

图 3-25 的例子中，气动力是由于平板的不稳定扰流产生的，同时振颤也对气动力产生影响。此影响使车身尾部的周期性气动力进一步增大。

二、流场中颗粒的运动

汽车绕流中，常常包含不同的杂质，如：雨滴、泥沙微粒和昆虫，这些绕流物质中的不同特性，会产生对汽车空气动力特性的影响。

流场中小颗粒的密度与流体的密度不同。图 3-26 表明小颗粒的运动情况，颗粒的飞行路线与流线并不相同。绕流流场中，任意一点的局部流 v_s 与流线相切，而颗粒的 v_p 与飞行路线相切，所以颗粒周围的气流是由相对速度决定的，即

$$v_{rel} = v_s - v_p \qquad (3-59)$$

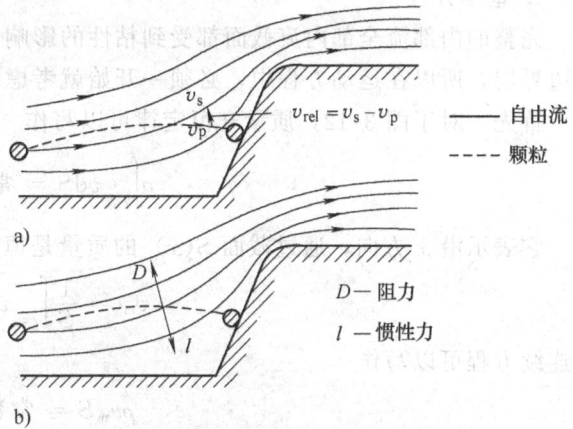

图 3-26　在流场中的微粒运动
a) 速度矢量　b) 作用力

阻力 D 作用于相对速度的方向上，对于非对称外形颗粒，也可能产生升力，但这里仅考虑阻力。惯性力调节和补偿了颗粒的阻力，并影响到颗粒的飞行路径和飞行速度。惯性力包括重力以及由于速度矢量方向和大小发生变化所产生的力，在车身附近可忽略颗粒的重力。

为弄清颗粒的飞行路径，估计汽车表面的泥浆情况，首先应弄清三维流场，这是到目前为止，汽车空气动力学尚未完全解决的问题。可以通过风洞试验，根据具体情况进行实际问题的分析。试验中必须注意流场的动力学相似问题，即雷诺数必须相似

$$Re_l = \frac{v_\infty l}{\nu} = 常数 \qquad (3-60)$$

如果颗粒的质量可以忽略，则相似系数为

$$\frac{\rho}{\rho_p} \frac{l}{d_p} = 常数 \qquad (3-61)$$

即可通过试验，得到与实际情况相同的飞行路径。方程式（3-61）中，$\frac{\rho}{\rho_p}$ 为流体密度与颗粒密度变化之比，l/d_p 是颗粒特征长度与颗粒特征直径之比。如果这两个方程同时得到满足，模型与原始型为同一流体（$\mu_1 = \mu_2$），在长度比为 l_1/l_2 的情况下，可导出

$$v_{\infty 2} = \frac{l_1}{l_2} v_{\infty 1} \qquad (3-62)$$

如果用同一种颗粒（$\rho_1 = \rho_2$），为使 $d_{p2} = \frac{l_2}{l_1} d_{p1}$，必须对颗粒的尺寸进行选择。这就意味着用较小的模型试验，就要用较小的颗粒，这样就很难办。再者，泥浆的颗粒不按流线飞行，在流线大曲率区，由于泥浆在车身表面的积累，泥浆颗粒的飞行路径的曲率相对要小。例如，在汽车前端发动机罩和前风窗间的高曲率流以及汽车尾部的涡流，就有这种情况的影响。

大气云雾中的雨滴，有一种非常小的可忽略的垂直速度，所以在自由流中气流与雨滴之间不存在相对速度。这是一个很特殊的情况。而一般情况下，在远离汽车的自由流中下落的雨滴或卷起的泥浆与流速间存在相对速度，这很重要。

三、内部流问题

1. 基本方程

完整的内部流全部内流截面都受到粘性的影响，不可以分成无粘性气流和靠近壁面的粘性边界层，所以在运动方程中，必须一开始就考虑粘性力。

首先，对于图3-12，质量守恒定律可以写作

$$\rho \int_{(S)} v \mathrm{d}S = 常数 \tag{3-63}$$

它表示沿 x 方向，通过截面 $S(x)$ 的质量是恒定的，引入平均速度

$$v_{\mathrm{m}} = \frac{1}{S} \int_{(S)} v \mathrm{d}S \tag{3-64}$$

则连续方程可以写作

$$\rho v_{\mathrm{m}} S = 常数 \tag{3-65}$$

如果密度不变，则横截面小的地方平均速度高，而横截面大的地方平均速度低。

牛顿定律可用于内流，但同时应考虑压力和粘性力。图3-27是一个通过圆管的内部流的例子。圆管截面上的速度分布相同，气流中不存在加速度，因而也没有惯性力产生，在整个截面上的压力是恒定的。由于存在摩擦力，通过圆管的运动流体在截面1和2之间存在压力差 $p_1 - p_2 > 0$，以克服摩擦阻力。这意味着在气流方

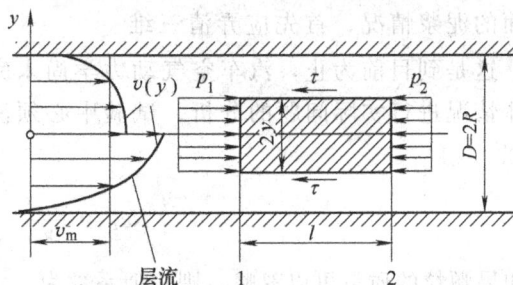

图3-27　管中流体的湍流和层流

向上由于摩擦的影响，出现压力损失 Δp。考虑 Δp，伯努利方程扩展为

$$p_1 + \frac{\rho}{2} v_{\mathrm{m1}}^2 = p_2 + \frac{\rho}{2} v_{\mathrm{m2}}^2 + \Delta p \tag{3-66}$$

这是一维问题的内部流方程。在整个横截面 S 上，压力 p 和平均速度 v_{m} 是常量，总值只受 x 坐标方向气流的影响，方程式（3-66）只适用于高度变化很小以至可以忽略不计的气流才有效。因此，从流体静力学中得出的项，必须加在方程的两边，即

$$p_1 + \frac{\rho}{2} v_{\mathrm{m1}}^2 + \rho g h_1 = p_2 + \frac{\rho}{2} v_{\mathrm{m2}}^2 + \rho g h_2 + \Delta p \tag{3-67}$$

式中　h_1、h_2——分别为流管在测点1和测点2的高度。

粘性流中，静压 $p + \rho g h$ 和动压 $\rho v_{\mathrm{m}}^2 / 2$ 之和不是恒定不变的。由于粘性产生的压力损耗，使得总压顺流减少。

一般用 ξ 这一无量纲系数表征压力损耗特性，ξ 称为压力损耗系数，即

$$\xi = \frac{\Delta p}{\frac{\rho}{2} v_{\mathrm{m1}}^2} \tag{3-68}$$

ξ 值对各种不同的内部流问题是不同的，它的值也是雷诺数的函数。ξ 是冷却传导和散

热质量的评价标准，详见第五章。

2. 内部流理论的应用

气流流入管子某一距离后，整个截面的速度分布将不再改变，满足方程式（3-65）。对于一个水平管，$h_1 = h_2$、$v_{m1} = v_{m2}$，则方程式（3-67）变为

$$p_1 - p_2 = \Delta p \tag{3-69}$$

这种情况下，不存在惯性力，由图 3-27 压力和粘性力平衡可推出

$$\tau(y) = \frac{p_1 - p_2}{2l} y \tag{3-70}$$

对于层流及湍流管流，管内横截面的切应力分布都是线性的。

雷诺数 $Re_D = v_m D / \nu < 2300$ 时，在管内出现层流，方程写成

$$v(y) = \frac{p_1 - p_2}{4\mu l}(R^2 - y^2) \tag{3-71}$$

解方程式（3-70）和方程式（3-71），积分得出抛物面形速度分布。根据方程式（3-64）可以计算出平均速度为

$$v_m = \frac{p_1 - p_2}{32\mu l} D^2 \tag{3-72}$$

由方程式（3-68）可得损耗系数为

$$\xi_p = \frac{\Delta p}{\frac{\rho}{2} v_m^2} = 64 \frac{\mu}{\rho v_m D}\left(\frac{l}{D}\right) \tag{3-73}$$

ξ_p 正比于管的长度与直径之比，引入

$$\lambda = \frac{D}{l}\xi_p \tag{3-74}$$

方程式（3-73）变成

$$\lambda = \frac{64}{Re_D} \tag{3-75}$$

由式（3-75）计算 λ 值。图 3-28 表明计算数据与尼古拉兹试验曲线数据非常吻合。

$Re > 2300$ 时，管流为湍流，流动情况与沿平板流的流动相同，从湍流的速度分布图可以看出，在靠近管壁的区域，湍流比层流的速度高。

湍流管摩阻的 λ 值为

$$\lambda = \frac{0.3164}{\sqrt[4]{Re_D}} \qquad 2.3 \times 10^3 < Re_D < 10^5 \tag{3-76}$$

$$\frac{1}{\sqrt{\lambda}} = 2\lg(Re_D \sqrt{\lambda}) - 0.8 \qquad Re_D > 10^5 \tag{3-77}$$

式（3-76）和式（3-77）是尼古拉兹的适用于全部光滑管湍流区的半经验公式。

图 3-28 还示出了粗糙管的摩擦阻力，表面粗糙使阻力和摩擦阻力增大，这是因为在粗糙的地方易发生气流分离，所以粗糙表面特性就像大量的钝体集合体一样。

通过非圆形截面管的气流，可以用圆形截面的相同管流量代替，因为非圆形管的尺寸已定（截面积 S，周长 U），所以等同于圆形管的直径为

$$D_{eq} = \frac{4S}{U} \tag{3-78}$$

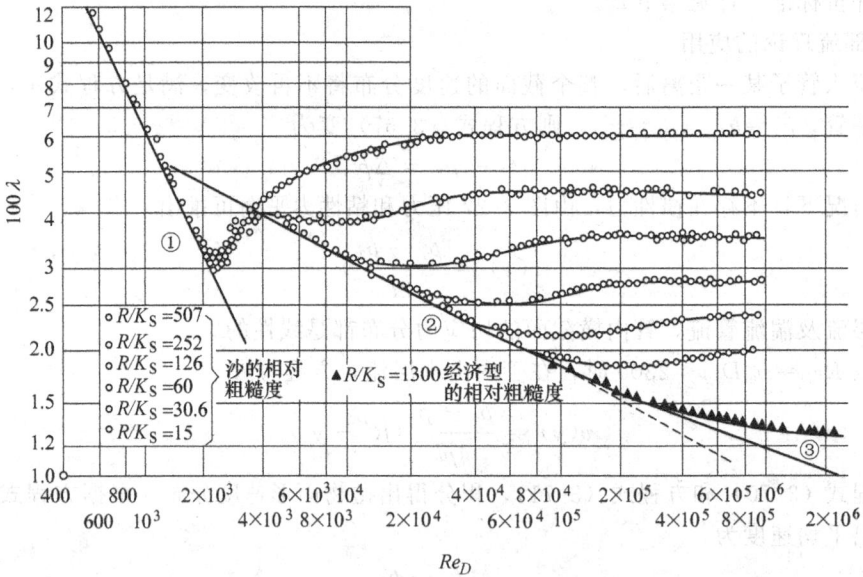

图 3-28　尼古拉兹试验曲线

四、汽车外部绕流与内部绕流的关系

　　汽车的外部绕流和内部绕流是紧密相连的。例如：发动机冷却系利用汽车前部滞留区和底部低压区之间的外部流压差，吸入冷却气流。驾驶室内的通风系统利用汽车风窗前的滞留区和出风口之间在驾驶室后部的压力差进行空气调节。这些系统所利用的压力差是与汽车速度的平方成正比的。汽车静止时，不存在压力差；当汽车速度最大时，压力差达到最大值。内部气流的总压力损耗 Δp 与进、出口间的压力差相等，所以气体流量与汽车速度紧密相关。在内流系统的进气口和出气口位置，内、外流的压力相同。

　　内流系统由吸气口吸入外部气流，在出气口把废气排出，吹入外部气流中。经过内流系统后，外部流发生变化，内、外流相互干扰的程度取决于内部流的速度。例如：经精心设计的出气狭长孔，会对外部绕流的边界层产生很好的影响。

　　有效压力差对汽车速度的依赖是相当有害的，因为低速时，通过内流系统的气流流速很小，为了维持发动机冷却和驾驶室通风，还需另加风扇。冷却及空调系统的设计，是为了保证当车速即使为零时仍达到某一气流速率。克服全部压力损失 Δp 的压力差，由风扇提供，功率为 $P = Q\Delta p$，Q 为热量。为把功率消耗降到最低，必须在满足上述系统要求的前提下，内流系统的各部分均设计为低损耗系统。

　　关于内流系统的问题，将在第五章详细讨论。

第四章　汽车空气动力学设计

第一节　汽车空气动力学设计准则

一、对汽车造型的要求

纵观汽车的发展历史可以看到，在人们不断地追求汽车的快速、安全、舒适性和经济性的同时，汽车技术也在不断地发展。汽车技术是在以提高发动机的功率、传动系的效率为中心，寻求汽车构造的合理化，采用新材料，降低汽车自重以及减小汽车的滚动阻力等技术的综合应用过程中不断发展的，而开发空气动力特性好的低阻汽车是降低汽车燃料消耗和提高最高车速的最有效的途径。

在满足结构设计、美学、人体工程学（居住性）以及法规要求的同时，降低气动阻力是汽车空气动力学设计的准则。

汽车空气动力学在汽车上应用的初期，采用流线形车身（1930年）。最早对汽车空气动力学的研究，着手于空气的流态，设计的概念也是用视觉捕捉流态。人们注意到汽车的构造、强度有载荷和应力的问题，冲压加工、铸造加工中有材料、工艺问题，而汽车使用中也有动力性、经济性、舒适性和操纵稳定性问题；同时又要求有美观的外形。因此，一个完好的汽车造型应当是将机械工程学、人体工程学、美学和空气动力学高度谐调的结果。

二、汽车造型设计与空气的流态

空气动力特性好的物体，沿着其表面的气流没有涡流和分离，飞机的机身和机翼的设计大致实现了这一状态。

汽车的空气动力学设计就是以满足气流沿光滑表面流动为目的的创造性的设计。物体的外形有一个边界，气流沿物体表面流动时，由于气流的惯性和粘性，当超过这个边界时，气流不是沿表面流动，而产生分离、涡流等状态，并伴随产生气动噪声，同时气动阻力增加。因此，成功的设计应维持气流沿汽车光滑的表面流动。

为设计出光滑的汽车车身表面，应保证曲线的连续性、曲线斜率的连续性、曲线曲率的连续性，以及曲线的曲率变化的连续性。在车身外形设计过程中，需反复修正曲线的连续性。汽车造型设计中，基本形的构思是创作的开始，因此这是非常重要的。对基本构思的外形进行空气动力特性的最佳处理，也是非常重要的，因为空气动力特性的好坏，决定了这一设计的成败。只有空气动力特性好的外形，才具有强的竞争力和生命力，才是成功的设计。回顾汽车造型发展的历史，每一项重大的进步都与空气动力学方面的技术突破有关；而失败或失误，大多数又与空气动力学的某些规律未被认识有关。

通过对外形的基本构思和进行空气动力特性最佳处理这两个过程，巧妙地运用曲线的特性，在符合美学要求的前提下，进行汽车的空气动力学设计，这是汽车空气动力学开发的重要程序。经验、理论和观察、创造是设计过程的重要环节。前人的经验能给设计师很多启示，综合前人的经验及设计灵感，进行空气动力外形设计是很重要的方法。但绝不能仅限于过去的范畴，否则就会墨守成规，而不能迈入新的领域。追求空气动力特性的最佳化，绝不是追求外形大同小异，死板地应用空气动力学设计原则的造型。全新的创造性的造型设计，要求设计师不仅要消化和吸收前人的经验，而且必须要全面掌握空气动力学理论。他应当有渊博的知识，巧妙地在汽车造型设计中应用空气动力学理论。汽车外形发展的过程中，人们采用了甲虫形、船形、鱼形、楔形等等，就是汽车空气动力学设计师总结前人的经验，根据观察大自然的飞鸟、草木及鱼类，从中得到的造型的启示。

汽车设计的初期，设计者最初的灵感是产生优质设计的重要因素。非常优秀的基本形设计后，再经反复改进，进行外形确定后的细节设计、试验，进行车身附件的细致的气动设计、内饰件的设计、地板下的整形，使之不断完善，最终设计出全新的汽车。

可以说，最初的设计是设计师从感觉和眼力出发的灵感的设计，而汽车空气动力学则是开启其感觉与眼力的脑神经中的总开关的钥匙。

第二节 汽车空气动力学设计方法

一、汽车空气动力学设计程序

汽车空气动力学设计程序如图 4-1 所示。

1. 基本外形的创造

在初步设计阶段，根据设计任务书确定设计目标，进行总布置设计，在车身总布置设计阶段大致确定基本外形。对于基于造型设计师的灵感创造的外形，在其设计初期，进行空气动力特性估算，并对与空气动力特性相关的各种性能诸如：动力性、经济性、发动机冷却特性、空调性能、气动噪声、泥土上卷附着特性等进行分析。发现问题时，再对设计图进行反复修改。

基本外形设计，主要考虑以下几点：

(1) 确定驾驶室有足够的居住空间 为保证舒适性，首先应保证座椅在前后左右合适的位置，座椅的周围乘员有必要充分的居住空间，驾驶操纵有足够的空间，眼睛的位置保证视野的要求，保障根据 SAE J 100a 的要求，确定室内的主要尺寸，这些分析应采用标准的人体模型。

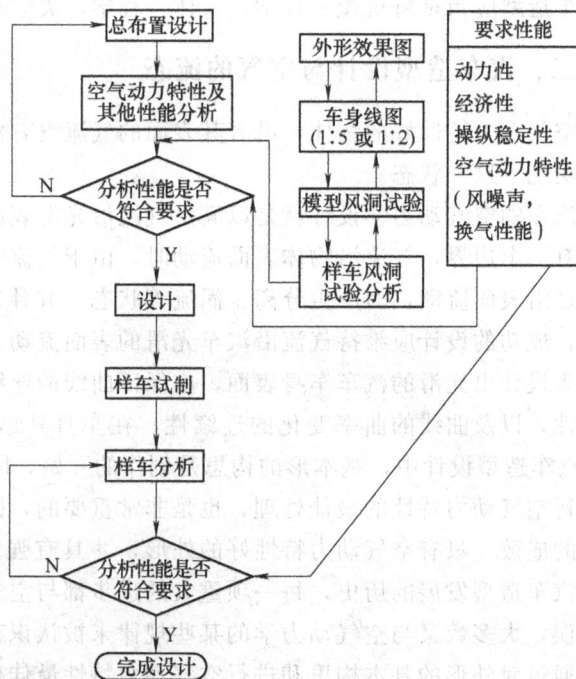

图 4-1 汽车空气动力学设计程序

（2）进行汽车外形设计 确定车身前端与后部形状、发动机罩的倾斜、前风窗的倾斜、后端的倾斜、车身下面后半部的倾斜等基本外形。

（3）考虑安全法规的要求 如灯光、后视镜、安全器、视野等相关的安全法规的要求。

（4）确定车长、车高、轴距等外形尺寸 在确保乘员居住空间的前提下，在可能限度内尽量缩短车身总长。世界汽车总高与总长比的统计表明，其比值在变小。图 4-2 表明轿车的总高与总长之比与 C_D 值的关系。

（5）发动机冷却系与冷却格栅的设计 汽车空气动力特性不仅取决于其外形，而且还取决于底板下部的平滑程度、凸凹处理的影响，不可忽视的是发动机冷却和驾驶室内空调、换气等内流损失。由于发动机及驾驶室内流流过时，在途中遇

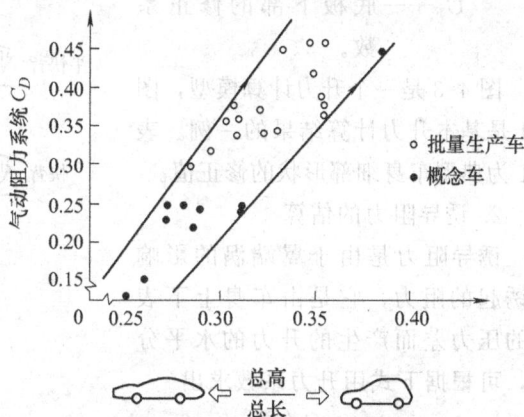

图 4-2 轿车的总高与总长之比与 C_D 的关系

到障碍，导致动量损失而使阻力增加。由于内流的入口和出口设计不当，也有可能导致气流产生涡流和分离，应引起高度的重视。应特别注意对散热器性能有重要影响的冷却格栅的设计。发动机冷却及驾驶室内空调是影响汽车空气动力特性的重要因素，这方面的问题将在第五章进行专门论述。

2. 空气动力特性分析

在初步设计阶段完成了汽车造型设计，对于全新的设计，未知的问题还很多。首先应进行汽车性能的估算，但仅仅根据估算法还不能充分地分析汽车的性能，应制作概念车模型，反复进行风洞试验，以开发出优质车。由于下述原因，应灵活地采用估算法：

1）根据大量的估算数据，进行汽车空气动力特性分析，减少模型的制作个数。

2）缩短试验时间，节省费用。

总之，在模型风洞试验之前，进行空气动力特性估算，是为缩短开发时间、节省开发费用的必要步骤。当经过反复的模型风洞试验，确定了最佳气动外形后，进行样车试制、气动特性的确认试验。当性能试验确认样车合乎要求后，就可进行样车试制。

二、汽车气动阻力的估算

气动阻力的估算方法是以汽车空气动力学理论计算为基础，对模型风洞试验的结果进行补充、修正，从而得出经验公式来进行估算。

1. 升力的估算

升力是根据二次元薄翼理论进行估算的。升力的大小取决于车身的曲度及俯仰角。对于轿车，可先把外形简化，求出曲度和俯仰角，再计算基本升力系数，然后根据试验结果的经验数据表，进行地面效应和地板外形影响的修正。

升力可用下式进行估算

$$C_L' = K(C_{L_0} + U_F) \tag{4-1}$$

式中 C_L'——基于车身正面投影面积的相当于模型的升力系数；

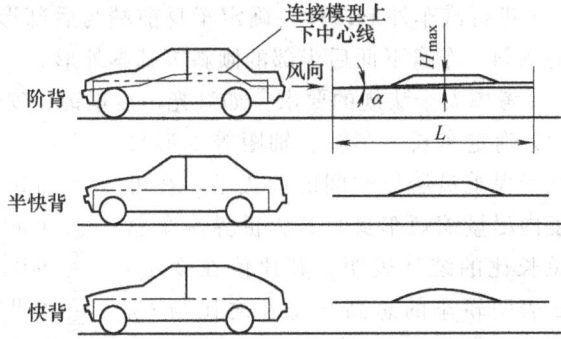

C_{L_0}——基于车身正面投影面
积的基本升力系数;

K——修正系数;

U_F——底板下部的修正系
数。

图 4-3 是一个升力计算模型,图
4-4 是基本升力计算结果的一例。表
4-1 为典型车身细部形状的修正值。

2. 诱导阻力的估算

诱导阻力是由于翼端涡的影响
而诱起的阻力,它是由车身上下表
面的压力差而产生的升力的水平分
力,可根据下式用升力系数求出

$$C_{D1} = \beta \frac{(C_L')^2}{\pi N} \quad (4-2)$$

式中 C_{D1}——诱导阻力系数;

N——长宽比(全宽/全长);

β——修正系数。

3. 形状阻力和表面摩擦阻力的
估算

图 4-3 升力计算模型

α—俯仰角 $H_{max}/100L$—挠曲度

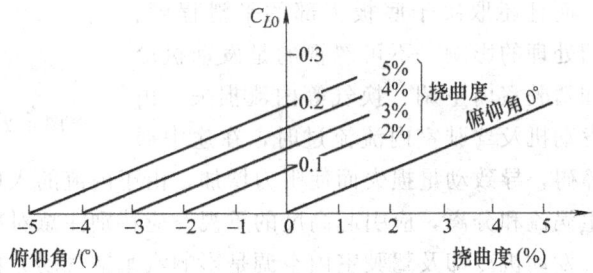

图 4-4 基本升力计算结果的一例

表 4-1 典型车身细部形状的修正值

底板下部形状			内 部 流		平 面 形 状	
项 目	U_F	K_1'	散热器配置	K_2'	平面形状	K_3'
普通车	0.20	0	通用型	0	流线型	−0.03
FF车、FR车	0.17	−0.01				
中央	0.14	−0.02	上吸式	0.02	普通型	0
底板下完全整形	0.10	−0.04			前端	0.02

形状阻力主要来源于车身前部阻止气流流动的正压力和车身尾部分离涡产生的负压力
(即压差阻力)。由于车身尾部形状不同而将车身分为阶背、半快背、快背式三种类型,它们
的阻力系数大致如图 4-5 所示。为叙述方便,把形状阻力分为来自汽车尾部的后面阻力和来
自其他部分的前面阻力。表面摩擦阻力是由空气粘性产生的,将其包括在前面阻力中进行估
算。

后面阻力系数为

$$C_B = C\left(\frac{A_r}{A}\right) \quad (4-3)$$

式中 C_B——后面阻力系数;

A_r——车身尾部正面投影面积；

A——车身前部正面投影面积；

C——比例系数。

图 4-6 是根据模型风洞试验数据得出的关系图，其横坐标为 A_r/A，纵坐标为模型阻力系数 C_D'' 与诱导阻力系数 C_{1D} 的差 $C_D''-C_{1D}$。斜线的斜率为比例系数 C；A_r/A 对 $C_D''-C_{1D}$ 的增量表示 C_B 的增量，与纵轴相切给出前面阻力系数 C_w。

C_D:阻力系数（模型）

C_L:升力系数（模型）

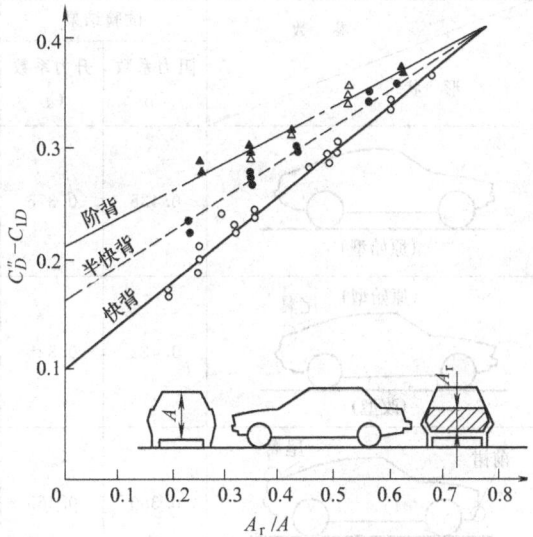

图 4-5 基本外形车的阻力系数、升力系数的比较

图 4-6 $C_D''-C_{1D}$ 与 A_r/A 的关系

4. 细部形状的修正

表 4-1 给出了内部阻力及细部形状的修正，修正值为

$$K' = K_1' + K_2' + K_3' \tag{4-4}$$

式中 K'——修正值；

K_1'——底板下部形状修正值；

K_2'——内部流修正值；

K_3'——平面形状修正值。

三、气动阻力的估算值转换为实车阻力值

1. 气动阻力系数估算值转换为实车的值

上述相当于模型的气动阻力系数 C_D'、升力系数 C_L' 的估算值为

$$C_D' = C_{1D} + C_B + C_w + K' \tag{4-5}$$

$$C_L' = K(C_{L_0} + U_F) \tag{4-6}$$

通过下式的换算，最后得出相当于实车的气动阻力系数和升力系数为

$$C_D = K_1 C_D' \tag{4-7}$$

$$C_L = K_2 C_L' \tag{4-8}$$

式中 C_D——实车的气动阻力系数；

C_L——实车的气动升力系数；

K_1、K_2——实车换算系数。

2. 估算值的精度确认

表 4-2 为日本三菱重工公司进行的某轿车的气动阻力估算值与实车试验值的对比。可见，数据基本一致。大量的估算结果表明，这种方法在汽车开发的初期阶段，可以指导设计；在进行空气动力特性分析时，又满足了对于精度的要求。

表 4-2　试验值与估算值的比较（阻力系数与升力系数）

参　数 形　状	试验结果		估算结果		基本尺寸 $A = 0.383m^2$		
	阻力系数 C_D	升力系数 C_L	阻力系数 C_D	升力系数 C_L	挠度 （%）	迎角 /（°）	车身前后 面积比
（原始型）	0.435	0.375	0.421	0.376	3.7	−1.5	0.492
（改型）（原始型）尾翼	0.422	0.325	0.411	0.333	3.5	−1.85	0.518
（改型）前裙 尾翼	0.380	0.265	0.382	0.274	3	−3.0	0.518

四、车身表面压力分布的计算

定常状态的位势流的速度势 ϕ 为

$$\nabla^2 \phi = 0 \tag{4-9}$$

把定常流与湍流成分分开，则速度势为

$$\phi = v_\infty (ix + jy + kz) + \varphi \tag{4-10}$$

式中　v_∞——定常流的速度矢量；

φ——湍流成分的速度势；

i, j, k——各轴方向的单位矢量。

由此可以得出

$$p + \frac{1}{2}\rho(v_x^2 + v_y^2 + v_z^2) = p_\infty + \frac{1}{2}\rho v_\infty^2 \tag{4-11}$$

式中　　p——物体表面的静压；

p_∞——远前方来流的静压；

v_x、v_y、v_z——物体表面各方向的速度；

v_∞——远前方来流的速度。

在无限远处，物体表面（包括地面）满足的边界条件为

无限远处：　　　　　　　　　　$\varphi = 0 \tag{4-12}$

物体表面：$\dfrac{\partial \varphi}{\partial n} = -\boldsymbol{n} \cdot \boldsymbol{v}_{\infty}$　　（4-13）

式中　n——与物体表面垂直的单位速度矢
量。

应用位势流理论对车身表面的压力分布进
行计算，除车身拐角和分离区外，与试验结果
相吻合，即可满足精度要求。图 4-7 为车身表
面压力分布计算值与试验值比较的一例。

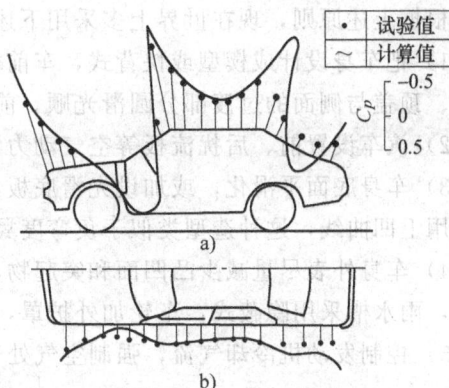

图 4-7　表面压力分布计算值与试验值比较的一例
a）车身上面中心线上的压力分布
b）车身侧面门把手高度的压力分布

五、汽车风洞试验

在基本设计阶段，除用上述估算法对全新
的设计进行空气动力特性分析外，对新设计的
外形在初步气动估算进行选型之后，还要用模
型车和样车进行选择最佳气动外形的风洞试验。在一辆新车的设计过程中，大约要进行
1000h 的风洞试验（参考文献［2］美国玛利兰大学的风洞试验程序）。关于汽车空气动力学
试验将在第七章详述。外形初步确定后，就可进行样车试制，并进行实车风洞试验和实车道
路试验。

第三节　最佳气动外形

一、最佳造型

最佳造型应是以机械工程学、人体工程学、空气动力学和美学全面恰当地揉合在一起并
有独特风格的造型。确定高速、安全、舒适的汽车外形，最重要的是如何减小气动阻力和升
力的影响，即空气动力学的问题。机械工程学和人体工程学的因素给汽车外形设计限定了一
个框框，而汽车外形的多样变化，不是依据内部的机械工程学、人体工程学方面的要求而产
生的，汽车外形的任何微小的变化都来自空气动力学的要求。

完全从空气动力学观点来看，最理想的车身外形应如图 4-8 所示，归纳为以下几点。

1. 车身侧面

1）尽量降低车身总高。

2）离地间隙尽量小。

3）前脸扁平，后端处理应尽量使阻力降低（采用切尾、加尾翼或采用鸭尾形）。

4）发动机罩和顶盖尽量扁平。

5）为确保方向稳定性而加上尾翼。

2. 车身正面

1）宽而低的扁平形。

2）采用无棱角的扁平和圆形过渡。

3）当驾驶室要求有必要的棱角时，在腰线部位可装置
倾斜的侧翼，使其圆滑过渡。

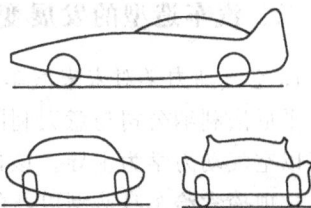

图 4-8　最理想的车身外形

根据上述原则,现在世界上多采用下述方法改善汽车空气动力特性。

1)把车身设计成楔型或快背式,车前端尽量压低,俯视图多呈半圆形,前风窗与发动机罩、顶盖与侧面的过渡部分圆滑光顺,前风窗与水平面的夹角一般在 $25°\sim33°$ 之间。

2)汽车设置前、后扰流板等空气动力学附加装置,以改善气流状况、降低阻力和升力。

3)车身底面平滑化,或加设光滑底板,以降低阻力和升力。平宁法利纳设计的汽车底部采用上凹曲线,这种造型类似于负弯度翼型,是降低升力的一种新方法。

4)车身外表尽量减少凸凹面和突起物,如门把手平滑化,风窗玻璃、门玻璃尽量与框平齐,雨水槽采用隐蔽式,车轮加外护罩,外后视镜加流线型护罩。

5)控制发动机冷却气流,强制空气处于有利流动的状态,提高冷却性能,减小行驶阻力。

6)车身细部形状最佳化,通过反复修改外形,达到最佳气动外形设计效果。

在汽车造型阶段的大量风洞试验表明,形状阻力的大致部位如下:

1)前照灯周围;

2)前风窗两侧部位周围;

3)A柱到车门周围的凸凹;

4)C柱的锥度;

5)底板下部的整形程度。

一般发动机罩相对于水平面的倾角(以下倾角全部以水平面为基准)越大,C_D 越低。概念设计车是根据保险杠、灯光器、散热器、发动机对前下方视野的控制来确定其最合适的角度的。前风窗玻璃在倾角小时能降低 C_D,但随着倾角的减小,顶盖前端与A柱接近,上、下车方便性和居住性恶化;同时前风窗玻璃倾角小时,造成二重像及像的歪斜,使视认性变坏。确定前风窗玻璃的倾斜角时,要保证其视认性。

车身基本外形对空气动力特性有很大影响。最佳气动外形设计的原则是,为使沿车身表面的气流不分离,车身表面外形不急骤变化,表面外形变化处应平滑过渡,从车身前端至后端的外形曲线连续。A柱处气流的流动是很重要的,应在可能限度内保证前风窗两侧玻璃用相同的曲率,保持气流从前窗向侧窗流动的连续性;A、B、C柱尽量配置在玻璃内侧,保证车身表面的平滑化;车身尾部外形应使气流不产生分离,尽量减小尾涡,尾涡应尽量远离车身;避免车身上下左右的气流混合而产生涡流,车身下部应整流;车身外饰件(如后视镜等)、侧面均应保证气流流畅地通过,不产生气流分离;轮胎应有适当的宽度等,都应在设计中予以充分注意。

未来轿车的造型,首先应在保证乘员的舒适性和安全性,即在车室宽敞、视野开阔的同时,具有良好的空气动力性能,以达到快速、节能和安全的目的。

二、汽车造型的发展变化

1. 空气动力学对未来汽车造型的影响

平尼法利纳公司与意大利国立科研所进行的一项汽车造型的研究成果表明,未来汽车造型将以空气动力学为主导。该研究明确了理想汽车外形即是以空气动力学为主导设计的外形。这项探索给车身造型以新的概念,对汽车设计产生了新的影响。

该公司所倡导的主导思想是,完全从空气动力学出发,根据风洞试验,确定车身外形，使汽车造型具有优异的空气动力特性，同时又能满足各种使用和生产工艺的严格要求。在车身设计的初期，最原始的设计曲线只是一条上凸的曲线，然后根据居住性、工艺、总布置要求，画出车身的外形轮廓（图4-9）。为减小形状阻力，使车身的横截面不断地变化，沿着流线压力逐渐变化，压力在正压区仅变动一个循环，其设计程序分为以下三个阶段：

1）制作1:2模型并根据风洞试验结果不断修正其外形。在这一阶段采用组合模型，车身前端用几种形状不同的模型进行比较和修正，模型的外覆盖蒙皮采用可更换式的。这一阶段的模型风洞试验结果是 C_D 仅为 0.160。

2）考虑总布置和结构设计要求，对第一阶段的理想外形进行修正。为满足乘员乘座的舒适性，改进了底板设计，增大了脚部空间；对车室内用于通风的进、排气口等进行了修正。

通过上述修正，使 C_D 增至 0.172，最后 C_D 达 0.23。

3）绘制车身设计图。

在第二阶段，从 C_D 为 0.172 至 0.23 进行了反复的风洞试验，这种理想的最佳空气动力学造型的 C_D 值比当今世界轿车平均阻力系数 C_D 为 0.46 的车降低 50%，节省燃料达 15%。

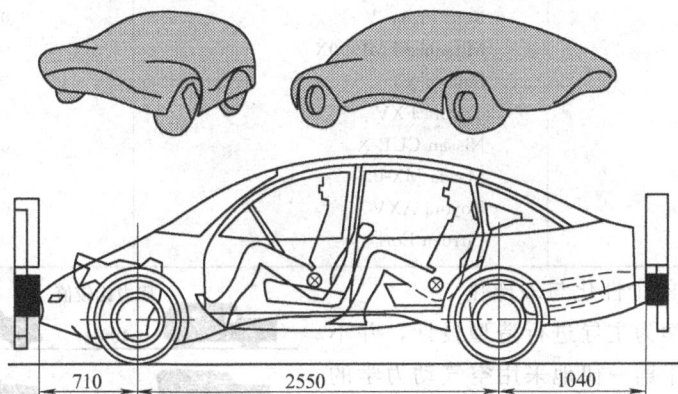

图 4-9　平尼法利纳公司的一项研究成果[2]

在激烈的市场竞争中，平尼法利纳公司的上述研究成果令人震惊。世界各大汽车公司都已充分认识到，汽车造型应以空气动力学为主导，并组织大批科研、设计力量投入到未来新车型的空气动力学设计、研究中。随着大批风洞的不断建设，空气动力学研究不断出现新成果。各大汽车厂、研究机构纷纷投入力量研制自己的系列低阻力概念车（Concept Car），如美国福特进行的"探索者5号"（Probe V）的研究，于1985年推出的新车型，气动阻力系数值为 0.137，低于 F-15 麦道飞机的阻力系数 0.15，是完全以空气动力学为主导创造的车身外形。其造型流畅，表面平滑，车身无外露件，前后车轮均埋在护罩里，散热器与前照灯仅仅是一条线，尾部装了极小的尾翼。为降低空气动力学噪声，该车在设计过程中，还请音乐家参加了设计。

表 4-3 为近年来推出的各国概念车的气动阻力系数，图 4-10 为汽车外形变化和气动阻力的比较。

表 4-3 各国概念车的气动阻力系数

年 份	车 型	气动阻力系数 C_D
1979	Ford Probe I	0.25
1981	Ford Probe III	0.22
	VW ARVW	0.15
	Merced Auto 2000	0.25
	Opel Tech I	0.24
	Uni Car	0.24
	BMW Research	0.19
	Benz Auto 2000	0.30
	Audi Auto 2000	0.29
1982	GM Aero X	0.285
	Mercedes C III/IV	0.18
	Reugeot VERA-02	0.22
	BL-BCV3	0.25
1983	GM Aero 2002	0.14
	Ford Probe IV	0.15
	Volvo-Lcp	0.30
1985	Ford Probe V	0.137
	Mitsubishi MP-90X	0.22
	Subaru XT	0.29
	Toyota FXV	0.24
	Nissan CUE-X	0.24
	Mazda MX-0.3	0.25
	Toyota AXV	0.26
	Citroen Eorl	0.19

2. 汽车造型的个性化与多样化

以空气动力学为主导进行造型设计,并不意味着墨守成规千篇一律地采用空气动力学的几项原则进行死板的造型设计,更不意味着汽车造型大同小异。空气动力学给造型设计师以足够的施展才能的空间,使他们创造出更具有个性化的汽车造型。

由于社会意识和美学意识的作用,随着人们对汽车样式要求的提高,更要求汽车造型具

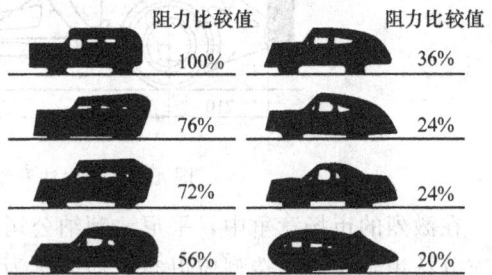

阻力比较值 100% 阻力比较值 36%
阻力比较值 76% 阻力比较值 24%
阻力比较值 72% 阻力比较值 24%
阻力比较值 56% 阻力比较值 20%

图 4-10 外形变化与气动阻力的比较

有多样化。而不断推出的新车型,在满足人们不断增高的需求中维持了它的生命力,如通用公司为美国总统设计的超豪华轿车体现了高贵和豪华。1987 年该公司推出的旁蒂克 Pursuit (驱逐机)牌轿车也是一种新型空气动力设计车,它的风窗玻璃曲面与车顶曲面平滑连接,车顶可拆卸。其车身高度可调,在高速公路上行驶时,可降低车身,而在不平路面上又可抬高车身,增大离地间隙。该车还采用四轮驱动、四轮转向及自动充气式悬架,车内使用大量电子设备,有导航系统和彩色显像仪。

1987 年,克莱斯勒公司推出的安全赛车为弹翼式(车门可像飞鸟的翅膀一样张开),在

车辆密集的停车场，开门非常方便，这是随着人们对上下车方便性和安全性的要求而出现的新车型；而超微型小轿车则是为满足人们的实用性和方便性将大批出现的新车型。丰田汽车公司生产的市内交通车，具有体积小、使用灵活方便、气动阻力系数低和燃料消耗少的优点。

随着社会的进步、经济的发展，汽车不仅仅是一般的交通工具，而且应能满足人们的娱乐要求。日本设计出一种供人们节假日游玩用车，上下车方便，视野开阔，任何人可以驾驶，灵活方便；还有适于长途旅行、野游的各种娱乐车。随着人们生活的改善、需求的增多，各种各样造型的新车将不断出现，现实生活将激发设计师更多的灵感，创造出风格千变万化的新颖造型。

3. 汽车造型的趋势

未来汽车造型发展的总趋势是向着更具简洁、方便和快速性发展。

为满足节能的和环保的要求，新动力车如电力、太阳能、氢气和风力等多种新能源汽车和混合动力汽车不断出现，如德国奔驰公司生产的太阳能汽车、电动汽车等。此外，采用太阳能与燃油、太阳能与蓄电池、风帆与发动机、风力与发动机兼用车是人类的智慧向沙漠和草原的挑战；为使汽车脱离传统的路面，诸如气垫车、水陆两用车以及高越野性汽车等多种车型不断出现。

未来汽车将具备多种适应能力和多种功能。可以预见，为摆脱驾驶员的高度紧张状态，电脑将广泛地用于汽车的各个系统。新的发展要求设计师具有更丰富的想象力和创造力，以创造出千变万化的更简洁、方便和快速的新车型。

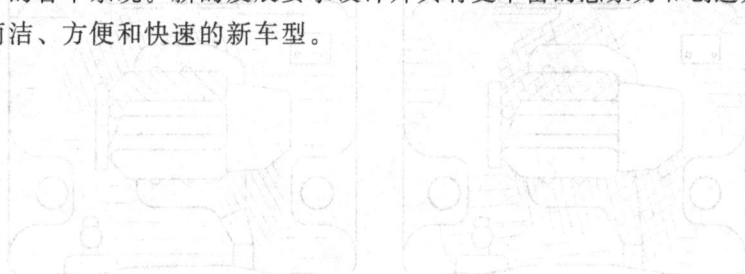

第五章　汽车发动机冷却系的空气动力特性以及驾驶室的通风特性

第一节　发动机冷却系分析

汽车发动机冷却系的气动阻力是汽车内流阻力的主要成分。在激烈的市场竞争中，为开发出高性能的汽车，对汽车发动机冷却系的空气动力特性研究已成为重要的课题。

一、发动机室内的温度分布

在 30℃ 的环境温度下，汽车以 60km/h 车速在坡路上行驶约 30min，其发动机室内的温度分布如图 5-1a 所示。由图可见，发动机的调节阀、排气管等热源部位的温度比周围的温度高，达到 100～110℃。

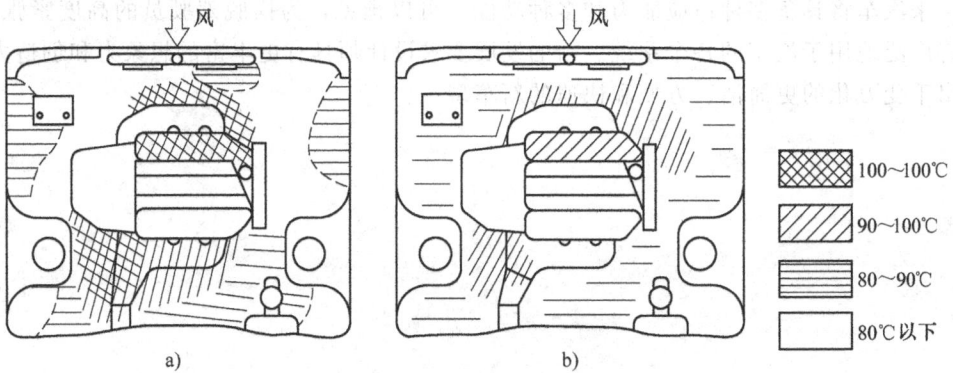

图 5-1　发动机室内的温度分布

a）在 30℃ 环境温度下，汽车以 60km/h 车速爬坡行驶约 30min 后发动机室内的温度分布
b）经过上述行驶后，汽车怠速约 20min 后发动机室内的温度分布

在上述行驶之后，发动机怠速状态约 20min（发动机空转，散热器风扇回转），其发动机室内温度分布如图 5-1b 所示。在此状态下，发热源的温度降低约 10℃，而发动机室内各处温度处于均衡状态。

在上述各状态下，由散热器格栅流入的气流在发动机室内的流动模式如图 5-2 所示。

图 5-2a 为上述第一种状态（以 60km/h 车速行驶）下的气流流动模式。由图可见，由于行驶风压的作用，发动机室内的气流出现较小的湍流，气流由前方向后方流动，使发动机放出的热量不仅扩散至发动机室，同时由发动机室的后方向车外放出。

图 5-2b 为怠速状态下气流的流动模式。由格栅流入的冷却风使风扇受到很强的影响，形成不断扩散的诱起风，发动机放出的热量向发动机室内扩散，发动机室内各处温度达均衡状态。

上述分析表明：发动机室内的温度分布与发动机室内的气流流态密切相关。

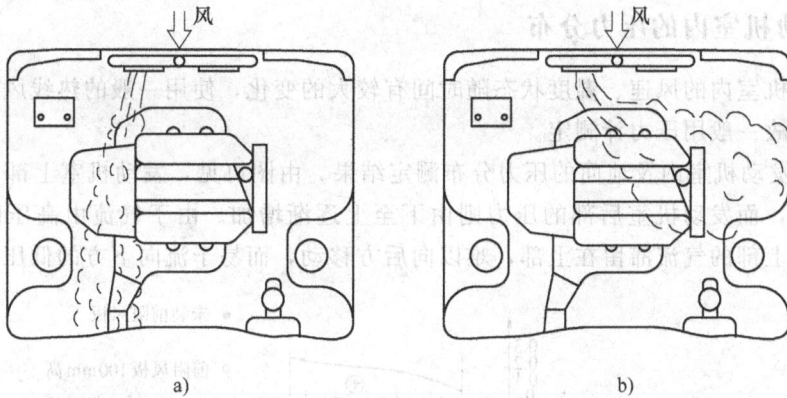

图 5-2 发动机室内气流流动模式图

a) 以 60km/h 车速爬坡行驶中 b) 汽车处于息速状态（散热器风扇转动）

二、发动机室外和室内的气流流态

图 5-3a、b 分别为息速状态和行驶状态下，散热器周围的气流流态。由图可见，在息速状态下，气流由格栅的上、下、左、右以及各个角度流入发动机室内；而行驶状态下，气流容易从保险杠下方流入发动机室内。

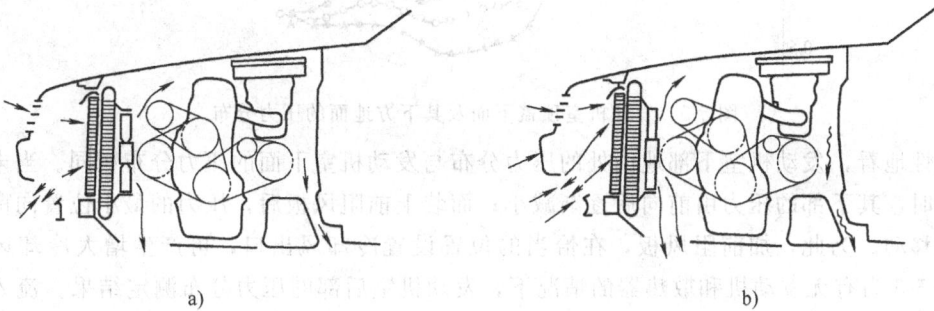

图 5-3 散热器周围的气流流态

a）息速状态 b）行驶状态

图 5-4 为从侧向看发动机室内气流的流动模式。由图可见，在息速状态下，风扇周围的风量均等；而在行驶状态下则流向下方的风较强。

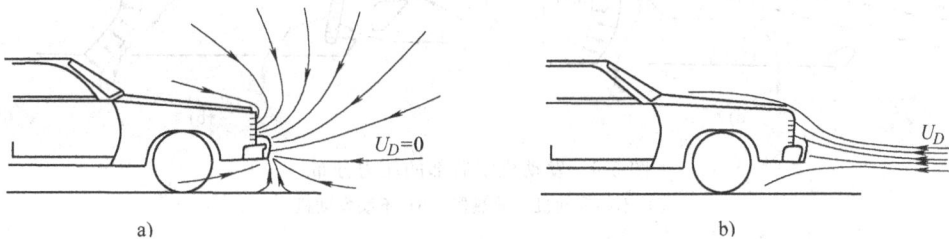

图 5-4 流入发动机室内气流的流动模式

a）息速状态 b）行驶状态

三、发动机室内的压力分布

由于发动机室内的风速、温度状态随时间有较大的变化，使用一般的热线风速仪不能满足测试要求，故一般用压力计测定。

图 5-5 为发动机室内及地面的压力分布测定结果。由图可见，发动机室上部的压力由前向后逐渐增加，而发动机室后部的压力则由下至上逐渐增加。由于气流由高压区流向低压区，发动机室上部的气流滞留在上部，难以向后方移动，而易于流向下方的低压区。

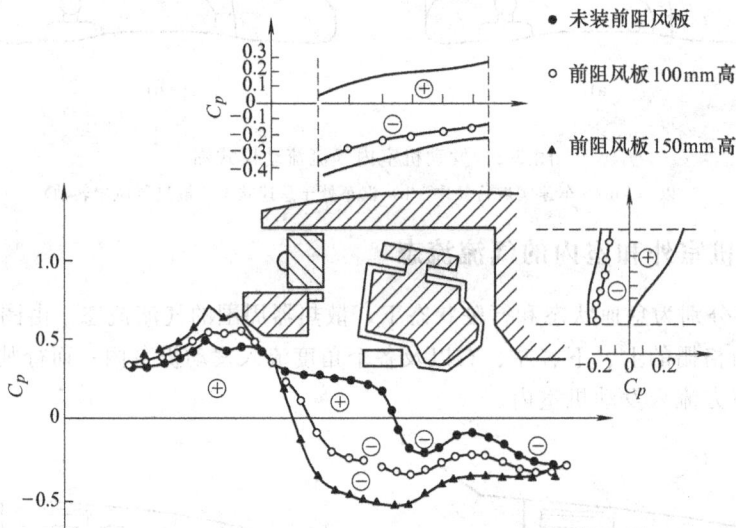

图 5-5　发动机室顶盖下面及其下方地面的压力分布

定性地看，发动机室下部地面处的压力分布与发动机室下面的压力分布相同。当未装前阻风板时，其下部的压力由前向后逐渐减小；而装上前阻风板后，压力的最小位置向前阻风板附近移动。为此，加前阻风板，在恰当的位置设置冷却风出口，可产生增大冷却风的效果。图 5-6 为有无发动机和散热器的情况下，发动机室后部的压力分布测定结果。流入散热器的风速越大，冷却性能越好，而冷却风的出口处的压力越小，风速则越大。

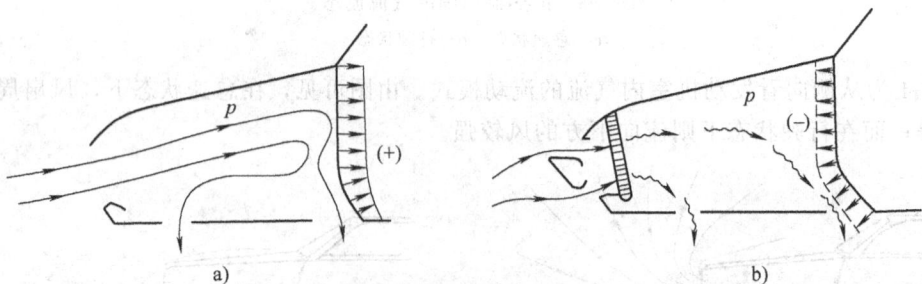

图 5-6　发动机室后部的压力分布
a）不装发动机、散热器　b）不装发动机

四、发动机的冷却气流与空气动力特性的关系

流入发动机室的气流一般由发动机室下方排出，有时也由发动机室上方排出。如图

5-7a、b所示，冷却风迂回撞击发动机，使发动机室受到斜上方和斜下方的力，这个力与路面平行的成分为内部阻力的一部分，与路面垂直的成分为升力的一部分，而冷却风排除后与车身周围气流发生干涉时，也产生阻力（对于最近问世的低阻轿车，发动机冷却风从侧方排除的情况，另行讨论）。上述分析表明，在任何情况下，冷却风都将引起内部阻力增加。而升力则不同，当冷却气流从下方排出时，升力增加；从上方排出时，升力减小。图 5-8 为不同形式散热器格栅的 C_D 值。图 5-9a 为装备图 5-8 散热器格栅 A 时的流动模式图，图 5-9b 为装备图 5-8 散热器格栅 B 时的流动模式图。图 5-9a 虽然装了 C_D 小的散热器格栅 A，但冷却气流通过散热器格栅后，不能全部通过散热器而产生了逆流涡，使 C_D 增大；而装了格栅B 后，使通过格栅的最大风量全部通过散热器，在格栅与散热器的周围没有产生涡流，使 C_D 减小。因此，虽然通过图 5-9a 的风量较图 5-9b 大，但通过散热器的风量两者大致相同，而且图 5-9b 的 C_D 还低于图 5-9a 的 C_D。

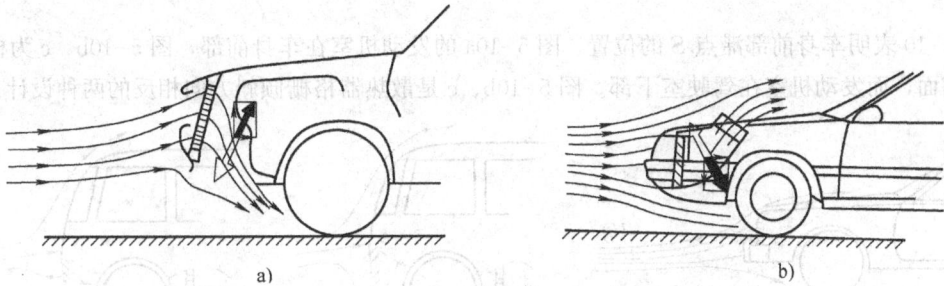

图 5-7　发动机冷却风排出的流态模式

a）下方排出　b）上方排出

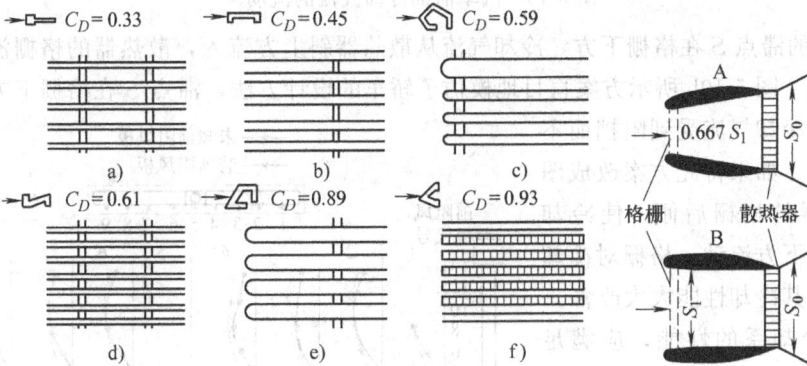

格栅	不装格栅的 C_D 值	装散热器格栅的 C_D 值					
		a)	b)	c)	d)	e)	f)
A	0.97	0.94	0.92	0.94	0.98	1.01	1.03
B	1.29	1.32	1.29	1.31	1.36	1.47	1.46

图 5-8　冷却系单体散热器格栅及系统的 C_D 值

上述表明，为降低冷却系的阻力系数，不仅应正确选择冷却系的部件，同时还要进行全系统的试验。

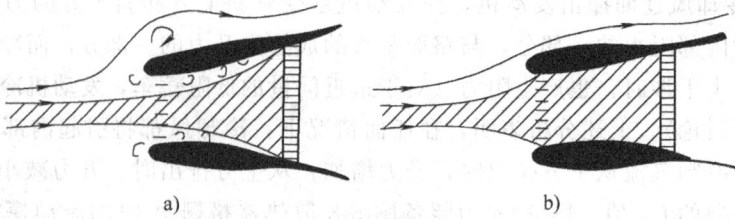

图 5-9 装不同形式散热器格栅的流动模式
a) 装格栅 A（图 5-8） b) 装格栅 B（图 5-8）

第二节 发动机冷却系的设计原则

一、滞点位置对发动机冷却性能的影响

图 5-10 表明车身前部滞点 S 的位置。图 5-10a 的发动机室在车身前部，图 5-10b、c 为格栅在车身前面，而发动机室在驾驶室下部。图 5-10b、c 是散热器格栅倾斜方向相反的两种设计。

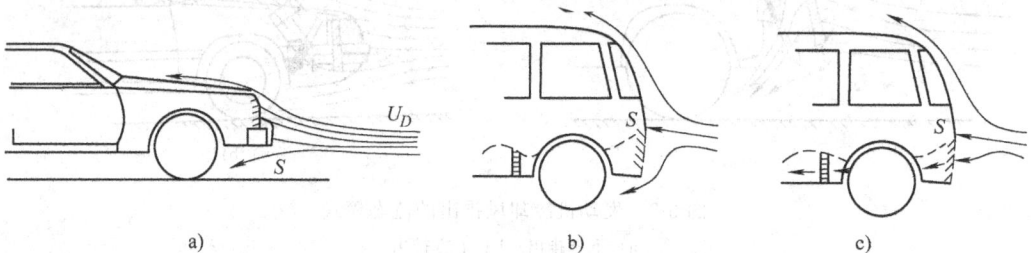

图 5-10 汽车前部冷却气流的流动

图 5-10a 的滞点 S 在格栅下方，冷却气流从散热器斜上方流入，散热器的格栅没有对气流流动形成干扰。图 5-10b 所示方案盲目地模仿了轿车的设计方法，滞点 S 在格栅下方，格栅的格子前倾，使冷却气流受到阻挡而不能顺畅地流入。如果将此方案改成图 5-10c，散热器的格栅后倾，使冷却气流易于向斜下方流动，格栅对冷却气流无干扰，其冷却性能大大改善。

为提高冷却系的性能，应满足散热器所需的风量，冷却气流出口处的压力系数要尽量地小。

图 5-11 为前阻风板的作用，加前阻风板不但可减小升力，还可使通过散热器中心的冷却风量增大。

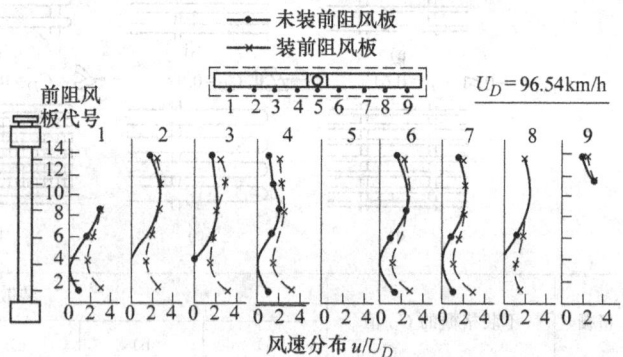

图 5-11 加前阻风板对散热器风速分布的影响

二、发动机冷却系性能的提高

1) 为进行发动机冷却系的最佳设计，应充分注意到在汽车行驶状态与息速状态下，冷却气流具有不同流态的问题。

2) 发动机冷却系的气流排出状态与空气动力特性，特别是升力系数 C_L 有密切的关系。

3) 为降低发动机冷却系的气动阻力系数 C_D，除降低冷却系各组成部分的 C_D 值外，还应进行整个冷却系的气动特性试验。

4) 应充分注意冷却系入口位置和滞点位置的关系，并注意散热器格栅形状的最佳设计。使高温气流尽早排出发动机室外，导入不经散热器直接冷却发动机橡胶部件、电器部件的低温冷却气流，是提高发动机冷却系性能的新课题。

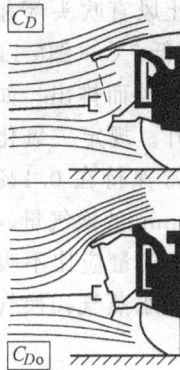

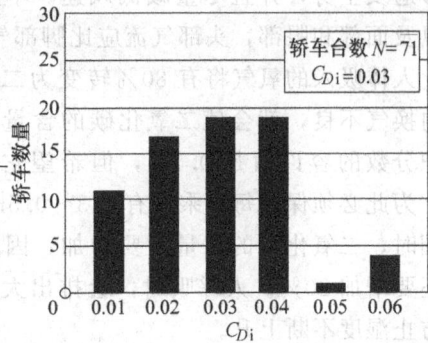

图 5-12　VW 测定的 71 台车的内部阻力系数 C_{Di}

5) 发动机冷却系的气动阻力是汽车气动阻力的主要来源之一，降低发动机冷却系的气动阻力，是降低汽车气动阻力的重要环节（图 5-12）。

第三节　驾驶室的通风特性

一、对车室环境舒适性的评价

为保证乘员的舒适性，车室内必须保证一定的温度、湿度以及空气的新鲜程度。对于舒适的温度条件，在夏季的感性评价常用美国气象局的不适指数：

$$不适指数＝（气温＋湿球温度）\times 0.42＋40.6$$

该指数若超过 80，则对大多数人来说是不舒适的。从生理观点上看，所谓"不适酷热"，就是意味着维持 36℃ 体温的多余热量不能充分散发。不适酷热将导致人的植物神经失调，使判断和操作机能迟钝。如果人在这种状态下驾驶汽车，则会使事故概率显著提高。

关于舒适温度的范围，英国的标准是冬季为 19~21℃，夏季为 21~22℃；日本标准是冬季舒适温度为 16~20℃、湿度为 55%~70%，夏季舒适温度为 19~23℃、湿度为 60%~75%。当温度一定时，降低湿度会使皮肤表面的汗加快蒸发，人便感到凉快，因此这也有一个湿度的要求。

舒适的温度分布，应是"头凉足热"，脚下左右部位的温度差尽量小（图 5-13）。

增大车内的风速，也会使人感到凉快些。人在 1m/s 的风速下，会觉得温度下降 1℃；如能形成 4m/s 的风，人就会觉得温度下降约 4℃。当环境温度低于皮肤温度时，若增加室温则同时亦应增加气流速度，这样才能使人有舒适感。在炎热的夏季，下吹气流对身体更舒服，吹向脑部的气流可达到 3m/s。虽然风

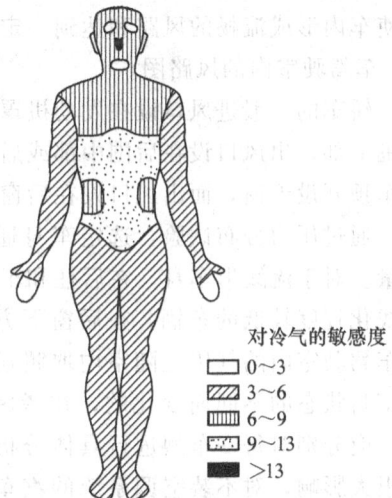

对冷气的敏感度
☐ 0~3
▨ 3~6
▥ 6~9
▦ 9~13
■ >13

图 5-13　人体各部对冷气的反应

可以增加人的舒适感，但并不希望过大的风速，因为它会使人体局部过度散热而感到难受，因此最好是使大风量冷却流能够遍及全身，并且尽量减低风速。不要让风直吹头部和喉部以及面部和眼部，头部气流应比脚部气流低 7℃（图5-14）。

人体吸入的氧气将有 80% 转变为二氧化碳而排出，如果车内换气不良，就会使二氧化碳的含量上升。规定二氧化碳体积分数的容许值是 0.5%，但希望它经常保持在 0.1% 以下，为此必须保证每个乘员有 $0.3\sim0.5m^3/min$ 的换气量。而吸烟时，二氧化碳的含量还要增加，因此换气量应比不吸烟时还要增加 20%。人呼吸时，会排出大量的水蒸气，换气也可防止湿度不断上升。

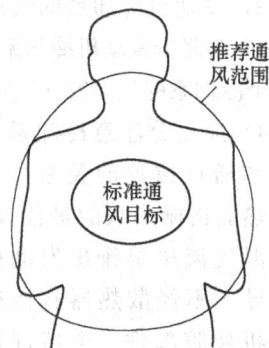

图 5-14　气流吹向身体的部位

二、保证车室环境舒适性的措施

1. 隔热层及空调系统

汽车车内的热源主要是发动机，关于发动机冷却系的空气动力特性分析已在第一节中详述。为防止发动机室的热辐射及热传递，驾驶室内应有较好的隔热层。

夏季的阳光会使车顶和车壁发烫导致车内温度升高。如果前风窗玻璃过于倾斜，阳光也易直射车内。为此，大部分汽车的车顶和车壁都有装饰层和隔热层，舒适性要求高一些的汽车都装有空调系统。

2. 设计良好的自然通风系统

设计良好的自然通风系统，对于不装人工空调系统的汽车来说更为重要，其设计依据是试验。汽车的散热、通风和空调试验通常都要在气候风洞或气候空调室内进行，这样就可模拟温度、湿度和阳光等自然环境。在普通的风洞中，可进行一般的通风试验。因为模型很难模拟汽车的真实结构，这种试验通常都用实车来进行。在典型的车速下，可以测定汽车的进气量和出气量，掌握车内的换气情况。同时还可测定车内的风速和风向，根据各处的风速和风向数据，绘制车内的流态图，从而分析进出气口的布置是否合理以及车内的气流状态。为了使车内形成流畅的风路和达到一定的换气量，一般在车壁上开有出气口。图 5-15 是 NJ—131 车驾驶室内的风路图。

轿车的一般进风口设在发动机罩后部，出风口设在后窗柱下部。货车的进风口一般设在前围上部，出风口设在后围中部或后门柱侧面。大客车的进风口常设在前围和前风窗上部及在车顶开设天窗，而出风口设在后窗柱上。

通过压力分布试验，选定车身通风进出口的位置及确定通风量。对于流线形车身，在后柱和车顶后端会出现大的负压力。流线化程度较低的车辆，在后窗下方会出现大的负压力。由于汽车驾驶室内的气压是随室内取暖通风装置、车门以及车窗四周密封状态的不同而变化的，在考虑进出口位置、大小、风量时，应分别对每一车型进行具体分析。车窗的开闭对车内通风有很大影响，对不装空调系统的汽车，应综合考虑各种因素进行通风系统的设计。

图 5-15　NJ—131 车驾驶室内的风路图（开窗情况下）

第六章　汽车空气动力噪声

第一节　流场中的声源

一、流场中声源的分类

正确地判断噪声源，并将其模型化，采取有利措施防止和降低噪声，是研究噪声问题的有效途径。

流场中声源的分类如下（图 6-1）。

1. 单极子声源

单极子声源可看做振动质量流量的点源，它是由纯放射状的运动压缩周围流体而发出声的声源。如果在点声源的中心放置小风船，则随着该处流量的增减，风船会伸缩，不论伸或缩，其都将发声。现实生活中可见到很多单极子声源，例如由于液体沸腾或其内部被破坏而向外膨胀，飞溅出很小的燃烧液滴；又如发动机排气管，其噪声的声波波长远远大于排气管的直径，可认为是单极子声源。

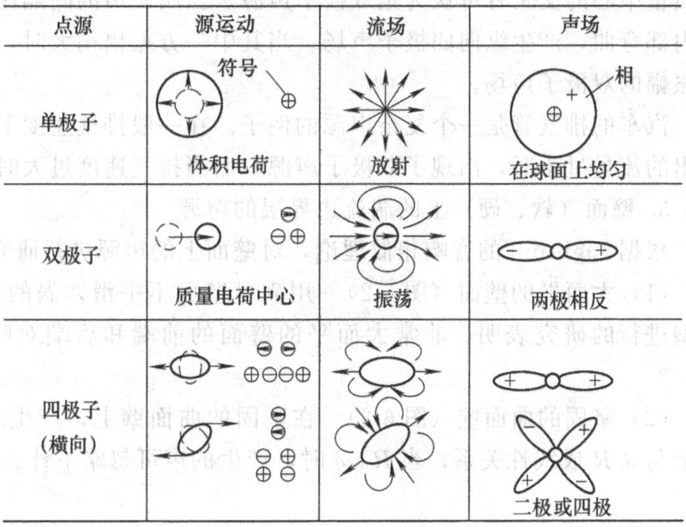

点源	源运动	流场	声场
单极子	符号 ⊕	放射	相 ⊕ 在球面上均匀
	体积电荷		
双极子	⊖ ⊕ ⊖	振荡	两极相反
	质量电荷中心		
四极子 （横向）	⊕ ⊖ ⊕ ⊖ ⊕ ⊖		二极或四极

图 6-1　流场中声源的分类

单极子声源的声压级与流场平均速度的 4 次方成比例，故速度增加 2 倍时，声压级增加 12dB；流场的面积增加 2 倍时，声压级增加 6dB。流场的平均流量与单极子的振动流量之比变化时，会对雷诺数产生影响。当声源振动的振幅增加 2 倍时，声压级增加 6dB；振动频率增加 2 倍时，声压级亦增加 6dB。

2. 双极子声源

双极子声源由两个很接近且相位差为 180°的单极子声源构成。这两个单极子声源向内部及向外部的流动相同，它们沿轴成放射状运动，具有声场的最大指向性。在与轴垂直的中心处，声压级为零。双极子声源的声压级与流场平均速度的 6 次方成比例，当速度增加 2 倍时，声压级增加 18dB；当流场的面积增加 2 倍时，声压级增加 6dB；当振动流量的振幅及频率增加 2 倍时，声压级分别增加 6dB。

3. 四极子声源

两个相位不同的双极子声源构成了四极子声源。由于轴的方向不同，四极子声源分为两种：横向四极子声源及纵向四极子声源。

现实存在的声源，大部分是四极子声源，特别是在高速状态下，四极子声源的比例更大。

四极子声源的声压级与流场平均速度的 8 次方成比例。当速度增加 2 倍时，声压级增加 24dB；当流场面积增加 2 倍时，声压级增加 6dB；当振动流量的振幅增加 2 倍时，声压级亦增加 6dB。

4. 实际存在的声源

现实存在的声源，多为各种声源的相位及时间交叉的特别集合体，大部分是双极子和四极子声源的集合体。

当研究噪声问题时，应首先判断噪声的种类及各噪声源间的相互作用。例如：两股围绕其质量中心的交叉音可认为是双极子声源。当两股声的间隔比波长小很多时，两股声场同时向内部弯曲，产生纵向四极子声场。当其中一方振幅稍大时，相位逐渐变化，产生了具有两倍振幅的双极子声场。

汽车的排气管是一个复杂声源的例子。在一般排气速度下，产生单极子声源；当排气管排出的流量过小时，出现了双极子声源；而当排气速度过大时，则出现四极子声源。

5. 壁面（软、硬）上的湍流边界层的声源

根据 Lighthill 的音响相似理论，对壁面上的声源进行研究。

(1) 大而平的壁面（图 6-2）　用满足壁面不平滑，涡的大小与边界层厚度大致相等的模型进行的研究表明：非常大而平的壁面的前端和后端对噪声的影响很小，可以忽略不计。

(2) 坚固的曲面壁（图 6-3）　在坚固的曲面壁上，产生双极子声源，其振幅在直线方向上与 δ/R 成线性关系，当 $R \gg \delta$ 时，产生的声可忽略不计。

图 6-2　大而平的壁面　　　　　　　　　　图 6-3　坚固的曲面壁

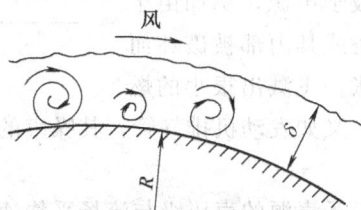

(3) 凸凹的壁面（图 6-4）　在凸凹的壁面上，当不考虑粘性（无分离状态）时，放射的声场与双极子声源相同。由于双极子声源的对称性，垂直于平均流的放射声 x_2 互相抵消为零，而 x_2 方向放射的双极子声源以及由它产生的 x_1 方向的振幅在凸凹部倍增。

另外，在凸凹部产生分离时，粘性是不可忽略的，流场激烈的振动会产生四极子声源。

(4) 表面处理过的壁面（图 6-5）　表面处理过的壁面不仅产生单极子声源，同时出现双极子、四极子声源。例如：在莫泊数为 0.3 的空气中，放置厚 3mm 的铝板，此时的声源除四极子声源外，不可忽视单极子和双极子声源。在莫泊数为 0.015 的水中放置厚 10mm 的铁板，与在空气中相比，其单极子声源强于四极子声源。由于单极子声源与压力呈线性关

系，所以单极子声源是不可忽视的。

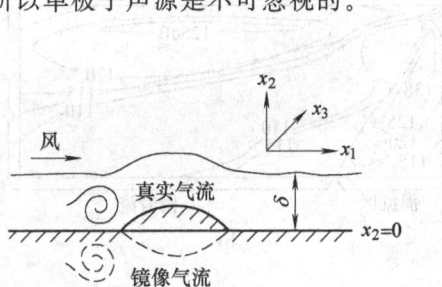

图 6-4　凹凸的壁面

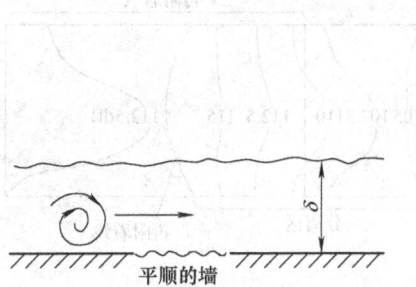

图 6-5　表面处理过的壁面

二、流场的状态与气动噪声

在流场中，由于气流分离而产生气动噪声。图 6-6 为用一个立方体进行试验分析的例子。图 6-7 为在表面埋声级计的方法。

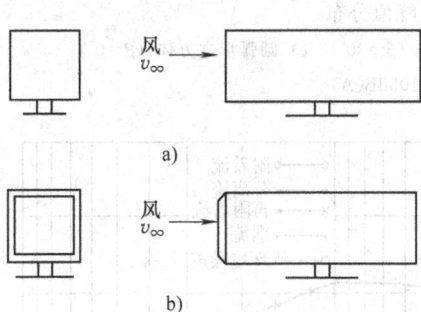

图 6-6　立方体的试验
a）棱角的立方体　b）前端圆化立方体

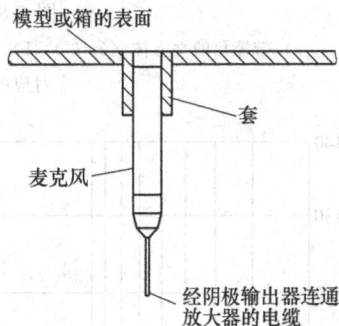

图 6-7　表面埋声级计的方法

如图 6-6 所示，当前端为圆角时，立方体表面产生附着流；当前端为尖角时，气流出现二维分离；当来流自斜方吹来时，立方体产生三维分离涡。图 6-8 为表面声压级在 500～1500Hz 以下的峰值的等值线图。表 6-1 为各主要流动状态下的最大声压级和频率范围。图 6-9 为各种流场的平均噪声分布。

表 6-1　各主要流动状态下的最大声压级和频率范围

流　态	最大声压级/dB(A)	频率范围/Hz
全附着流	111	800～1200
前端分离	108	400～500
再附着区	110	300～600
涡流区	130	500～800

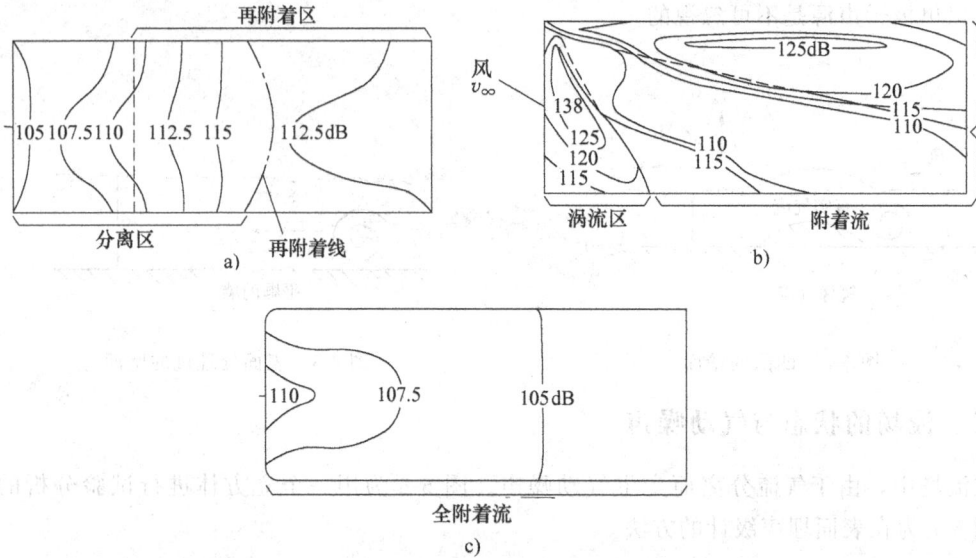

图 6-8 表面声压级峰值分布

a）带棱角的立方体（$\beta=0°$） b）带棱角的立方体（$\beta=30°$） c）圆弧形立方体（$\beta=0°$）

对应的环境噪声 $L_p=105\text{dB(A)}$

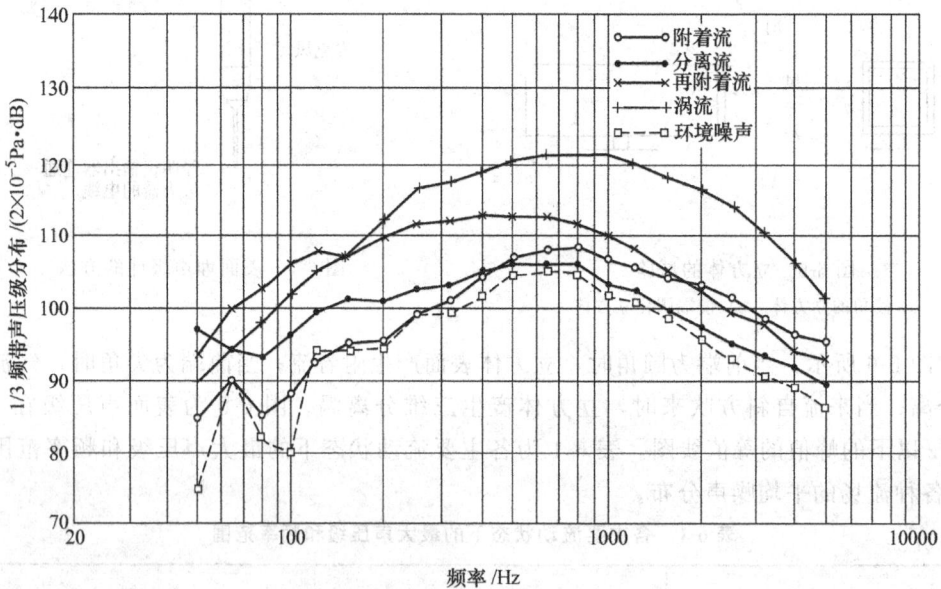

图 6-9 各种流场的平均噪声分布

根据试验分析，各种流场的气动噪声状况如下：

1）涡流区的声压高于附着流内的声压级 15～20dB。

2）简单地把方形立方体前端外形改成圆弧形，可使噪声明显降低。

3）在频率为 350～1000Hz 的涡流处声压级最高，其次是再附着流处，再次是分离区。在各处附着流区，声压级下降。后两者的暗噪声很难区别，但在 50～500Hz 的低频域，分离区的噪声变高。

4）图 6-8a 所示的状态下，前端部的分离区域内越接近尾流区，噪声越大。在逆流区和再附着流生成区，噪声最大；尾流区的噪声比逆流和再附着区小。

5）方形立方体有强涡流生成区，噪声非常大。

6）在气流再附着区，越接近上流，噪声越大，这是由于上流流速大所致。

7）图 6-10、图 6-11、图 6-12 为图 6-6 所示的供试体周围的流动模式图。

图 6-10　带棱角的立方体气流流动模式图 1

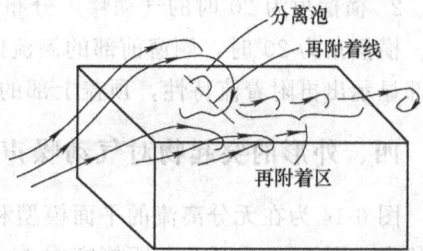

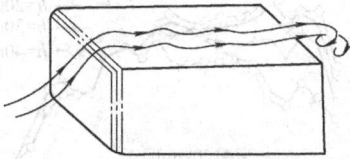

图 6-11　圆弧形立方体气流流动模式图

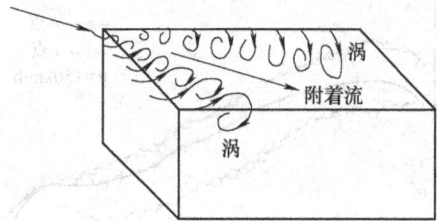

图 6-12　带棱角的立方体气流流动模式图 2

三、汽车的气动噪声分布情况

1. 横摆角为 30°时的气动噪声分布情况

横摆角为 30°时，轿车的侧方和后窗的噪声分布如图 6-13 所示，对此状态与箱状物的噪声分布比较如下：

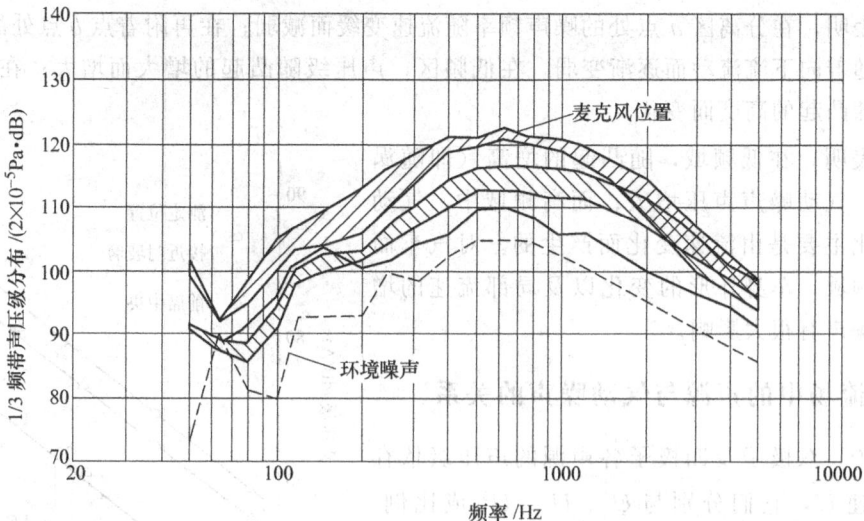

图 6-13　轿车模型侧方和后窗的噪声分布（横摆角为 30°）

1）侧窗前部的涡流区与箱状物体相同，侧窗后部与高频涡流区相似，低频区与再附着区相近。

2）后窗表面的噪声分布与箱状物的分离区相近。

2. 横摆角为 20°时的气动噪声分布情况

横摆角为 20°时，侧窗前部的涡流区与箱状物相同，侧窗中部显示出附着流特性，侧窗后部显示出再附着流特性，顶盖上部的噪声分布与附着流区相似。

四、外形的突起物对气动噪声的影响

图 6-14 为无分离流的平面模型和翼型模型上设置各种高度的凸起来测定声压级的变动状态。图 6-15 为从凸起距侧窗内 50mm 处测定的风噪声。试验表明，在主流方向各点的声压级几乎相同。

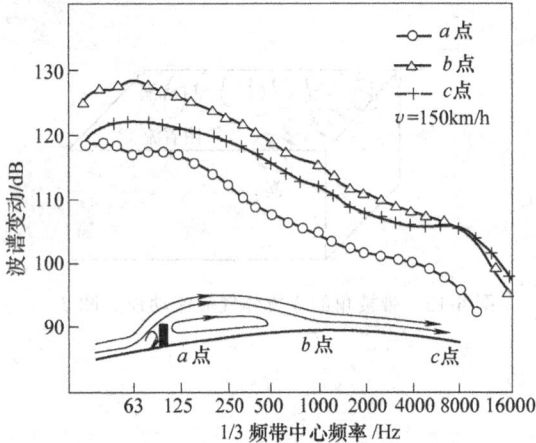

图 6-14　分离流内 3 点声压级的变化（距凸起位置 150mm、450 mm、750mm 下流的各点）

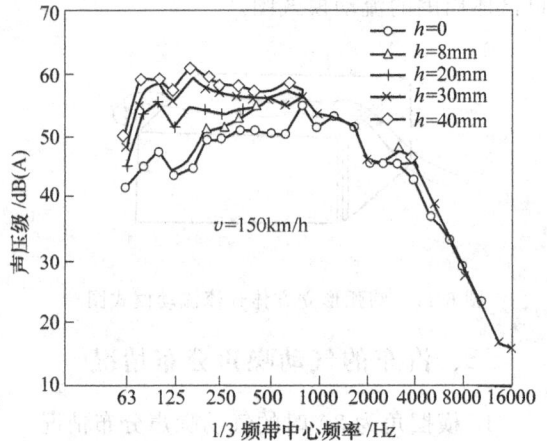

图 6-15　由凸起高度引起的风噪声变化（凸起距侧窗内 50mm 处）

试验表明，在分离区 a 点处的噪声频率随流速变缓而减弱；在再附着点 b 点处的声压级最强，并随着向下流流动而逐渐变弱。在低频区，声压级随凸起的增大而增大；在高频区，声压级不随凸起的高度而变化。

试验表明，在低频域，随凸起的增高（即随涡流的增大）气动噪声声压增大；而高频域中，气动噪声的变化主要是由流速变化而产生的。对汽车而言，在高频域，车身外形的变化以及局部流速的增大对气动噪声有很大影响。

五、流场中的声源与气动噪声的关系

单极子、双极子及四极子各声源的声压级依存于平均风速 U，它们分别与 U^4、U^6、U^8 成比例。图 6-16 是在风洞中测定转向盘位置附近的声压级与车速（风速）关系的试验范例。试验表明，声压级与车速的 5.6 次方成比例，而声源为双极子声源。

图 6-17 为前柱与门玻璃之间有沟槽的车辆的车速与气动噪声的关系的试验结果。这种情况下的尖

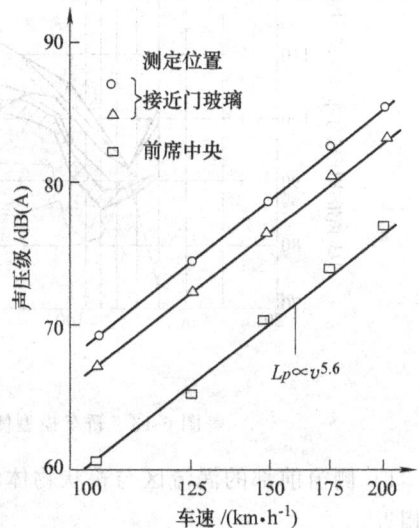

图 6-16　风噪声的车速特性

叫声及空腔共鸣声为单极子声，声压级与车速的 3.6 次方成比例。

　　图 6-18 表明由于车身外板间隙形成大的吸出声的声压级与车速的关系。车速在 150km/h 以下时，声压级与车速的 5.6 次方成比例，随车速在此之上继续增加，声压级急骤增加；在高速域中，吸出声为四极子声。

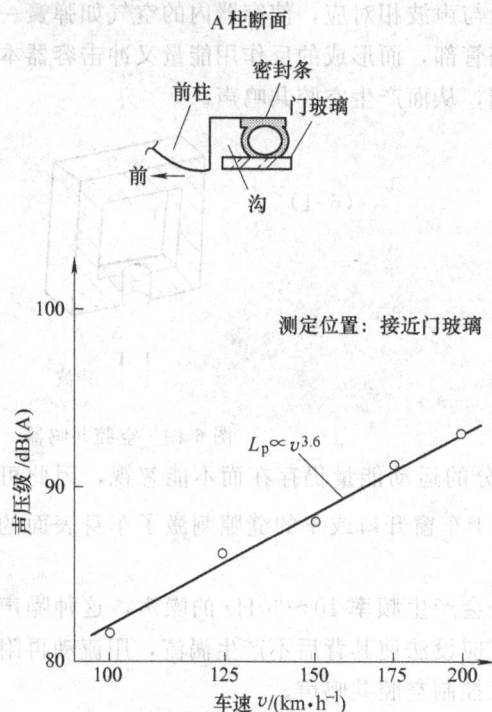

图 6-17　有沟槽情况下的风噪声车速特性　　　图 6-18　有大的吸出声情况下的风噪声车速特性

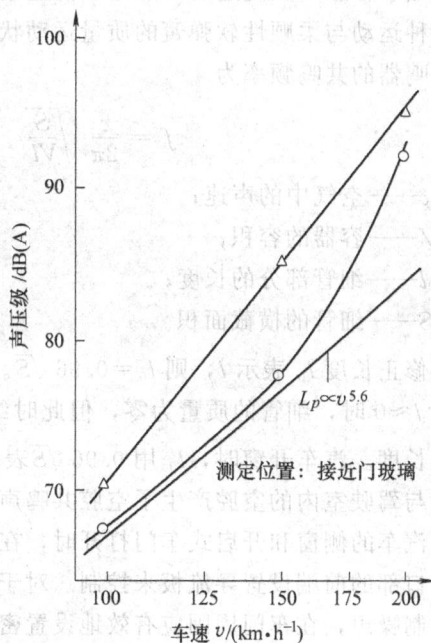

第二节　汽车气动噪声分析

一、汽车气动噪声的定义与分类

行驶中的汽车由于其周围的风而产生的噪声称为气动噪声。

气动噪声分类如下：

（1）风噪声　由于车身周围的气流分离致使其压力变动而产生的噪声。

（2）吸出声（风漏声）　由于驾驶室及车身缝隙吸气与车身周围气流的相互作用而产生的噪声（窗开口除外）。

（3）其他噪声

1）由开窗或窗开口引起的噪声；

2）尖叫声；

3）风扇噪声；

4）导管、通气管及水管等管系噪声；

5）天线、刮水器、后视镜及扰流器等车身附件振动引起的噪声。

二、空腔共鸣与窗开口共鸣声

空腔共鸣器是如图 6-19 所示以细管与外部相通的有一定容积的容器。它本身有一定刚度，不因声波变动而变形。共鸣器的各部分尺寸与入射波的波长相比应非常小。当外部声源发出的声波到达细管开口处时，细管内的空气开始与声波相对应，使容器内的空气如弹簧一样被压缩、膨胀，反复运动，其运动能量集中于细管部，而形成的反作用能量又冲击容器本身。这种运动与柔顺性软弹簧的质量运动状态相同，从而产生空腔共鸣声。

共鸣器的共鸣频率为

$$f = \frac{c}{2\pi} \sqrt{\frac{S}{Vl}} \qquad (6-1)$$

式中　c——空气中的声速；

V——容器的容积；

l——细管部分的长度；

S——细管的横截面积。

用修正长度 l_0 表示 l，则 $l_0 = 0.96\sqrt{S}$。

图 6-19　空腔共鸣器

当 $l \approx 0$ 时，细管的质量为零，但此时细管部分的运动能量仍存在而不能忽视，因此可用修正长度。汽车开窗时，l_0 用 $0.96\sqrt{S}$ 表示。由于车窗开口或车的缝隙刺激了车身表面的涡列，与驾驶室内的空腔产生了空腔共鸣声。

当汽车的侧窗和开启式车门打开时，在开口处会产生频率 $10 \sim 50\text{Hz}$ 的噪声，这种噪声可在开口部的前端设置导流板来控制。对于开放流应设法使其背后不产生涡流，用流动再附着来控制噪声，在车门周围应有效地设置密封条来控制空腔共鸣声。

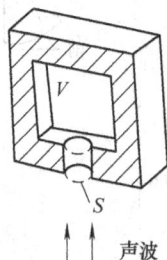

三、尖叫声

把一个尖楔状的物体放在从细缝中排出的气流的后部，由于细缝排出的气流在尾流区形成涡列，这种涡受到楔状物很强的影响，致使流场的压力产生很大的变动而发出强声，称尖叫声。当汽车开窗时，汽车的 A 柱和 B 柱会产生尖叫声。

四、风扇噪声

风扇是发动机室内较大的噪声源。由散热器格栅吸入的冷却气流，经散热器吸入（称风上游），从发动机间隙排出。风扇噪声与风上游及尾流特性密切相关，具体说明如下：

（1）风扇的外形　应尽量降低风扇本体的阻力系数。在设计风扇外形时，应尽量缩小风扇叶片尖端的间隙；注意使叶片角度及叶片弯曲度最佳化（叶片的弯曲度达某一临界值之上时，效率会急骤恶化，噪声也会升高）；叶片的弦长应最佳化，在叶片数一定的情况下，翼端弦长增加，效率几乎不变，但噪声却大大降低。

（2）减小风上游的湍流度　应消除风扇与周围物体（支柱或静翼）的干涉。当冷却系处于强制冷却状态，风扇工作时会产生大的风量，而来自发动机的高温使风扇背部压力增至很大，易于在风上游形成湍流，应该防止这一循环流。

（3）应降低风扇叶尖处及缝隙处产生的强噪声。

（4）风扇设计　根据上述原则，在大量试验的基础上，对风扇系统的设计提出以下具体要求：

1) 在尽量增大翼端附近的弦长的前提下，确定风扇的直径、弦长。

2) 在尽量减小散热器叶片间隙的前提下，确定散热器罩的外形尺寸。

3) 尽量降低散热器的位置，使流入散热器的风与散热器面罩成直角，散热器的上下位置、倾斜角度应为最佳。

4) 尽量减小散热器周围的间隙。

5) 合理选择发动机冷却系风出口的位置和大小。出口多设在前轮罩内及车身下部。

6) 合理选择发动机冷却系风入口的位置和大小。由于行驶风主要从保险杠和前围的入口流入，易引起诱导风，应尽量增大保险杠上部、格栅、前围上部的风流入口。

7) 注意格栅或支柱等部件外形的流线形化，使流入风湍流减小。

8) 设计发动机冷却系风路时，应使通过发动机高温部的热风尽早排除。为降低气动噪声，应使风在发动机室内充分减速后，再排出车外。

9) 尽量确保风扇后部的间隙，但应注意 FR 车与 FF 车不同。对于 FR 车（图 6-20），应在外形设计时，注意发动机前端尖角的圆化。对于 FF 车，由于发动机横置，形成与气流垂直的壁，为确保冷却效果，多在风扇与发动机本体间开孔。在这种情况下，通过风扇的冷却流大部分流出，而不是在发动机周围循环（图 6-21），在发动机背后形成诱导风，增加冷却效果。

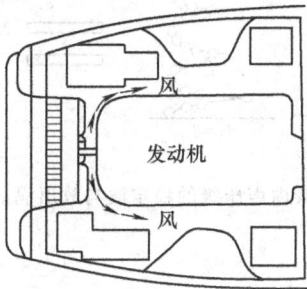

图 6-20 FR 车发动机室内流动模式图　　　图 6-21 FF 车发动机室内流动模式图

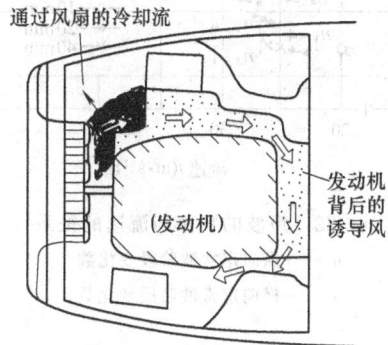

10) 在测量冷却性能及噪声状况的同时进行风扇设计，确定叶片角度、叶片弯曲度以及风扇罩的形状。

五、管系噪声

1. 管系噪声的形成

当管内有气流并且气流出现涡流或管壁振动（特别在管的弯曲部、阀门、分支、断面变化处）时，会产生噪声。这种噪声随气流流速的增加而急骤增大。

2. 管系噪声的计算式

管系出口发出噪声的声功率级 L_w(dB) 为

$$L_w = 10\lg(100A_c) + a\lg v_c + b \tag{6-2}$$

式中 A_c——气流出口中心面积（m²）；

v_c——出口处的气流速度（m/s）；

$a、b$——根据管系形式确定的常数。

当给出出口声功率级 L_W 和风的体积流量 q_{v0}（$q_{v0}=A_c v_c$，单位：m^3/s）时，可根据出口风速 v_c 确定体积流量 q_{v0} 及出口中心面积 A_c。

3. 降低管系噪声的途径

降低通过管系的风速、减小管壁的振动是降低管系噪声的主要途径。为降低管系风速，应尽量增大管系断面积；为防止在风入口处产生透过声，在汽车前风窗处还应设置冷却风入口。

热交换器的管群并排放置时，会发出强噪声。这是由于物体尾流区的涡与管内相对壁面的定常波声场相结合，构成流体、声响共鸣而发出强噪声，该声的特征如图 6-22 所示。随流速的增加，声波的频率呈阶梯状增大，因此应避免这种管系排列的设计（图 6-23）。管的排列不是平行放置，其尾涡为同相位和逆相位的两种模型，可使噪声降低。

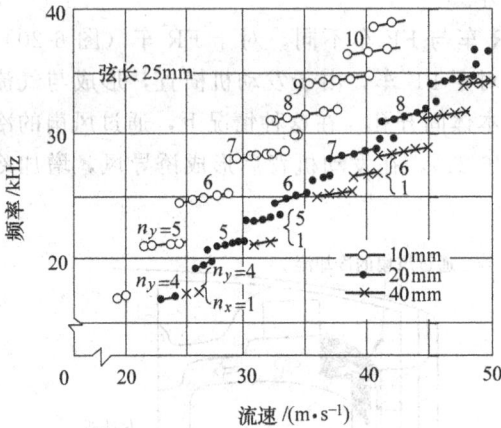

图 6-22　声波的频率与流速的关系

n_y——纵向定常波阶段变化数

n_x——横向定常波阶段变化数

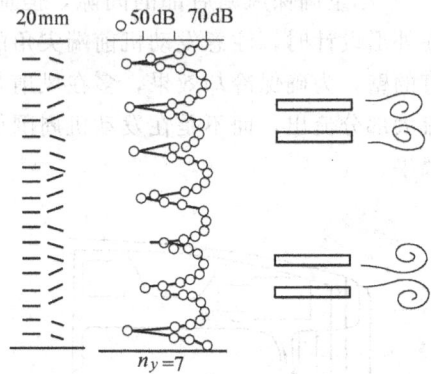

图 6-23　管内声压级的稳定波与放出涡的状态

第三节　汽车周围的流场与汽车的气动噪声

一、汽车的外部流场

1. 侧风作用下的外部流场

汽车在有侧风的状态下行驶，受到来自斜前方的合成风的作用，在 A 柱后方、侧面玻璃位置有很强的分离涡和再附着流，由此产生数十赫兹以下和数百赫兹以上频率很强的气动噪声。在发动机罩前端、后柱周围及行李箱尾部出现与 A 柱后方同样的流动，就会产生强噪声。

2. 发动机罩前端

由于发动机罩的侧部和上部出现气流分离，所以会产生数百赫兹以下振动频率的气动噪声。当发动机罩下面有间隙时，通过间隙又发出噪声。

3. 前风窗框

吹向前风窗框周围的气流，流向顶盖和侧窗（前柱后方）两个方向。流向顶盖的气流在顶盖前端部形成涡流，产生气动噪声；流向侧窗的气流，在 A 柱分离，在其后部的侧窗玻璃上产生很强的定常涡和再附着流，从而产生很强的气动噪声。

由于气动设计的最佳化，前风窗框问题较少，但对车门后视镜的气动噪声仍是应引起注意的问题。

4. 汽车侧面及后窗周围

由于 B、C 柱及凸凹部位的设计不佳，可能导致产生气动噪声。其原因是通过 A 柱、顶盖的气流流向侧面和后窗玻璃时，遇到了外形凸凹的撞击，在侧面玻璃上出现一些较小的涡，从而产生气动噪声。

顶盖后端的分离流形成很强的涡，产生很强的气动噪声。为降低此部位的噪声，应注意车身的密封性。

5. 轮罩下部

轮罩下部的凸凹导致气流分离形成涡，产生较低频率域的气动噪声。轮罩内车轮回转的诱起风以及发动机室排出的风的噪声，是轮罩下部的噪声产生的主要原因。

轮胎噪声在轮罩内的反响、排气管的排气噪声以及车身下部产生的各种噪声，是今后研究的课题。

二、汽车的内部流场

1. 换气口

一般在前风窗下发动机罩后部设置气流入口，而在车门内或后柱处设置气流出口。由于上述气流入口、出口与驾驶室内的气流开口部的连接形状不当，会导致乘员位置附近产生高频气动噪声。由于气流入口和出口处不平滑（有凸凹），由外部湍流而产生涡流。在气流出口处，管的断面积过小可导致高速气流产生涡流，从而产生气动噪声。

2. 发动机室内

发动机室产生的气动噪声主要是由气流入口（水箱面罩、保险杠以及前围下部的气流入口）、散热器、风扇以及发动机部件的间隙、气流排出口产生，而其中风扇是最大的噪声源。风扇噪声受到流入风的性质、状态和周围物体很大的影响，因此为降低风扇噪声，除考虑风扇本体外，还应考虑散热器及其周围部件的干涉。

由出口排出的冷却风，有时也成为气动噪声的主要因素，它取决于出口的位置、前阻风板的形状。图 6-24 为车内噪声产生和传递的方式。

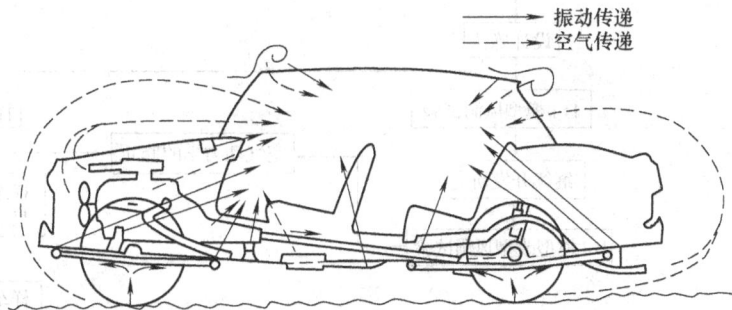

图 6-24　车内噪声的产生和传递的方式

第七章 汽车空气动力学试验

第一节 汽车空气动力学试验技术概述

一、汽车空气动力学试验及其作用

风洞试验是汽车空气动力学研究的重要手段。国外大型汽车制造公司，不惜耗费巨资建造大尺寸专用汽车试验风洞，以其作为开发高性能汽车的重要手段。图 7-1 为 Audi100C$_3$ 汽车设计过程中的空气动力学试验程序。

汽车空气动力学试验技术主要指该试验的基本理论、试验设备、试验方法、试验数据修

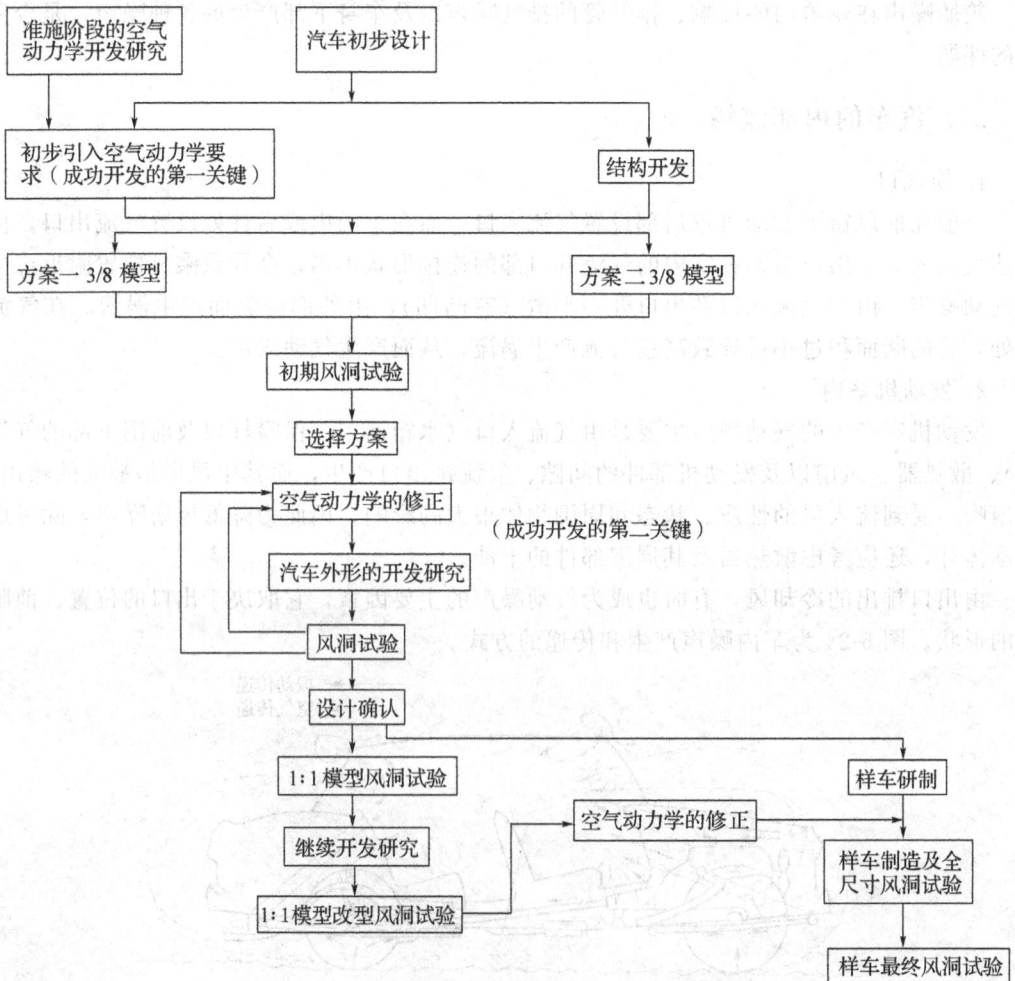

图 7-1 汽车设计过程中的空气动力学试验程序

正技术及试验数据处理技术。

汽车空气动力学试验有如下两方面的重要作用：

1）由于绕汽车周围的流场极其复杂，空气动力学的研究总是离不开试验，它要通过试验揭示出流动的本质。图7-2表示汽车周围及内部的空气流动与汽车性能的关系。

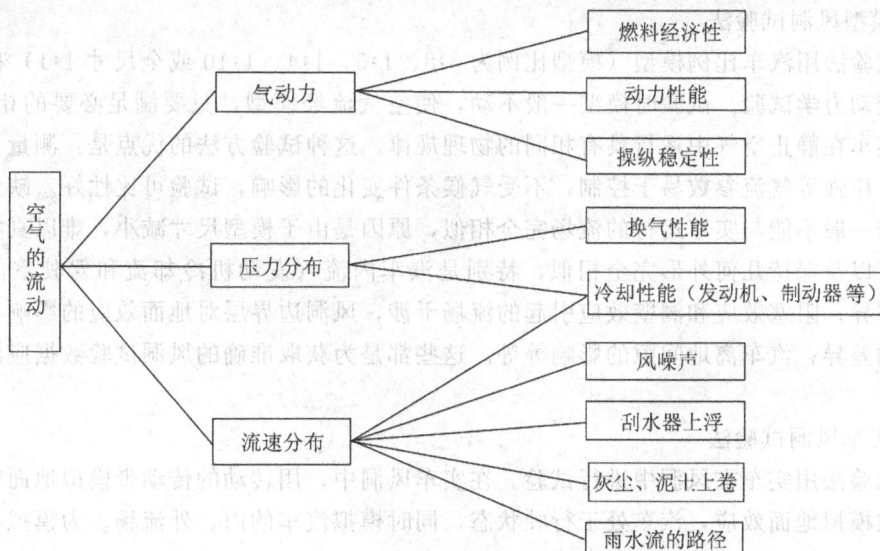

图7-2　汽车周围及内部的空气流动与汽车性能的关系

在汽车设计的初始阶段，为选择最佳气动外形，必须进行缩尺模型和全尺寸模型的风洞试验。在样车定型前还要进行实车空气动力试验，以提供空气动力特性数据。

2）验证汽车空气动力学理论分析和计算结果。在汽车空气动力学理论分析和计算中，一般首先对所研究的现象进行必要的简化，进而建立和求解方程，最后得出公式和数据形式的结论。理论分析和结论都是借助试验来验证的。

二、汽车空气动力学试验的内容

1）明确试验目的，并论证试验的理论根据。

2）确定试验中哪些参数必须模拟，哪些参数可以不模拟。

3）确定试验的原始变量、应测的参量、测量的精度要求及测量的重复次数，预测试验结果的数量级。

4）确定各试验条件下应采集的数据点。要求数据点有足够的数量，且密度分布适当，同时还要尽可能少些。

5）确定应进行修正的试验数据，明确修正的原理及方法。

6）正确选择试验仪器、设备，并根据试验需要研制专用的试验仪器、设备，校准并确定全部试验仪器的基本性能。

7）设计试验用的汽车模型，提出制造、检验和安装试验模型的技术要求。

8）制定试验大纲和试验计划。

9）处理试验中出现的技术问题，保证试验质量。

10）分析试验前后可能遇到的各种不安全因素，并采取必要的安全措施。

11）对试验数据进行修正和处理，进而对试验结果进行分析，撰写试验报告。

三、汽车空气动力学试验的基本方法

（一）汽车空气动力学试验的基本方法分类

1. 模型风洞试验法

该试验法用汽车比例模型（模型比例为 3:8、1:5、1:4、1:10 或全尺寸 1:1）在风洞中进行空气动力学试验。试验时模型一般不动，使空气流经模型，只要满足必要的相似条件，这就与实车在静止空气中运行具有相同的物理规律。这种试验方法的优点是：测量方便，诸如速度、压强等气流参数易于控制，不受气候条件变化的影响，试验可比性好。缺点是：试验的流场一般不能与实车运行的流场完全相似，原因是由于模型尺寸减小，难以真实地模拟表面细节以及保持几何外形完全相似，特别是汽车内流（发动机冷却流和驾驶室内空调气流）的差异；阻塞效应和洞壁效应引起的流场干涉，风洞边界层对地面效应的影响；车轮转与不转的差异；汽车离地间隙的影响等等。这些都是为获取准确的风洞试验数据应注意的问题。

2. 实车风洞试验法

该试验法用实车在风洞中进行试验。在实车风洞中，用转动的传动带模拟地面效应，或设置转鼓模拟地面效应，汽车处于行驶状态，同时模拟汽车的内、外流场。为模拟各种自然条件，如下雨、结冰、温度、湿度、风力等的变化，采用全天候实车风洞。

3. 实车道路试验法

该试验法用实车在试车场进行试验，包括实车气动阻力测定、实车流态显示、实车气动噪声、实车发动机冷却以及实车驾驶室内空调等的试验，还有用侧风发生器进行侧风稳定性试验等等。

（二）风洞试验法

汽车风洞试验法分为定性、定量两种类型。定性和定量分析相结合，是汽车空气动力学研究的有效方法（图 7-3）。

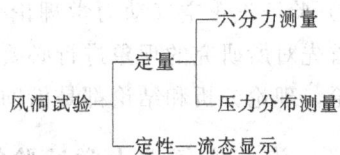

图 7-3　汽车风洞试验的定性、定量法

风洞试验主要有以下几种测量方法和试验项目。

1. 天平测力法

天平测力法是风洞试验中最主要、最常用的方法。该方法是使用空气动力天平测量作用在模型上的空气动力，即测量空间直角坐标系中沿三个坐标轴的作用力和绕三个坐标轴的作用力矩。试验时，可以对六个分量全测，也可以测一个或几个分量。直角坐标系见图2-1。

利用这种方法进行汽车最小阻力试验，方法是使风洞的风速在几米/秒至几十米/秒之间变化，以轴距为特征长度，改变雷诺数，测试纵向阻力，计算最小阻力系数，见图 7-4。

2. 流态显示法

流态显示法是汽车空气动力学试验的主要方法之一，对汽车造型分析及建立供理论研究用的简化模型有很大帮助。常用的方法有丝线法、烟流法及油膜法等，目前采用的新技术是激光流态显示法。用流态显示试验对汽车空气动力特性进行定性分析。

3. 流场测量法

流场测量法一是用来测量风洞内流场的气流参数，如流速、流向、压强、湍流度和温度等；二是用来校测风洞流场，即测量空风洞（无模型）时，试验段各点的流场气流参数，以判断流场是否符合要求；三是用来测量模型绕流流场中气流参数的分布状况，如模型的尾流测量等。

4. 汽车性能试验

在风洞中进行的风洞试验项目：

1）用发烟器发烟，根据烟流的流入量测定实际车辆的冷却风量。

2）发动机冷却系空气动力特性试验。

3）刮水器上浮试验。

4）风噪声试验。根据风噪声与气流的流动，特别是涡流的相关性，用热线风速仪测量车身周围的风速和涡流的振动，以考察车身周围的涡流特性，或者用声级计测定各部位的噪声。

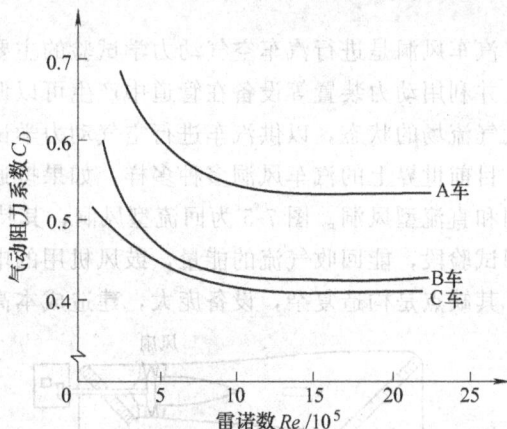

图 7-4　最小阻力系数测定

5. 驾驶室通风、换气试验

通过流态显示确定空气流的入口、出口位置、大小以及气流特性并检查气流的成分。

6. 空调试验

进行驾驶室内的气温、湿度等调节的试验。

7. 环境试验

在风洞中再现风、气温、湿度、日光照射、雨、雪等自然条件，为开发在自然环境下的舒适、安全及无公害的高性能汽车提供依据。

8. 其他试验

（1）热害试验　对被汽车发动机等热源导热的零、部件进行试验。

（2）气密试验　进行驾驶室除通风换气外的内部空气的泄出试验。

（3）车窗玻璃振动试验　对由于空气振动而引起的车窗玻璃振动状况进行试验。

（4）车身板件的振动试验　因气流分离引起车身外板振动的试验。

第二节　汽车风洞试验

一、汽车风洞试验的目的

汽车风洞试验的目的在于得到准确反映汽车行驶状态时的空气动力特性数据。汽车风洞试验主要研究下述四方面问题：

1）研究汽车空气动力特性，包括汽车的气动阻力特性和操纵稳定性等，亦即通过风洞试验研究汽车的流场作用在汽车上的力和力矩。

2）通过对汽车表面的压力分布与流场性能的分析，研究汽车各部位的流场。例如，雨水流动的路径、污垢附着的作用原理、风噪声、车身覆盖件的颤振、风窗玻璃上的作用力及刮水器上浮等。

3）发动机冷却气流的进气和排气特性。

4）驾驶室内的通风、取暖及噪声等特性。

二、汽车风洞及其试验

汽车风洞是进行汽车空气动力学试验的主要设备，它实际上是一个按一定要求建造的管道，并利用动力装置等设备在管道中产生可以调节的气流，使风洞试验段能够模拟或基本模拟大气流场的状态，以供汽车进行空气动力学试验。

目前世界上的汽车风洞多种多样，如果按通过试验段气流循环形式来分，可分为回流型风洞和直流型风洞。图 7-5 为回流型风洞，其特点是，通过试验段的气流经循环系统可以再返回试验段，能回收气流的能量，鼓风机用的电动机功率小，并能保持恒定的空气温度和湿度；其缺点是构造复杂，设备庞大，建造成本高。

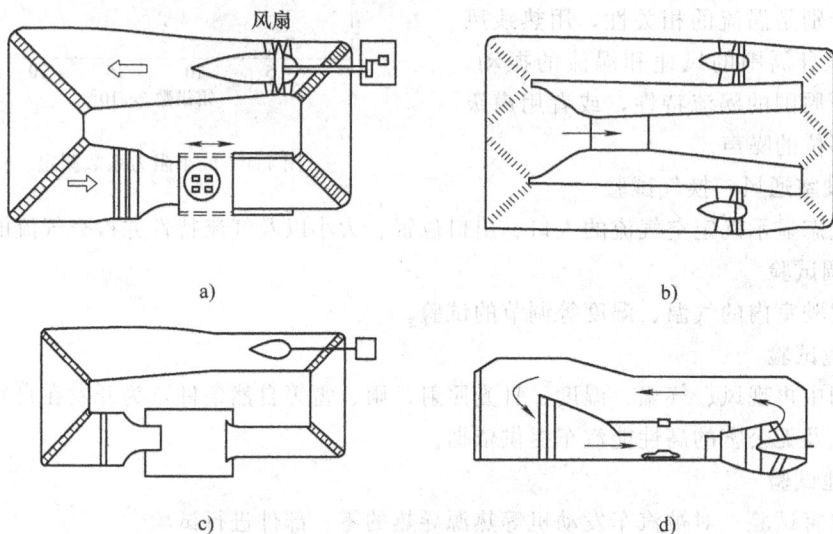

风扇

a)

b)

c)

d)

图 7-5 回流型风洞

图 7-6 为直流型风洞，其特点是，把通过试验段的气流排至风洞外部。这种风洞设备简单，成本低；其缺点是电动机功率大，空气温度难以保持恒定，流场品质易受外界的干扰。直流型风洞又分为吸入型和吹出型风洞，前者的鼓风机设置在风洞的试验段下游，后者的鼓风机设置在风洞试验段上游。直流型风洞一般设置自然风消除装置，如图 7-7 所示。

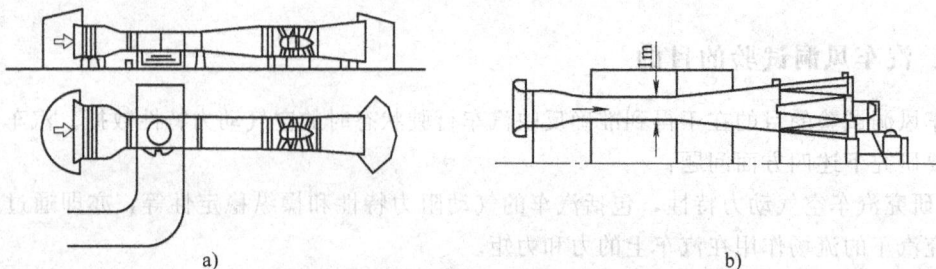

1m

a)

b)

图 7-6 直流型风洞

按试验段的形式可分为开式风洞、闭式风洞及半开式风洞，如图 7-8 所示。

若按试验段尺寸分类，可分为试验段尺寸几十毫米的微型低速风洞、试验段尺寸为 $1\sim1.5m$ 的小型低速风洞、试验段尺寸为 $2\sim4m$ 的中型低速风洞以及试验段尺寸在 8m 以上的大型低速风洞（由于这种风洞可进行实车试验，又称全尺寸风洞或实车风洞）。

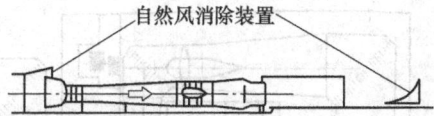

图 7-7　直流型风洞的自然风消除装置

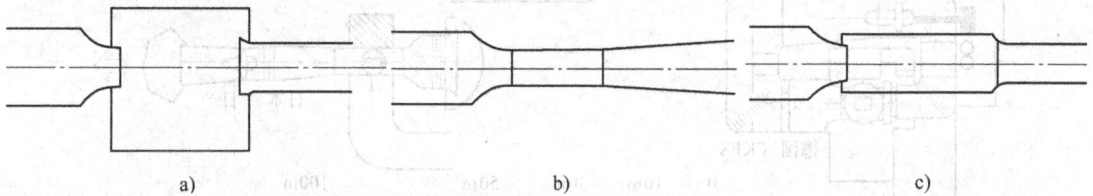

图 7-8　风洞试验段形式

a) 开式　b) 闭式　c) 半开式

如果根据试验段出口横截面积 S 和最大风速 U_{max} 分类，可将汽车风洞大致分为三类：即 $S_1=1.5\sim6.0m^2$、$U_{max1}=20\sim70m/s$ 的 A 组，这类风洞主要用于汽车模型空气动力试验；$S_2=10\sim22m^2$、$U_{max2}=33\sim57m/s$ 的 B 组，这类风洞主要用于小型汽车的实车空气动力试验；$S_3=30\sim38m^2$、$U_{max3}=25\sim75m/s$ 的 C 组，这类风洞多为综合性风洞。图 7-9 为世界汽车风洞的分类，图 7-10 为典型的汽车风洞，图 7-11 为平尼法利纳风洞简图。

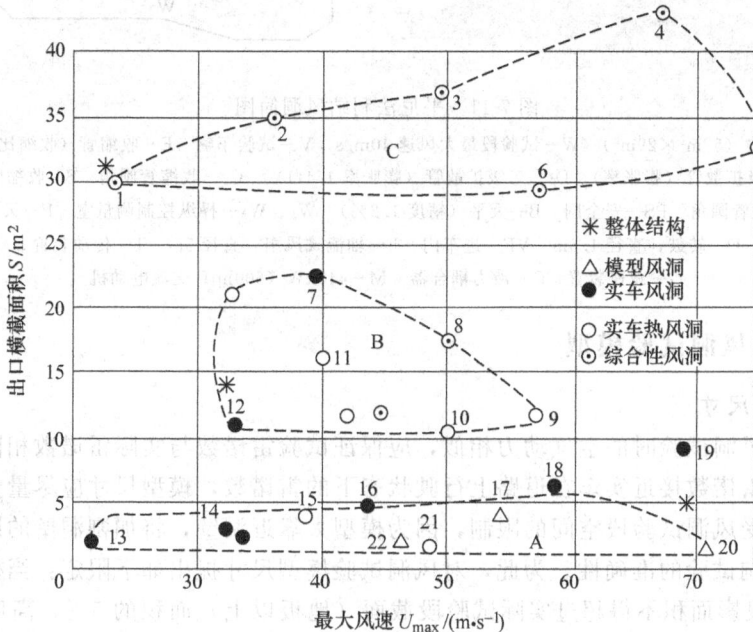

图 7-9　世界汽车风洞的分类

1—JARIE(1200)　2—MIRA(980)　3—VW. G(2600)　4—GM. G(2240)　5—Benz(4000)　6—Fiat. G(1800)

7—Ford. G(1500)　8—Toyota. G(1500)　9—JARI. E(1200)　10—Fiat. G(500)　11—Pinifarina(625)

12—Volvo. G(500)　13—Toyota. G(75、110)　14—Toyota. G(375)　15—Benz. G(211)　16—Chrysler. G(444)

17—Volvo. G(500)　18—Toyota. G(720)　19—GM. G(600)　20—Benz　21—Porsche. G(160)

22—MIRA. E(37)　（圆括弧中数字为所用电动机功率，单位为 kW）

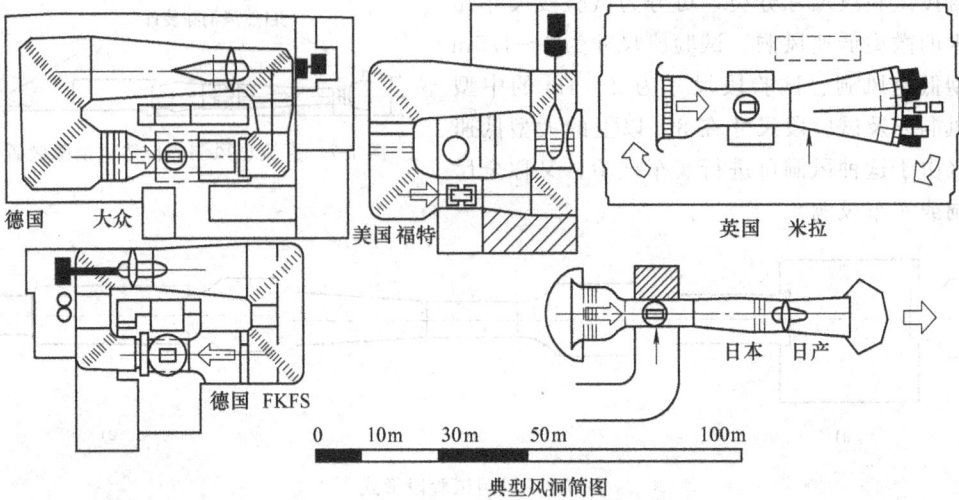

图 7-10　典型的汽车风洞

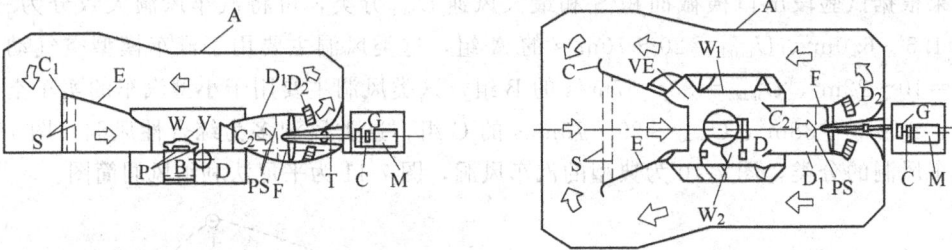

图 7-11　平尼法利纳风洞简图

A—建筑物（52m² × 29m²）　W—试验段最大风速 40m/s　V—试验车辆　E—收缩管（收缩比 6.5:1）
D₁—一级扩散管（膨胀率）　D₂—二级扩散管（膨胀率 1.4:1）　C₁—收缩管圆角　S—收缩管滤网
C₂—扩散管圆角　PS—安全网　B—天平（精度 1.2%）　W₁、W₂—操纵控制测量室　P—天平平台
D—转鼓，直径 1.5m　VE—进车门　F—轴流式风扇，直径 5m　T—传动装置
G—减速装置　C—液力耦合器　M—447kW（600hp）交流电动机

三、汽车风洞试验模型

（一）模型尺寸

为了实现风洞试验时的空气动力相似，应保证试验雷诺数与实际雷诺数相同。而为了使模型试验时的雷诺数接近实车在道路上行驶状态下的雷诺数，模型尺寸应尽量大。但是模型尺寸的增大又受风洞试验段空间的限制，因为模型太靠近洞壁，将加剧洞壁的影响，且难以修正，从而影响试验的准确性。为此，对风洞试验模型尺寸提出如下限定：当模型横摆角为 0°时，其正面投影面积不得超过实际试验段截面（地板以上）面积的 5%，高度不得超过试验段高度的 30%，在其最大横摆角位置时，前视投影宽度不得超过试验段宽度的 30%（1979 年美国汽车工程师协会制定的"汽车风洞试验规范"中的规定）。

根据选用的风洞试验段尺寸，风洞试验模型采用 3:8、1:5、1:4、1:10、1:1 等比例。

（二）模型的外形和结构

1. 外形模拟

为了保证模型试验的流场与汽车行驶时的流场相近，必须保证模型与实车几何相似。根据模型尺寸与实车尺寸之间的比例关系，能够把模型的外部尺寸确定下来。对于进气口、驾驶室内流及边界层等，还不能用简单的几何相似来模拟，而应采用特殊的模拟方法进行模拟。

（1）进气口与驾驶室内流的模拟　汽车行驶时，气流的一部分从前风窗底部进入驾驶室，然后从出口排出，其余气流都均匀地从外表面绕过（分车身上、下两部分），通常不发生气流分离。进行风洞试验时，一般不模拟内流，把进、出气口都堵死，仅模拟外部流。如果简单地把进、出气口堵死，试验时气流将在进、出气口处产生分离，使绕模型的流谱与实际流谱不一样。为此，在进气口前边加装一个半球体或流线型旋转体，既消除了气流分离，又使两个绕流流谱较相似。

发动机冷却系和驾驶室内流的空气动力学试验已在第五章中进行了叙述，在计算实车的气动阻力系数时，必须加进这部分的气动阻力系数。

（2）边界层的模拟　由于模型试验时的边界层状态与实车行驶时的相似程度低，这会影响试验结果的准确性，尤其是最小阻力系数和最大升力系数将产生较大的偏差。另外，模型上的边界层转捩点的位置受表面粗糙度、气流湍流度及噪声等诸多因素的影响，关系比较复杂。为了使模型试验时的边界层状态与实车行驶时有较高的相似度，以便进行雷诺数修正，在模型上采用人工转捩的方法使模型的层流边界层在确定的位置转变为湍流边界层。

2. 模型结构

模型的结构与汽车结构差异较大，这是因为：一方面模型结构要尽量简单，另一方面模型除了用于测定整车的空气动力特性外，还用于测定各总成、部件对空气动力特性的影响。因此，模型最好采用可拆卸式的组合结构。模型的结构特点是：其拐角部位、前部和后部以及处于分离区附近的车灯、后视镜、空气进口、空气出口、空调装置、发动机罩和车门缝部位等细部的造型都应特别注意；模型应模拟车底细部，车底部后桥、传动系、排气管等的凸凹应能再现；车轮应该能模拟可转动的状态等。图7-12为本书作者在一项部级课题试验中采用的 Audi 100 轿车的 1:5 木质模型。

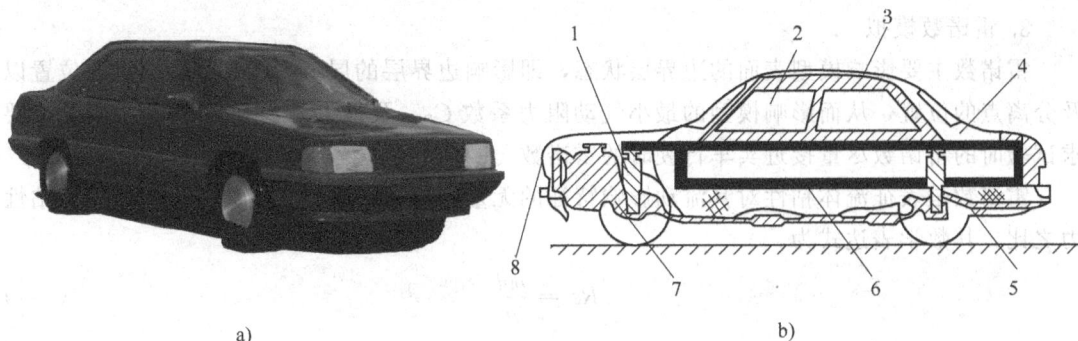

图 7-12　模型结构

a）Audi 100 轿车 1:5 木模型　b）全尺寸模型简图

1—可调式悬架系统　2—玻璃窗　3—装有顶棚的玻璃钢顶盖　4—可更换的塑料局部车身
5—底盘模型　6—结构框　7—发动机和变速器模型　8—散热器格栅

另外，要求组合模型的各部分都能方便而准确地安装。为此，要求模型安装系统必须具有足够的刚度，确保偏转力不能引起测量误差；必须在地板上按精确的比例装配模型，使模型呈现原型的姿态；安装时，模型与地板以及支架与地板都不得发生干涉，建议使用犯规警告器；模型连接在气动力天平上时，不得产生太大的气流干扰，修正量不允许过大；轮胎与地板的干扰，应该通过轮胎与地板间的间隙模拟或将轮胎悬起消除掉。

（三）模型的制造材料与加工

风洞试验模型大多使用核桃木、楠木及红松等优质木材制造，对于小而薄的结构，也可以采用铝等金属制造。在进行汽车风洞试验时，由于模型上承受的载荷较小，上述优质木材一般都能满足其强度要求，并且木材易于加工，便于局部修改，所以优质木材是较理想的制造模型的材料。但木材也存在缺点，即易变形，因此加工前应对木材进行干燥处理，并且最好把木材加工成 10～30mm 的方条，然后用粘接剂把方条粘合在一起作为毛坯。

在汽车外形设计阶段，为选型时模型修改方便，可用高强度泡沫塑料做骨架，用优质油泥做模型进行试验。

另外，汽车外形大部分是曲面，制造的模型必须用标准样板检验其外形。应视模型外形的具体情况，制作各部位的样板，一般曲率变化大的部位应多设几块样板。模型的外形尺寸偏差应在允许的偏差范围之内，特别是模型外形转角处的圆弧，应严格控制尺寸偏差，一般该处尺寸偏差为±1%。

四、汽车风洞试验的准则与规范

（一）汽车风洞试验准则

1. 足够的均匀流场

风洞应产生足够的均匀流场，其中包括均匀的风速分布和流向分布、低湍流度以及模拟路面的薄的边界层厚度。

2. 几何形状相似

试验模型与实车应几何形状相似，模型既要保证几何尺寸的精度，又要具有一定的刚度。模型按几何比例缩小，并具有足够精确的细部模拟，以保证各个重要的局部流场的真实模拟。

3. 雷诺数模拟

雷诺数主要影响模型表面的边界层状态，即影响边界层的层流、湍流、转捩点的位置以及分离点的位置，从而影响模型的最小气动阻力系数 C_{Dmin} 及最大升力系数 C_{Lmax}。因此，要求试验时的雷诺数尽量接近实车行驶时的雷诺数。

雷诺数是表征流体粘性对其流动影响特征的无量纲参数，它代表流体所受惯性力与粘性力之比，其数学表达式为

$$Re = \frac{\rho v l}{\mu} \tag{7-1}$$

式中　ρ——流体密度；

　　μ——流体粘度；

　　l——流体特征长度；

　　v——相对速度。

一般风洞中的工作介质是空气，其温度与大气相差不多，因此空气密度 ρ、粘度 μ 与大

气也相差不多。这样，由式（7-1）可知，要想使试验时的雷诺数与实车行驶时相等，应使 l 与 v 的乘积相等，即模型的尺寸比实车缩小多少倍，应使试验风速增大多少倍。但是，由于风速的提高受到压缩性的限制，这就限制了雷诺数的提高。又由于随风速的提高，气流的能量损失迅速增大，消耗的功率也急骤增大，所以一般的试验风洞很难做到试验时的雷诺数与实车行驶时的雷诺数相等。为了满足要求，通常要求基于汽车模型长度的试验雷诺数不小于 0.7×10^6，一般试验雷诺数的范围是：$5 \times 10^6 < Re < 1.5 \times 10^7$。除雷诺数效应外，在高速气流试验的情况下，还存在压缩性的问题，但对汽车风洞试验可认为不存在压缩性的影响，因此可在此条件下进行汽车空气动力学试验。在上述范围内，除特种汽车外，雷诺数与气动阻力系数的关系以及车速与雷诺数的关系几乎不变。图7-13 为雷诺数对气动阻力系数的影响。由图可见，当 $5 \times 10^6 < Re < 1.5 \times 10^7$ 时，雷诺数处于准自模拟状态。在此范围内，气动阻力系数不随雷诺数改变，故可满足风洞试验的要求。

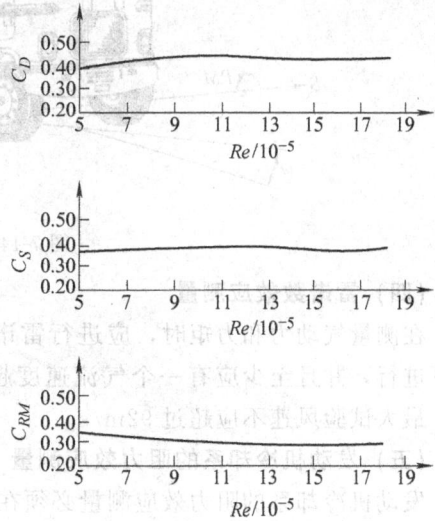

图 7-13　红旗 CA774 轿车纵向气动力系数随 Re 的变化

4. 尽量排除风洞试验中的支架及洞壁的干扰

为了限制风洞洞壁的干扰，一般汽车模型在其横摆角 $\beta = 0°$ 时的正面投影面积不超过试验段横截面积（地板以上的面积）的 5%，高度不超过试验段高度的 30%，汽车模型在其位于最大横摆角时的前视投影宽度不超过试验段宽度的30%，正投影面积不超过风洞试验段横截面积的 5%。

5. 风洞流场的动态校准

在试验模型放入风洞之前，应对空风洞进行流场的动态校准。在风洞地板上将要放置模型的位置测量试验段横截面的湍流度、地板上的静态压强、轴向静压梯度、横向气流偏角、纵向气流偏角、气流均匀性等流场特性以及放置模型前缘位置的地板边界层厚度。

风洞动态压强测量系统必须用精确地放置于模型长度中点和宽度中点的静压皮托管进行标定。

（二）测定力、力矩及表面压力的要求

风洞试验主要是测定沿汽车纵轴且与横摆角存在函数关系的气动阻力的平均值及另外 5 个分量，要求将测定的力和力矩都简化成系数形式。采用图 2-1 所示的坐标系，而对于汽车列车，其坐标系如图 7-14 所示。

空气动力和压力的采样时间应足够长，以便能获得可靠的测量结果，数据重复性应在1% 以内。

（三）横摆角的模拟

风洞试验时，借助于模型相对气流方向的横摆角近似模拟环境风。横摆角的范围应在 $\pm 15° \sim \pm 20°$，横摆角的变化增量应在 $2° \sim 5°$ 范围内。每次试验的开始和结束都应进行 0° 横摆角的试验。

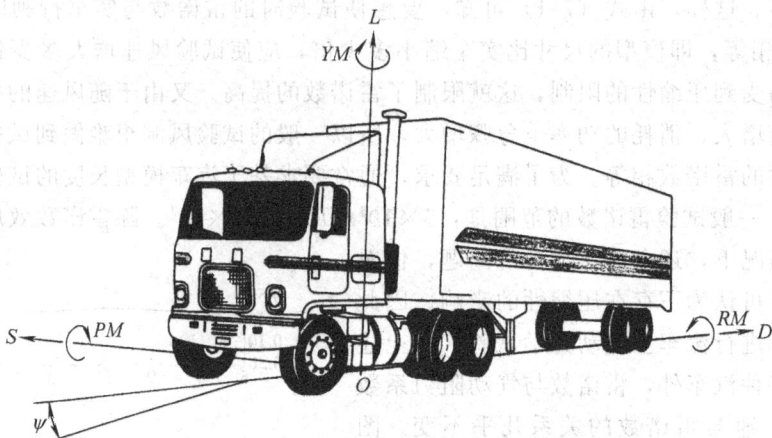

图 7-14　汽车列车坐标系

(四) 雷诺数效应测量

在测量气动力和力矩时，应进行雷诺数效应的测量。雷诺数测量试验应在 0°横摆角情况下进行，并且至少应有一个气流速度超过风洞气流速度范围。另外，为了避免可压缩效应，最大试验风速不应超过 92m/s。

(五) 发动机冷却系的阻力效应测量

发动机冷却系的阻力效应测量必须在全部横摆角范围内由零速率和最大速率的对比试验得到。如果修改设计，应重新进行发动机冷却系的阻力效应测量。

(六) 风洞试验数据修正

风洞试验测量的阻力系数修正量如果超过其 1‰，应绘制轴向压力梯度图。对于模型的固体阻塞或尾流阻塞的修正，可根据具体情况选择相应的修正方法。

对洞壁干扰的修正，常使用以下几种方法。

1. 面积比法

根据图 7-15 得

$$v = \frac{v_\infty}{1 - \dfrac{A}{C}} \tag{7-2}$$

式中　v_∞——供试体的基准流速；

　　　A——模型宽度；

　　　C——试验段宽度。

则有　$\dfrac{1}{2}\rho v^2 = \dfrac{1}{2}\rho v_\infty^2 \dfrac{1}{\left(1 - \dfrac{A}{C}\right)^2}$

$$= n\,\frac{1}{2}\rho v_\infty^2 \tag{7-3}$$

式中　$n = \dfrac{1}{\left(1 - \dfrac{A}{C}\right)^2}$

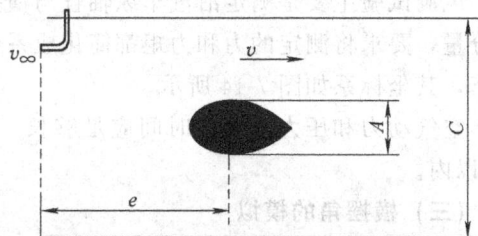

图 7-15　面积比法修正阻力系数示意图

洞壁干扰修正后的阻力系数为

$$C_{D1} = \cfrac{F_D}{\cfrac{1}{2}\rho v_\infty^2 \cfrac{1}{\left(1 - \cfrac{A}{C}\right)^2}} = \cfrac{C_D}{\cfrac{1}{\left(1 - \cfrac{A}{C}\right)^2}} = \cfrac{C_D}{n} \tag{7-4}$$

式中　C_{D1}——修正后的阻力系数；

　　　C_D——修正前的阻力系数；

　　　F_D——用气动力天平测得的阻力。

2. Maskells 修正式

由图 7-16 得

$$n = \cfrac{1}{1 - \cfrac{B}{C}} = \cfrac{1}{1 - m\left(\cfrac{A}{C}\right)} \tag{7-5}$$

式中，$m = B/A$，A、B、C 如图 7-16 所示。

则有

$$C_{D1} = \frac{C_D}{n} \tag{7-6}$$

3. Pressure Signature 修正式

$$C_{D1} = \frac{C_D - \Delta C_D}{(1 + \varepsilon_m)^2} \tag{7-7}$$

式中　$\varepsilon_m = \Delta v/v_\infty$；

　　　ΔC_{D1}——升力的水平分力（即诱导阻力）。

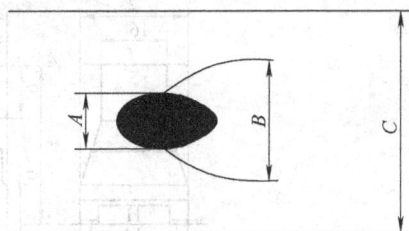

图 7-16　Maskells 修正式示意图

4. Bettes/Kelly 修正式

$$C_{D1} = C_D - \frac{\mathrm{d}C_D}{\mathrm{d}B_r}B_r - \frac{\mathrm{d}C_D}{\mathrm{d}H_r}H_r \tag{7-8}$$

式中　$B_r = B_1/B_0$；

　　　B_1——试验车的总宽度；

　　　B_0——风洞试验段宽度；

　　　$H_r = H_1/H_0$；

　　　H_1——试验车总高度；

　　　H_0——风洞高度。

（七）数据说明

试验结束后，应对风洞试验设备、地面效应模拟、模型几何尺寸及测试结果等进行数据说明，至少应有以下数据：

1）试验设备（风洞）的主要尺寸。

2）地面效应模拟系统的描述。

3）模型在风洞中的位置。

4）模型尺寸及正面投影面积（图 7-17、图 7-18）。

5）试验车造型的照片、外形图及对造型的描述。

6）模型在风洞中的安装尺寸及照片。

7）发动机冷却系的描述及照片。

8）雷诺数试验结果。

9）横摆角变化数据。

10）流场标定数据。

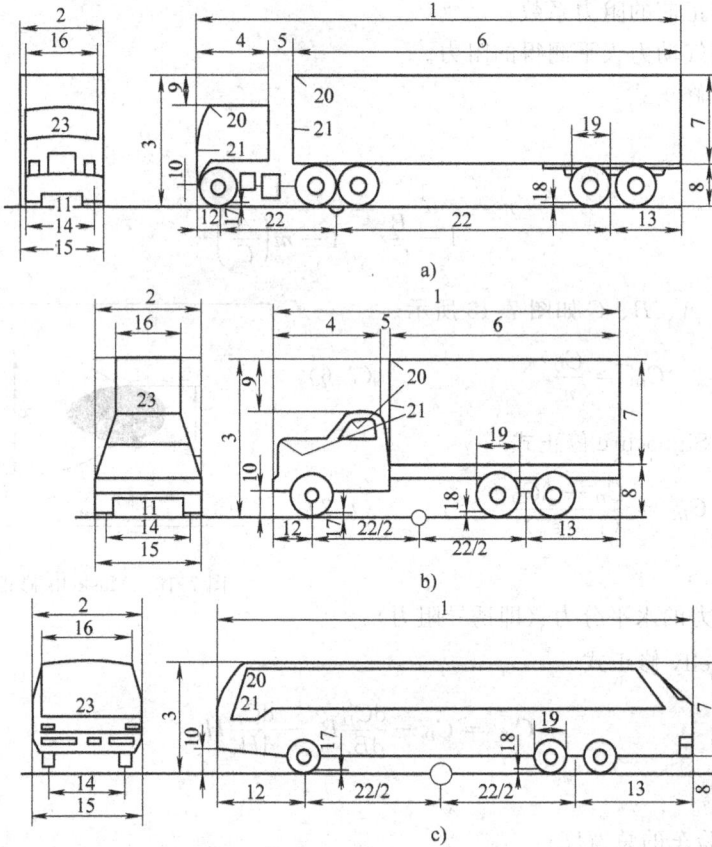

图 7-17　试验模型尺寸

a）汽车列车　b）载货汽车　c）大型客车

1—总长　2—总宽　3—总前高　4—驾驶室长度　5—驾驶室与车厢的间隙　6—车厢长度
7—后方体长　8—后部离地间隙　9—顶高差　10—前离地间隙　11—最小离地间隙　12—前悬
13—后悬　14—前轮距　15—前保险杠宽　16—车顶宽　17—前轮气隙　18—后轮气隙
19—典型轮胎的尺寸与外径　20—前缘几何形状　21—前边棱几何形状　22—轴距　23—前视投影面积

11）数据修正结果。

所有试验数据均应以表格的形式给出，必要时，应该用图形表示。

汽车平均气动阻力系数为

$$\overline{C}_D(v_\mathrm{T}) = \frac{1}{6} \sum_{i=1}^{6} M(j) C_D(j) \tag{7-9}$$

式中　$\overline{C}_D(v_\mathrm{T})$——汽车平均气动阻力系数；

v_T——汽车相对路面的速度。

$$M(j) = 1 + \left(\frac{v_w}{v_T}\right)^2 + 2\left(\frac{v_w}{v_T}\right)\cos\phi(j) \quad (7\text{-}10)$$

$$\phi(j) = j \times 30° - 15°$$

$$C_D(j) = C_D\psi(j) \quad\quad (7\text{-}11)$$

$$\psi(j) = \arctan\left[\frac{(v_w/v_T)\sin\phi(j)}{1 + (v_w/v_T)\cos\phi(j)}\right] \quad (7\text{-}12)$$

$$j = 1, 2, \cdots, 6$$

式中　v_w——年平均风速。

(八) 地面效应模拟

关于地面效应模拟将在本章第三节详述。

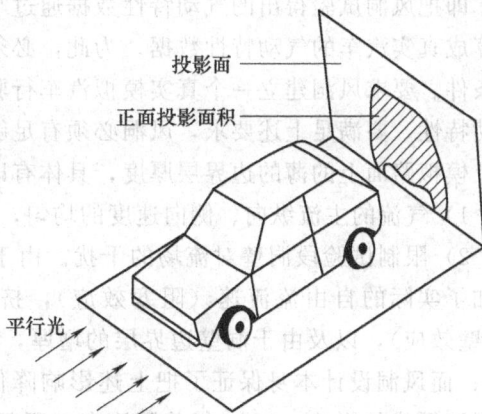

图 7-18　汽车正面投影面积

五、风洞间的试验数据相关分析

同一汽车模型采用相同的试验方法，在不同的风洞中试验将得到不同的一组气动特性数据。但是，如果将各风洞试验结果进行对比分析，可以找到风洞间试验数据的关系，利用这一关系进行风洞间试验数据的相关修正，就可以比较同一模型采用相同试验方法在各风洞的试验结果。图 7-19 为同一模型在 MIRA 与 JARI 风洞中试验数据的比较。

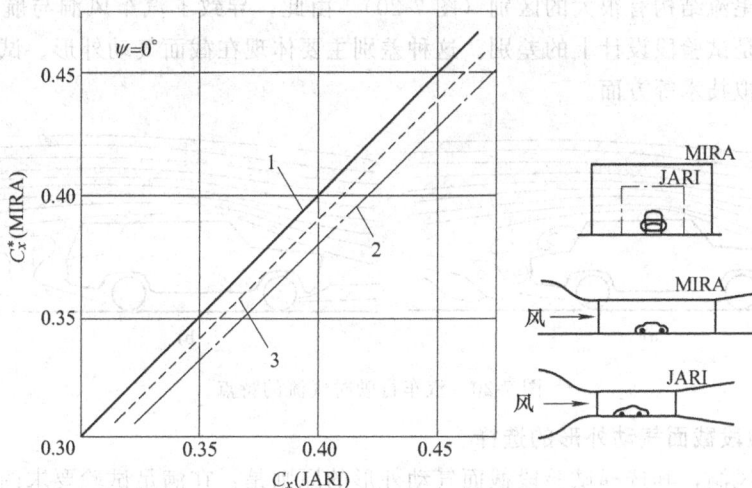

图 7-19　风洞间试验数据的比较

1—MIRA 与 JARI 风洞试验数据等值线　2—$C_x(\text{JARI})/C_x(\text{MIRA}) = 105\%$　3—$C_x(\text{MIRA}) = 0.975C_x(\text{JARI})$

第三节　汽车风洞

一、对汽车风洞性能的基本要求

汽车风洞试验的目的在于得到准确反映汽车行驶状态时的气动特性数据。这就要求对于给定的任何模型都能准确地确定其空气动力特性，并给出这些性能与相应的实车之间的关系，即把风洞试验得出的气动特性数据通过与真实道路汽车的气动特性的相关修正，准确地换算成真实汽车的气动特性数据。为此，必须满足风洞流场的动力相似和试验模型的几何相似条件。要求风洞建立一个真实模拟汽车行驶状态的流场，准确地测定给定几何比例模型的气动特性。要满足上述要求，风洞必须有足够均匀的流场，包括均匀的风速分布、低的湍流度及模拟路面上的薄的边界层厚度，具体有以下几点：

1）气流的主流纵向、侧向速度的均匀，湍流度和尺度要模拟真实道路状态。

2）限制试验段洞壁对流场的干扰。由于限制了风洞中试验车附近的有效流场的面积，增加了实际的自由流流速（阻塞效应），挤入试验段的气流改变了绕汽车的气流的流态（洞壁效应），以及由于洞壁边界层的增厚，引起了沿试验段的自由流的静压梯度（升力效应）；而风洞设计本身保证了把上述影响降低到比较小甚至可以忽略不计的程度。为了限制洞壁干扰的影响，1979年美国汽车工程师协会制定了"汽车风洞试验规范"（见本章第二节）。

3）试验雷诺数与实际雷诺数相似。

4）试验模型与实车的几何形状相似。

二、汽车风洞的特点

汽车是一个在地面上运动的钝头体，其气动特性与模拟要求不同于飞行器。汽车在行驶时，其周围气流的特点是：一部分气流必须从车身底部与路面之间强行流过；另外，不同外形的汽车，其尾流结构有很大的区别（图7-20）。由此，导致了汽车风洞与航空风洞在气动布局上，特别是试验段设计上的差别。这种差别主要体现在截面气动外形、试验段参数选择及地面效应模拟技术等方面。

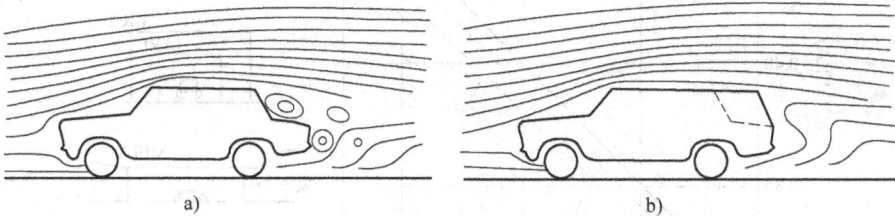

图 7-20　汽车行驶时气流的特点

（一）试验段截面气动外形的选择

对于汽车风洞，其选择试验段截面气动外形的原则是：在满足试验要求的前提下，采用最小的截面面积，以减小鼓风机驱动功率；在给定截面面积的情况下，其截面特性应尽可能有利于复现汽车模型的绕流特性，以将风洞的洞壁干扰降至最低。几种可供选择的风洞试验段截面形状如图7-21所示。

在图7-21中，截面A是航空风洞常用的截面形状，为对称的切角矩形；截面B为半圆形；截面C为非对称切角矩形。截面C是参照汽车横截面的轮廓线按比例放大的，其截面面积与截面B的截面面积相等。这三种截面形状中，B、C两种截面形状较适宜汽车风洞。

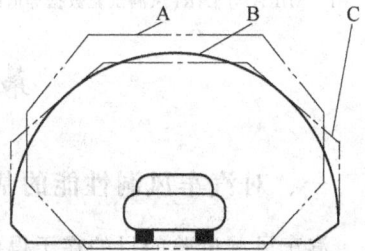

图 7-21　试验段的截面形状

（二）试验段几何参数的确定

1. 截面的宽高比

考虑到实壁边界对汽车模型试验的影响，以 $B_r/H_r=1/3$ 作为实壁试验段中参数选择的依据（$B_r=B_L/B_0$，B_L 为垂直风洞中心线测得的模型水平方向的最大宽度，B_0 为试验段两侧壁间距；$H_r=H_L/H_0$，H_L 为模型最高点距地板的距离，H_0 为地板与风洞顶壁间的距离，见图7-22）。

2. 试验段长度

进行汽车风洞试验时，要将试验模型置于一个带有边界层控制装置的地板上。该地板的长度，除应能容纳下模型及其前方流动的均匀流场外，还应留出边界层控制装置所需的长度。此外，在模型的下游，还要留有足够的长度，使气流在进入扩散段之前，其尾流获得充分的发展（以形成拖曳涡）。这不仅是获得完整的模型绕流

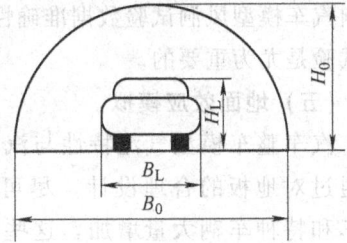

图7-22　试验段的截面尺寸

特性所必需的，而且对提高风洞运转效率也很有利。一般地板的长度应为模型长度的5～7倍，宽度至少为模型宽度的2倍。

3. 非对称切角尺寸

汽车风洞多采用沿轴向呈线性变化的切角填块来消除洞壁边界层位移厚度对流场轴向压力梯度的影响。入口截面切角高度和出口截面下切角高度是固定的，出口截面上切角高度是可调的，以便在流场校测中，根据不同的试验条件与要求来调节高度，直到获得满意的静压分布为止。

4. 试验地板在试验段中的垂直位置

选择试验地板在试验段中垂直位置的原则是：有用试验截面面积应尽可能大，以减弱顶壁的干扰；地板下部流动阻力应减至最小，以防止地板前缘流线弯曲；保证不同缩尺比例的模型均可置于试验段中心区进行试验。

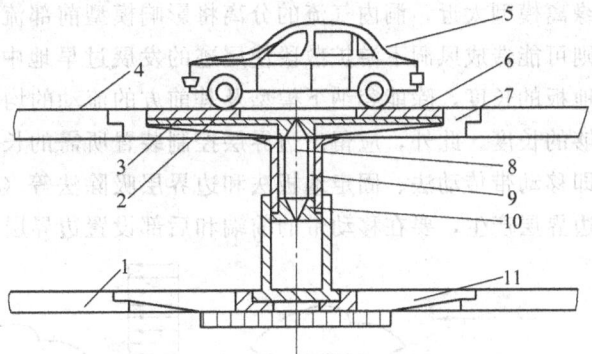

图7-23　汽车模型的安装

1—风洞下洞壁　2—模型四支柱　3—H梁　4—地板
5—汽车模型　6—偏心转盘　7—地板转盘　8—杆式应变六
分量天平　9—天平支撑筒　10—转盘支撑筒　11—β转盘

（三）模型在试验段中的支撑方式

在航空风洞试验中，试验模型采用腹支撑和尾支撑。对于固定地板式汽车风洞，试验模型通过4个车轮固定在地板转盘的支撑构件上，如图7-23所示。

（四）汽车模型风洞试验与全尺寸风洞试验的差异

模型风洞试验与全尺寸模型及实车的流场的差异在于：

1）由于风洞速度的限制，不允许与全尺寸风洞试验的雷诺数相等。

2）地板边界层对于模型尺寸的相对厚度的差异，对试验结果产生影响。

3）相对于模型尺寸的湍流模拟比例，对试验结果产生影响。

4）给定尺寸下的马赫数，对试验结果产生影响。

道路汽车的流场与风洞中模型周围的流场之间存在着重要的差别，其差别产生的原因包括试验车几何外形的构造问题。例如，由于模型尺寸越小，越难以真实地模拟表面细节以及保持几何外形完全相似，特别是驾驶室内流的差异。其他影响因素还包括阻塞效应以及洞壁效应引起的流场干涉、边界层对地面效应的影响、汽车离地间隙大小的影响等等。这些都是影响汽车模型风洞试验数据准确性的重要因素。在上述影响因素中，地面效应模拟对汽车风洞试验是尤为重要的。

（五）地面效应模拟

汽车整车模型气流特性与汽车车身底部的速度特性密切相关。地面效应模拟的核心是通过对地板的合理设计，尽可能真实地复现汽车底部气流的速度分布特性。近年来，赛车和特种车辆大量增加，这些类型的车离地间隙小，其气动特性受车轮回转的强烈影响，对地面效应模拟的要求也进一步提高；对汽车风洞流场的均匀性的要求，一般比飞行器的稍低，但它对模拟地面的边界层厚度的要求却较高，这是因为汽车离地间隙比飞机起降时的离地间隙小。进行汽车风洞试验时，地板边界层厚度 δ^* 的最大值不应超过汽车模型离地间隙 E 的 8.5%。$\delta^*/E \leqslant 8.5\%$ 时，气流边界层的存在对汽车的空气动力测量结果没有明显的影响；若 $\delta^*/E > 10\%$，则测量阻力减小，升力增大，纵倾力矩值也将改变。

试验车在地板上游面和下游面的长度同样影响到风洞中所模拟的气流流场。如果地板前缘离模型太近，洞内气流的分离将影响模型前部流场。如果地板不能延伸到足够远的下游，则可能造成风洞下游扩散段使尾迹的发展过早地中断，造成对模型背部压力的影响。因此，地板的长度，除能容纳下模型及其前方的流动的均匀流场外，还应保证在模型下游有一个足够的长度。此外，应留出边界层控制装置所需的长度。目前地面效应模拟主要有三种方法，即移动带传动法、固定地板法和边界层吸除法等（图7-24）。对于移动带传动法，为了避免边界层产生，要在移动带的前端和后部设置边界层吸除装置。由于这种方法技术复杂，故在

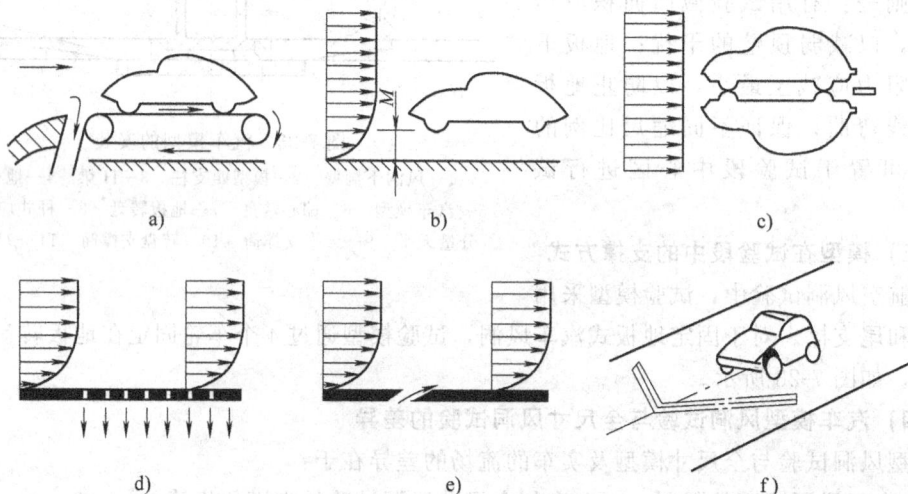

图 7-24　地面效应模拟方法

a）移动带传动法　b）固定地板法　c）镜像法　d）边界层吸除法　e）边界层吹除法　f）扰流法

实车风洞中很少采用。

2004年在我国吉林大学建设的中国首座汽车风洞（图7-25）中，成功地安装了具有移动带的先进的地面效应模拟系统（图7-26）。该系统采用了目前世界上先进的边界层控制方法，通过移动带使地面与气流同步运动，消除两者间的速度差，并在移动带的前端和后部设置了边界层吸除装置，避免边界层的形成，能够真实地再现汽车底部气流的速度分布特性。这种与真实情况一致的效果是其他边界层控制方法所不及的，是效果最佳的地面边界层控制方法。该系统是我国目前惟一的移动带地面效应模拟系统。

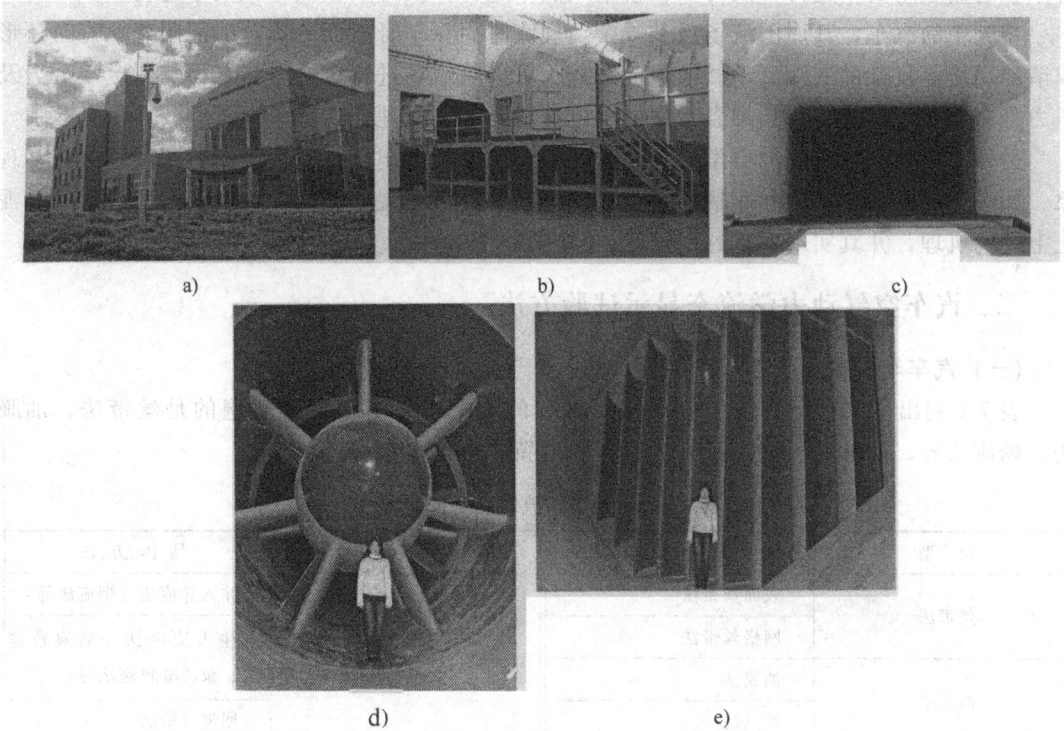

图7-25 吉林大学汽车风洞
a）风洞实验室外观 b）风洞试验段 c）风洞试验段局部 d）风洞动力段 e）风洞第二拐角

图7-26 吉林大学汽车风洞地面效应模拟系统

第四节 汽车空气动力学流态显示试验

一、汽车空气动力学流态显示试验的特点

流态显示试验系指借助于一些手段,对难以直接观察到的汽车模型的流场进行流态显示的方法,它是汽车空气动力学试验的重要方法之一。流态显示试验既可以在风洞中进行,又可以在道路上用实车进行;既可以在模型风洞中进行,又可以在实车风洞中进行。

行驶中的汽车,其周围流场极其复杂,气流时而在车身表面分离,时而附着,有时还形成诸如涡流等复杂的三维流动。通过流态显示可以对流场进行定性分析,再与测定六分力及压力分布等定量试验分析相结合,便能了解流场的流动机理。

另外,根据汽车空气动力学的流态显示,还能分析汽车行驶时产生的可观察到的流动现象,如车窗上的水滴流动和车辆的灰尘沉积等。通过流态观察试验,可以了解水滴形成和泥土上卷的机理,并真实地再现这些流动。

二、汽车空气动力学流态显示试验方法

(一)汽车车身表面流态显示试验

表 7-1 列出了汽车车身表面流态显示试验的方法,其中用得最普遍的是丝带法、油膜法、烟流法等,而近期用激光进行流态显示的新技术也很盛行。

表 7-1 车身表面流态显示试验方法

类 型	具 体 方 法	类 型	具 体 方 法
丝带法	表面丝带法	直接注入法	注入脉流法(烟流法等)
	网格丝带法		注入流迹法(皂泡轨迹法、聚乙醛轨迹法等)
油流法	油膜法		
	油点法		回流水槽法

1. 表面丝带法

表面丝带法使用方便,可以用来观察汽车表面边界层的流态、尾流流态及涡流流态。其显示原理是,丝带质轻而柔软,将其一端固定,另一端便能顺着气流的方向摆动。

通常选用柔软的细丝线、尼龙线或羊毛作为丝带。根据汽车或其模型的大小及试验雷诺数确定丝带的长度和粗细,丝带长度一般为 15~20mm。试验前将足够数量的丝带的一端用粘接剂粘在汽车或试验模型的表面上,便可进行试验。当气流流过汽车或试验模型时,丝带将以一定方式运动。在层流边界层内,丝线顺气流方向几乎保持不变;在转捩点后,丝带有明显的抖动;在分离区内,丝带抖动激烈,并呈明显的卷曲(图 7-27)。若要提供足够的试验数据,需要精确地布置 600~800 簇丝带。

2. 网格丝带法

这种方法主要用于观察汽车尾流的空间流场。其方法是,在金属丝制成的网格上贴满了丝带,而后把丝带网放在模型后一定距离处,根据丝带的流向,便可确定尾流空间内气流的流向和漩涡的位置及结构。

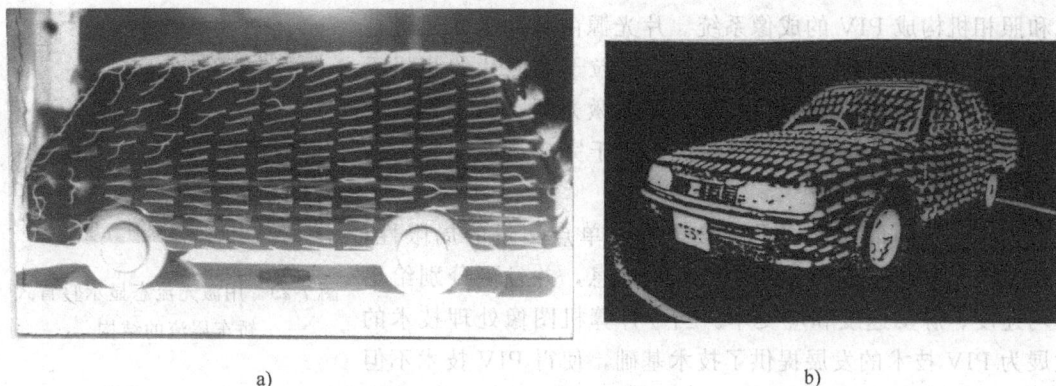

a)　　　　　　　　　　　　b)

图 7-27　表面丝带法

a）红星 621 小客车模型　b）轿车模型

3．油膜法

油膜法是将不易挥发的粘度较大的油（如煤油、齿轮油及硅油等）与带有一定颜色的指示剂（如氧化钛、氧化铝、炭黑及石墨等）按一定的配方混合，而后将其均匀喷涂于模型表面上。由于不同的边界层将产生不同的流态，而各种流态对油膜将产生不同的剪切作用，这样，在模型表面上便产生各种不同的油流图，根据油流图就可以判断出各流场的流动状况。

进行试验时，应根据气流速度、气温、运转时间及模型外形等合理选择油的粘度。

图 7-28 是本书作者用油膜法显示红星 621 小客车车身表面流态的一例。层流的油流图像是油膜被吹走或在油膜上沿流向出现均匀而细微的条纹；湍流油流的图像是在气流方向上呈现较粗的沟条或类似木纹形状的条纹；在分离区，形成油膜堆积带；在死水区，油膜基本上不变化；在涡流区，呈现螺旋状漩涡痕迹。

图 7-28　用油膜法进行汽车表面
流态的显示（红星 621 小客车）

荧光油膜法能很清晰地显示出流场的流态。该方法是把荧光物质混入油膜中，在紫外线照射下，油膜即发出荧光来，这样便能将流场中气流的流态清晰地反映出来。试验之前，在模型表面涂上一薄层有机油（煤油或硅油等）、荧光粉及丙酮的混合物，油膜在气流的剪切作用下，部分油层挥发或被吹掉，只留下一薄层能反映表面流态的油膜，其牢固地粘附在模型上并发出荧光，便显示出油膜的厚薄及气流作用的方向。可用录像等方法记录油膜形态，以供分析流态。

荧光油膜法有其独特的优点。用表面丝带法试验时，丝带颤动无规则的区域，常难以分析清楚；而采用荧光油膜法进行试验，油流谱仍能使该区域显示出整齐的结构，并真实地显示出流态，据此可分析出车身表面泥垢沉积的原因。

4．激光流态显示法

激光流态显示法就是利用激光粒子图像测速技术（PIV）进行瞬态实时测量的方法。PIV 即粒子图像速度场仪，其本质是一种图像分析技术，可在瞬间冻结流场，给出二维和三

113

维速度分布。一个完整的 PIV 系统通常由成像系统和图像处理系统组成。双脉冲激光片光源和照相机构成 PIV 的成像系统。片光源由脉冲激光通过柱透镜行程，用于照射动态微粒场，拍摄粒子场照片的相机垂直于片光源。图像处理系统主要由氦氖激光器、扩束器、空间滤波器以及计算机图像系统组成，用于完成从两次曝光的粒子图像中提取速度场。

图 7-29　用激光流态显示直背式
轿车尾流的结构

PIV 技术的最大优点是突破了空间单点测量的局限性，可在同一时刻记录下整个流场的有关信息，并且可分别给出平均速度、脉动速度和应变率。当今计算机图像处理技术的发展为 PIV 技术的发展提供了技术基础，使得 PIV 技术不但具有 LDV（激光多普勒测速仪）单点测量的精度，而且还可以定量描述流场。图 7-29 为用激光流态显示直背式轿车尾流结构的一例。

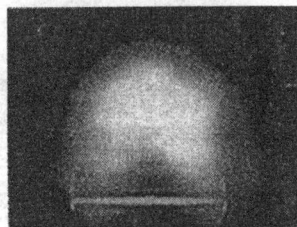

（二）汽车周围流场的流态显示试验

汽车周围流场的流态显示多采用烟流法。烟流法是在空气中加入一些人工产生的高可见度的烟，当烟气绕过模型时，通过光的散射和折射作用显示烟流中微小粒子的运动，从而显示出汽车周围流场的流态（图 7-30）。

试验时，用烟流发生器产生烟，并由梳状管排出烟丝。为使烟丝不散乱，应使气流速度不大并保持层流流态，另外不得扰动气流的流态，使气流处于稳定状态。

烟流发生器发出的烟是由悬浮在空气中的极微小的固体或流体粒子组成的，应尽力使其

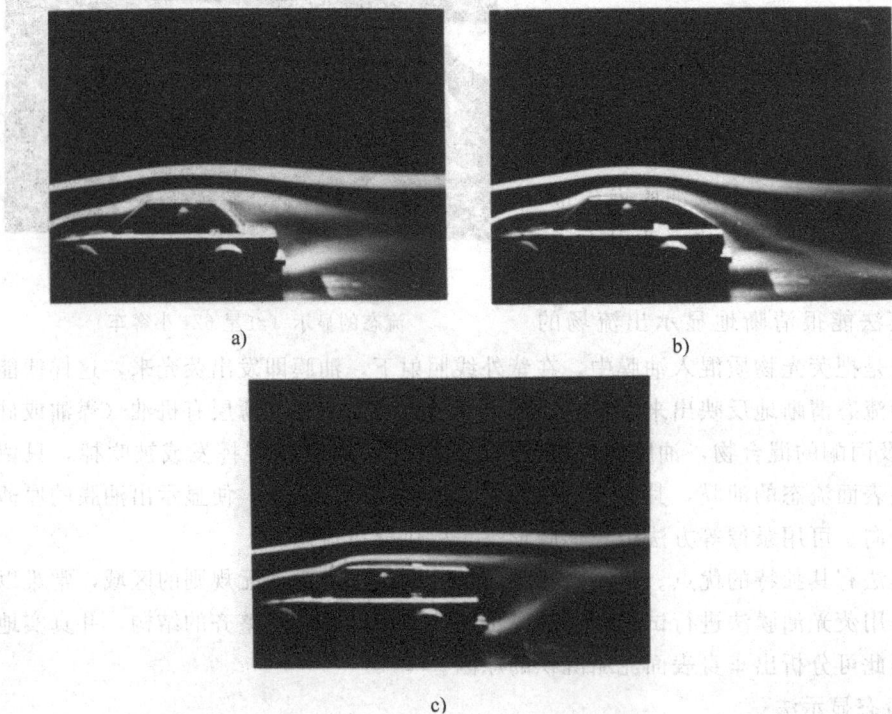

a)

b)

c)

图 7-30　用烟流法对三种车型进行流态显示试验
a) 阶背式　b) 快背式　c) 直背式

浓密而发白，以增大可见度，同时烟应无毒、无腐蚀性。

图 7-31 为在分离流中引入烟丝的流态，该图清晰地显示出分离泡和尾流，可看出附着流层与分离区的相互影响。另外，由于湍流的作用，烟扩散到整个分离区，车轮轮罩前缘的分离清晰可见。

（三）流动模拟试验

流动模拟试验主要用于汽车设计阶段的气流流动模拟研究，即模拟在雨水和灰尘中行驶的汽车上面或周围雨水或灰尘的流动，找出应注意的区域及解决的办法，以保证行车的安全和防止灰尘侵入。

图 7-31　用烟流法进行汽车尾流
的流态显示试验

水流模拟的试验方法是，将掺入荧光添加剂（在紫外线照射下能改善可见度）的水喷射到未受扰动的气流中，试验人员坐在驾驶室内，观察刮水器的刮拭效果并拍照，以供分析。另一种水流模拟的方法是，在车身上涂上能溶于水的涂料，然后把清洁的水从汽车前部喷入气流中，以显现出水流的轨迹。当风和喷水停下后，分析水流的痕迹。图 7-32 为大众公司采用本方法的试验实况。

（四）发动机室及驾驶室内的流态显示试验

由于空调装置的空气出口、窗玻璃及座椅占据空间等方面的差异，使空调问题变得复杂。通

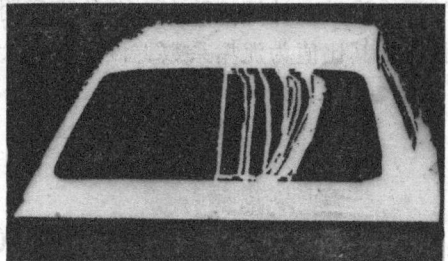

图 7-32　水流模拟试验

过驾驶室内的流态显示试验，能清楚地观察到驾驶室内的气流流态，搞清气流在驾驶室内如何流动，又如何排出，进而对驾驶室内的温度、湿度及风速分布进行解析，以改善空调性能。可用皂泡轨迹法、丝带法及烟流法进行驾驶室内的流态显示，并可对发动机冷却系及发动机室进行流态显示试验（图 7-33、图 7-34）。

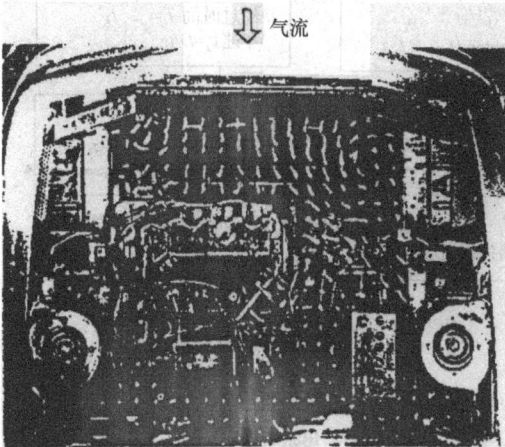

图 7-33　发动机室内的流态显示试验
（丝带法，发动机罩用透明树脂制作）

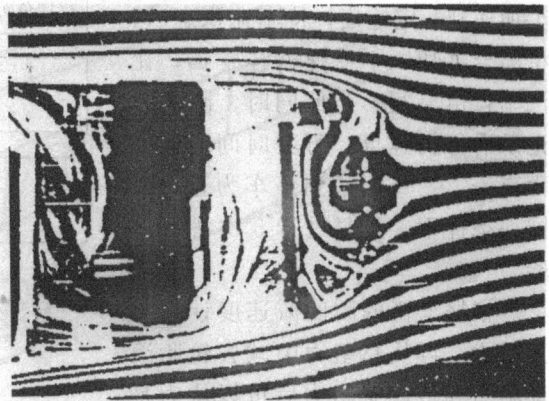

图 7-34　发动机室内的流态显示试验

（五）泥垢附着模拟试验

灰尘和泥垢的沉积不仅影响车辆的美观，更重要的是影响行驶的安全。为防止某些特定部位不沉积灰尘和泥浆而进行泥垢附着模拟试验，进而采取防沉积措施。常用的泥垢附着模拟试验有如下两种方法。

1. 滑石粉法

试验前，在车身上认为可能沉积灰尘的部位薄薄地喷上一层油。试验时，为模拟汽车行驶时卷起的灰尘和泥土，把滑石粉注入气流中，然后驾驶汽车通过该气流区，根据车身上滑石粉附着的状况来判断灰尘和泥浆的沉积状态。一般试验时车身上保持清洁的部位，在公路上行驶时不会有泥垢附着；轻微附着滑石粉的部位，在公路上行驶时也有可能是清洁的；滑石粉附着严重的部位，在公路上行驶时容易沉积灰尘和泥垢。

2. 泥土重量分析法

使试验车和一辆参考车在具有特殊泥土的跑道上行驶若干周，测量变脏的汽车部件上附着的泥土重量，计算试验车上单位面积附着的泥土重量并与参考车后窗中部单位面积泥土重量相比，其比值为泥垢系数。该比值越大，泥垢沉积越严重。

第五节　汽车空气动力学道路试验

一、用滑行试验法测试汽车的气动阻力系数

滑行试验应在无自然风、无雨的天气条件下进行，试验道路应是平坦的；试验车车顶部装设风速仪，以测定风速；在距车顶的风速仪 5m 处设置五轮仪，以测定滑行距离。

试验前用滑行初速度 80km/h 预热汽车 1h。试验时应保持轮胎、运动系的温度不变。试验时，将汽车加速到一定速度，待车速稳定后，将离合器切断，变速器挂空挡，让汽车自由滑行。与此同时，测量并记录滑行初速度、行驶时间、行驶距离等，一直记录到停车为止。在同一条件下，重复进行 5 次滑行试验。

根据车辆的瞬时减速度计算出总阻力，再从总阻力中减去轮胎滚动阻力和传动系阻力后可以认为是气动阻力，进而求出该车的气动阻力系数。图 7-35 为测定气动阻力系数的过程。

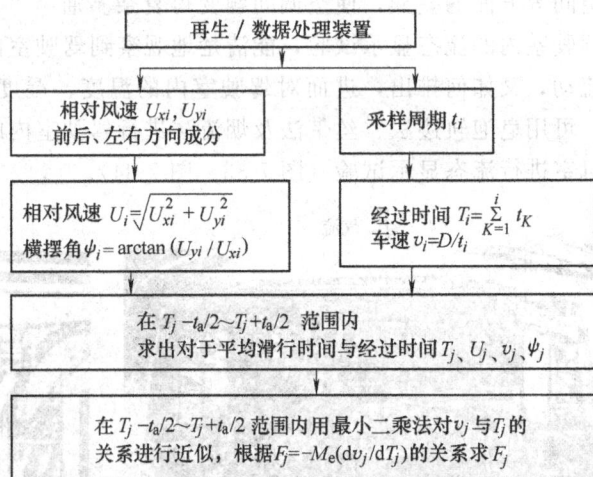

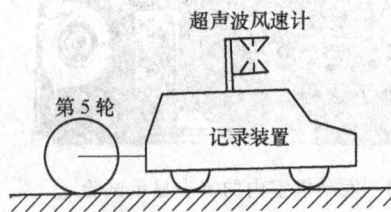

图 7-35　用滑行法测定汽车气动阻力系数

滚动阻力为

$$F_r = G_0(f_0 + f_{r0} v_i^2) \tag{7-13}$$

式中 F_r——滚动阻力；

$\quad\quad G_0$——汽车重力；

$\quad\quad f_0$——不随车速变化的滚动阻力系数；

$\quad\quad f_{r0}$——传动系系数；

$\quad\quad v_i$——车速。

f_0 由轮胎试验测定；f_{r0} 可在底盘测功机上测定，美国 SAE J1263 中推荐 $f_{r0}=1.93\times 10^{-6}(\text{km/h})^2$；传动系阻力由传动系试验台测定。

二、侧向风稳定性试验

用侧风发生器模拟自然侧向风如图 7-36 所示，并操纵汽车驶过侧风带，与此同时，测量车速、汽车偏离行驶基准线的侧向位移、横摆角速度及侧向加速度等参数。

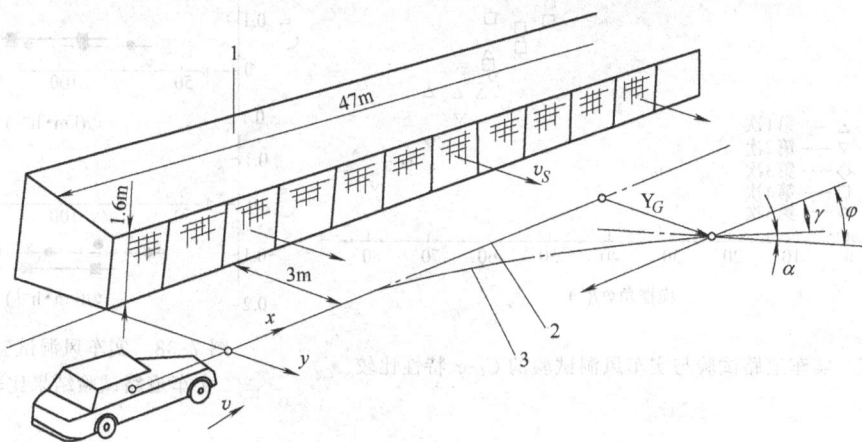

图 7-36 汽车侧风稳定性试验示意图
1—侧风发生器 2—汽车行驶方向基准线 3—汽车实际行驶轨迹

试验时，汽车转向盘固定（一般用撑条等半机械保持法固定），汽车以稳定车速通过侧风带。

试验车速由定量式或车载式测速装置测定，并根据光电管记录的汽车通过特定点位置的信号求出平均车速。

侧向位移由残迹测定装置测定。该装置的喷管中注入混着色剂的水，喷管与压力管相连接，当遇到侧向风时，管内的水从喷嘴中喷出，便记录下汽车的侧向位移。试验时喷嘴应放置在试验车质心位置或前、后保险杠的中央。

横摆角速度和侧向加速度由陀螺仪和加速度计测定。

为了提高试验精度，试验前要实测该试验车在不存在侧向风时的行驶轨迹（要求其行驶轨迹应近似直线）；其次，试验应进行多次，取其平均值为最后的试验数据。

将计算得到的汽车通过侧向风带的侧向位移的平均值除以标准偏差，便得到汽车侧向位移系数。通常用侧向位移系数评价汽车侧风稳定性。

第六节　实车道路试验与实车风洞试验的数据对比分析

为了能正确地使用试验数据，通常用同一车辆进行实车道路试验和风洞试验，而后对两组数据进行分析，找出该风洞与道路试验数据之间的相关修正系数，以便进行试验数据分析。日本三菱公司对某车进行对比试验一例的结果是，模型风洞试验、实车风洞试验及实车道路试验的气动阻力系数 C_D 依次为 0.42、0.44、0.43。图 7-37、图 7-38 为风洞试验和道路试验数据的 C_D-φ 特性及 C_L、C_{LF}、C_{LR} 的比较图。

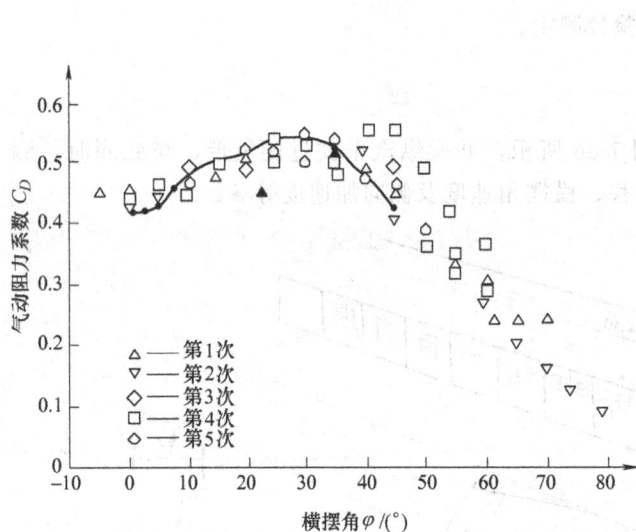

图 7-37　实车道路试验与实车风洞试验的 C_D-φ 特性比较

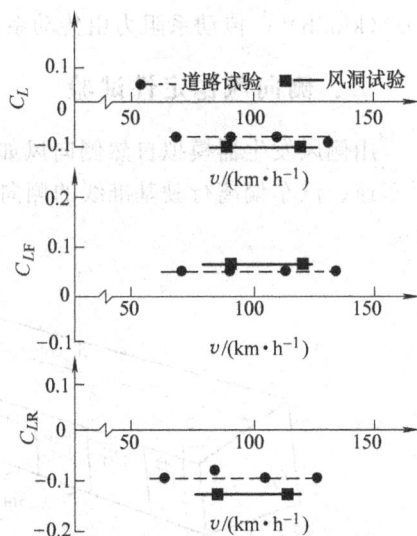

图 7-38　实车风洞试验与实车道路试验结果比较

第七节　驾驶室通风试验

一、载货汽车和越野汽车的道路试验方法

试验车的技术状态必须符合该车使用说明书或有关技术文件的规定；试验室大气温度应在 35℃以上，风速不超过 3m/s；试验道路应选择平坦、坚实的沥青路面或水泥路面，坡度不大于 1.5%；在驾驶室的下述位置安装传感器：

1）驾驶室顶棚中央处；

2）驾驶员与乘员的座椅靠背中央的上部（距座垫表面 700～800mm 处左、右各一只）；

3）驾驶员与乘员的座椅座垫下方距地板高 50～60mm 处（与靠背上部测点成直线，左、右各一只）；

4）驾驶员与乘员的脚部，距地板高 10mm 以内（不接触地板，左、右各一只）；

5）对轻型越野汽车，相应增加后座椅乘员肩部、腿部与脚部的测点。

试验前，打开驾驶室车门，以使驾驶室内的温度与大气温度相等。当两者温度相等后，开启通风装置，起动发动机使其出水温度达到 80℃以上，然后汽车起步，直至挂直接挡，分别以 30km/h、35km/h 的车速行驶。当驾驶室内各测试点温度稳定后，记录各部位的测试温度，并记录驾驶员与乘员胸部近旁的风速。

在同样条件下，变速器挂二挡，发动机节气门全开，用负荷拖车调整试验车的负荷，使汽车在发动机最大转矩转速下行驶。当驾驶室内各测试点温度稳定后，记录各部位的测试温度。

当没有负荷拖车时，该试验也可在坡道上进行，坡道总长应达 5～10km，最大坡度要达 8%，平均坡度约为 5%。试验时，汽车也要进行预热行驶，而后高速爬坡行驶。当驾驶室内各测试部位的温度稳定后，记录各测试部位的温度。

二、驾驶室通风试验及空调试验方法简介

1. 风洞试验

（1）通风试验　为提高舒适性，应对驾驶室内的通风、换气性能进行分析。为此，进行空气入口和出口处的气体成分检测，还可用烟流发生器进行流态显示试验。

（2）空调试验　用热线风速仪测定由车室内的空调出口放出的风的速度分布，并进行驾驶室内的气温、湿度等调节装置的试验。

2. 道路试验

进行综合性通风评价时，风窗及通风管道应全部开启。当评价某一通风装置的通风状况时，可部分开启风窗和通风管道。

由于国产载货汽车大部分采用自然通风方式，其通风状况与车速关系很大，所以在多种车速下进行该项试验。

试验时，变速器挂最高挡。试验车速范围为 40km/h 至最高车速，每隔 10km/h 为一种试验车速。当车速稳定到规定的试验车速时，用风速仪测量各通风装置的风速及驾驶员和乘员的膝盖、腹部、肩部、喉部及面部的风速。通风道出口的通风量为

$$Q = vA \tag{7-14}$$

式中　Q——通风道出口的通风量；

　　　v——风速；

　　　A——通风道出口面积。

第八章 汽车空气动力学数值计算

第一节 空气动力学数值计算概述

一、空气动力学的研究方法

空气动力学有试验和理论两种研究方法。近年来，伴随计算机的发展及计算技术的进步，数值研究取得了迅猛的发展并逐渐取代了以解析解为中心的理论研究。数值研究被称为流体数值计算（numerical simulation of fluidflows）、计算流体力学（computational fluid dynamics）、数值流体力学（numerical fluid dynamics）等，本章将汽车空气动力学数值计算简称为 CFD。

CFD 解析方法首先用数学方程式表示实际流体，为使其简化采用位势流理论、边界层近似、完全气体近似等，进而导入相应的湍流数学模型，进行数值计算。由于计算是基于对实际流体的近似进行的，故应考虑其计算前提近似的影响，应根据计算结果的精确度，可信性，可用的计算机，过去的计算经验等等，确定采用的数值解法。最后用 FORTRAN 等语言建立程序，进行计算机运算，并由计算机图示显示流态。

解析解与数值解法相比，有根本的区别。前者对全领域的流动，以单一的连续函数近似；而后者对局部领域分别用函数近似。由于单一函数中能用傅里叶等高次函数近似，对流动自然而然形成局限；数值解用局部近似法，即使对低次多项式也能满足近似精度。因此，数值计算在适应流动的方程式、边界形状、计算方法等方面的优点占绝对的优势。

数值计算方法的实质就是把描述空气运动的连续介质数学模型离散成大型代数方程组，建立可在计算机上求解的算法。通过偏微分方程的离散化和代数化，将无限信息系统变为有限信息系统（离散化），把偏微分方程变为代数方程（代数化），再通过采用适当的数值计算方法，求解方程组，得到流场的数值解。离散的实质解通常以两种形式给出：网格上的近似值，如差分法；单元中易于计算的近似表达式，如有限元、边界元等。

流体运动方程组是拟线性双曲型方程组。对于拟线性双曲型方程组，不管初值如何光滑，解可以是间断的。对于间断的初值，解也可以是光滑的。这种特性使求解流体力学运动方程组有它特殊的问题和困难。

与试验研究相比，CFD 开发的时间短，所耗费的经费少。尽管一般认为试验的可信度高，但在模型风洞试验中，存在着动力相似及几何相似的影响、试验结果与实车的换算问题以及采集数据的测量误差等问题。尽管试验技术在不断完善，仍存在一些问题，道路试验还受不断变化的自然条件的限制，要得出准确的结果，需要非常谨慎。

由于计算机的发展，使计算机运转速度和存储量呈指数上升；而由于计算技术的发展和计算方法的进步，使计算费用正呈指数下降。用 CFD 模拟流场不受支架干扰等的限制，因此对物理现象比较清楚的问题（车身无分离绕流部分），用 CFD 方法解决得更快。CFD 是在汽车空气动力学发展过程中缓慢形成的基本辅助工具。由于汽车空气动力学中很多问题的物理图像尚未搞清，还不能建立精确的数学模型，因此 CFD 并不能全面代替风洞试验研究，很多实际问题还要靠试验解决，汽车空气动力学中很多问题的物理现象还要靠风洞试验来探求。

在解决汽车空气动力学的问题时，风洞试验和 CFD 都是必要的手段，两者不是孤立的，而应互相补充和配合，将来风洞试验将会更多地用于验证和完善理论上的论断或是流场的综合模拟。

CFD 在预测汽车外形的变化对流场特性的影响方面是最有效的，很适用于汽车外形的选择分析。它的另一个主要应用是对正在进行的风洞试验进行检查并验证试验结果，有效地增强风洞试验能力。数值模拟能模拟风洞中难以完成的情况，如在风洞中难以模拟的两辆汽车并列前行或是超车时的空气动力特性。但是由于受到计算机的容量、运算速度的限制以及目前尚未完全被认识的物理知识的影响，使得数值方法的预测能力有限。

CFD 是建立在全 Navier—Strokes（以下称 N—S）方程近似解基础上的计算技术。根据近似解的精度等级，把 N—S 方程的解法分成以下四类：

1）线性非粘性流方法；

2）非线性非粘性流方法；

3）平均雷诺数基础上的 N—S 方程；

4）全 N—S 方程。

线性非粘流方法一般用于飞行器设计中，现已成熟；也用于亚声速、边界层流、涡流网格及平面网格方法的处理。但当其用于汽车周围的流场时，对于车身尾部的大分离区受到严格限制。

非线性非粘性流方法是建立在欧拉方程的解的基础上的方法，对于诸如翼型类的飞行器零件周围的跨声速流的预测已成为精确的工具。

建立在平均雷诺数基础上的 N—S 方程目前还处于发展阶段。这些方程需要一个封闭的湍流模型，该模型可全面高效地模拟湍流，但对于诸如道路和汽车周围的复杂流场模拟的有些问题，则尚未完全解决。

二、CFD 的一般方法

CFD 有多种多样的方法，最常用的方法有以下三种：

1）有限差分法（finite-difference method，FDM）；

2）有限要素法（finite element method，FEM）；

3）边界积分法（boundary integrl method，BIM）。

图 8-1 表明典型数值解法的相互关系。有限体积法（finite-volume method，FVM）、质点网格法（particle-in-cell，PIC）、流体网格法（fluid-in-cell，FLIC）、线上求解法（method of lines，MOL）、流线曲率法（streamline curvature method，SCM）等方法都是有限差分法的一种或是其变形的一种方法。变分 FEM 法、重叠残差法、最小二乘 FEM 法等是有限要素法的变形。边界积分法是从古典的特异点法发展的方法，它也可称为边界要素法。上述三种方法的比较见表 8-1。

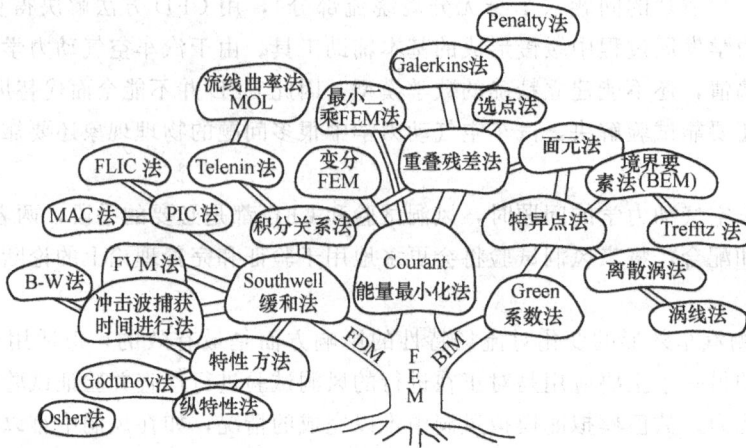

图 8-1　CFD 系统图

表 8-1　CFD 解法的比较

	FDM	FEM	BIM
网格分割	规则的格子普遍用于边界的网格分割	可自由地分割为三角形、四边形、三棱柱、六面体等要素	边界的面元分割
建立一次方程式的系数行列	大型、带成分不密集的行列	与 FDM 相同	小型，成分密集的行列
主要特征	最基本的标准解法	精确度高，对已有程序使用方便，计算量大	输入数据少
适用性	适用性广，用于伴有冲击波的超声速流边界层流，LES 计算	适用于复杂形状的边界	定常流中的物体自由表面流

表 8-2 列出了 CFD 上述方法在汽车流场计算中求解 N—S 方程的应用情况。

表 8-2　应用 CFD 方法在汽车流场计算中求解 N—S 方程的应用

基本方程	假　设	导出方程	CFD 方法
N—S 方程	无粘流	欧拉方程	欧拉法
	无旋流	拉普拉斯方程	涡格法 边界层法 面元法
	时均流	雷诺方程	k—ε 模型 低雷诺数 k—ε 模型 各向同性 k—ε 模型 雷诺应力模型
	空间平均		大涡模型
	无处理		直接模型
	其他		半直接模拟与三阶上风格式

三、计算流体力学的发展过程

图 8-2 表明计算流体力学的发展过程，左侧标明 FDM、FEM、BIM 各解法的问世年代。FDM 的概念比微分产生还早，1910 年 Richardson 的论文及 1930 年后期 Southwell 已进行了该方法的先行研究。FEM 法的历史较短，是 1966 年 Zienkiewicz 对浸透流研究开始采用的方法。BIM 法虽然在 1931 年曾被 Rosenhead 采用过，但至 1950 年末才真正被应用，近年来在对复杂外形的粘性流计算中得到发展。

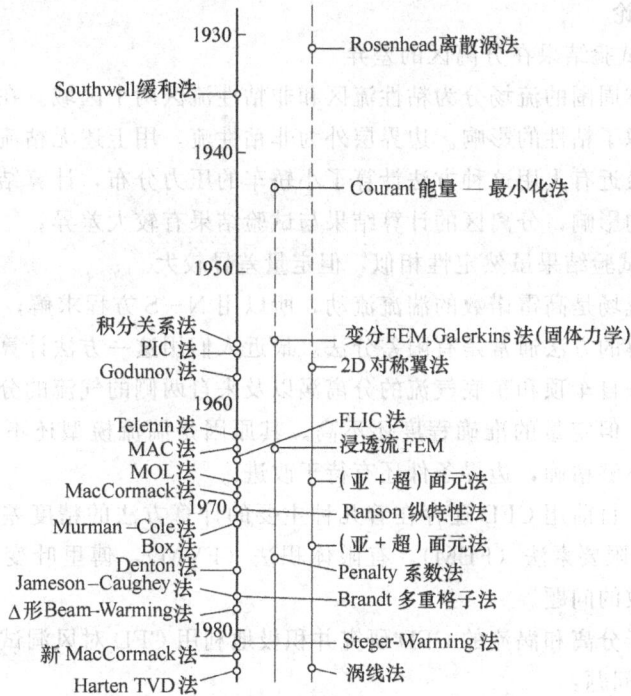

1930	Rosenhead 离散涡法
Southwell 缓和法	
1940	Courant 能量—最小化法
1950	
积分关系法	变分 FEM,Galerkins 法(固体力学)
PIC 法	2D 对称翼法
Godunov 法	
1960	FLIC 法
Telenin 法	浸透流 FEM
MAC 法	
MOL 法	(亚+超)面元法
MacCormack 法	
1970	Ranson 纵特性法
Murman—Cole 法	(亚+超)面元法
Box 法	
Denton 法	Penalty 系数法
Jameson—Caughey 法	Brandt 多重格子法
△形 Beam-Warming 法	
1980	Steger-Warming 法
新 MacCormack 法	
Harten TVD 法	涡线法

图 8-2　CFD 的发展过程

四、CFD 的理论基础及现状

CFD 的理论基础分为两类，一类是以无粘流理论为基础，另一类是以粘流理论为基础。无粘流理论不考虑粘性的影响，在运动方程中只有流体的惯性项和压力项，所用的方程是欧拉方程。粘性理论是从 N—S 方程出发，考虑惯性力、压力和粘性力。以下对基于两种理论基础的计算方法进行简单的分析。

（一）无粘流理论

1. 计算结果与试验结果的差异

1977 年，曾有人用有限要素法计算了两辆小客车相邻行驶时的气动力。计算结果表明，往前超车的一辆车由于另一辆车的干扰，产生一个使其偏离邻车的横摆力矩，这与实车试验结果定性一致。1982 年又有人用该方法计算了小轿车表面的压力分布（$\beta=0°$）状态。计算时，没有考虑车身底部外形以及车轮的影响，作了平滑车底的近似。计算结果表明，在汽车表面的附着流区域，压力分布的计算结果与风洞试验的结果基本一致；但在分离区与试验结果差别很大，通过压力分布积分得到的气动力和气动力矩与风洞试验结果也不一致。

2. 不同计算方法的计算结果的差异

放弃无旋条件则无粘运动方程成为非线性的欧拉方程。欧拉法与有限要素法的不同之处在于：有限要素法是把物面分成许多单元，而欧拉法是将物体周围的流场进行单元划分。

最近有人曾用欧拉法计算了轿车的压力分布，并与有限要素法的计算结果比较，发现两种方法对车身后部压力分布的计算结果差别较大。与试验结果相比，欧拉法比有限面元法相对稍好，但与试验结果的定量比较表明，计算结果与试验结果仍有明显的差异。

（二）粘性流理论

1. 计算结果与试验结果在分离区的差异

用边界法将物体周围的流场分为粘性流区和非粘性流区两个区域。在物体附近很薄的一层称为边界层，考虑了粘性的影响。边界层外为非粘性流，用上述无粘流方法进行处理。边界层内为粘性流。最近有人用这种方法计算了小轿车的压力分布，计算结果表明，由于在分离区没有考虑分离的影响，分离区的计算结果与试验结果有较大差异。

2. 计算结果与试验结果虽然定性相似，但定量差异较大

绕实际汽车的流场是高雷诺数的湍流流动，所以用 N—S 方程求解，需要用时间平均的湍流运动方程，求解的方法通常是有限差分法。最近人们用这一方法计算了汽车的流场，在汽车尾部计算出了来自车顶和车底气流的分离涡以及来自两侧的气流的分离涡，与试验结果相比虽然定性相似，但定量的准确程度还不高。其原因是湍流模型还不理想，计算网格过粗，物面形态表示不够精确，边界条件还有待于改进。

上述分析表明，目前用 CFD 还存在着几种主要的计算方法的精度差别。例如，用有限差分法（FDM），有限要素法（FEM），有限体积法（FVM），傅里叶变换（FFT）等几种计算方法的值不一致的问题。

目前进行了关于分离和涡流的 CFD 研究并积极地利用 CFD 对风洞试验进行补充。现在用 CFD 可解决下列问题：

1）用 CFD 预测分离和涡流较少的车身前部的表面压力分布。通过计算可大幅度减少这部分压力的测点，提高压力分布测定效率。

2）对流态显示比较困难的车身底部，可用 CFD 得到的数据对风洞试验进行补充。

3）用 CFD 方法进行涡流和分离少的低阻车的设计和开发，从而缩短设计、开发的时间。

（三）CFD 存在的问题及当前研究的重点

1）目前尚无成熟的非线性偏微分方程数值方法的数学理论，尚未建立严格的误差估计及严格的稳定性分析方法。

2）数值方法只能给出离散数据或单元近似函数，因而不能完全代替解析解。

3）数值方法只能分辨相对网格尺寸而言的长波现象，而为提高分辨率减小网格，又受到计算机容量、速度的限制。全时间相关的湍流 N—S 方程的直接数值模拟（DNS）需要的存储量，远远超过现有先进计算机的容量。当前常用的只是时均 N—S 方程的求解与湍流模型相结合，使得目前的数值模拟只能得出近似解，但直接数值解是数值计算的一个重要方面。

现阶段 CFD 的目标是不断提高计算精度和速度，在工程应用中尽可能多地缩短风洞试

验的时间。

目前，CFD 主要研究下述问题：

1）基本方程和湍流模型的处理；

2）数值方法和计算格式的发展；

3）计算坐标的选取、物面描述和网格生成；

4）边界条件等影响计算精度的因素的处理；

5）CFD 计算结果与试验结果的对比分析以及采用 PIV 法等流态显示技术的发展。

为使 CFD 技术用于工程实际，还需做大量的工作，如提高计算速度、精度，完善计算结果的可视化程度等。

第二节　CFD 在汽车空气动力学中的应用

一、汽车流场数值模拟的特点和难点

汽车周围的流场是非常复杂的，它存在着显著的分离现象，如：具有大曲面的二维或全三维流动产生空泡形分离涡，与车身形状有关的尾流结构以及顶部、底部、侧面气流之间产生强烈的相互影响。由于车身底部外形的凸凹及车身附件（如保险杠、门把手、后视镜、天线）等的干扰，这种复杂性进一步增加了。因此，粘性的影响不再局限于车身表面较小的"边界层"范围，汽车不能区分为几个或多或少相互独立的流场，对汽车周围的流场只能作整体考虑。

一般地说，汽车总是在有风的道路环境中行驶，汽车的速度和方向一般与风的速度、方向不同。在有侧风的环境下，汽车的尾部及车身周围产生的局部气流分离区是不对称的，所以增加了流场的复杂性。除分离流固有的不稳定性外，由于流态的瞬间变化，又增添了一个时间差。车身几何外形的微小变化，均可引起各种分离流的边界层产生变化。发动机及制动器冷却气流、驾驶室内通风气流的作用，把外部流场与内部流场联系起来，使其变得更为复杂。通过车身下部的气流，由于地面的干扰而受阻；车身底部粗糙不平的外形、车轮及路面对汽车周围流场的作用，使车身周围产生了复杂的粘性流。

在道路行驶环境中，经常出现不同外形、尺寸的汽车会车、超车的现象，致使总流场相互作用的情况经常发生。

CFD 用于汽车与飞行器有很大的不同。由于飞机的机翼、机身和尾翼等可以单独考虑，使飞机周围的流场计算得到了简化，各部分的相互作用也可以用理论方法来评价。因为气流是连续附着的，计算可分两步进行，即首先确定非粘性流场，然后用"边界层"理论计算粘性效应。其计算程序所依据的理论在不断发展，目前已扩展到高速下的计算（马赫数效应）。数值计算在航空领域是很有效的设计工具。

汽车周围的流场存在着气流分离区，使 CFD 在汽车技术的应用上出现了难点。即使把汽车简化成没有任何附件的光滑的表面，按"封闭"分离区及大尾部的外形建立模型，仍存在着难以解决的问题。其难点之一是有关三维分离流可普遍采用的数据欠缺，道路汽车在不稳定侧风环境下气动导数的典型数值尚未建立，难以精确地估计气动力对瞬态特性的影响。在三维流中产生分离现象的种类是目前尚未解决的问题，控制不同类型的三维流分离产生的因素，分离流的结构运动学，钝体尾流的不稳定性、湍流状态等，都使 CFD 用于处理汽车的三维流场时存在着尚未解决的问题。

采用平均雷诺数下的 N—S 方程，需要一个与方程组很接近的湍流模型，使方程的解便于修正。为解决这些问题，在模拟复杂的真实扰流时，不能使用标准混合长度和涡流密度的概念，需要建立高阶扰动流模型，而这个模型到目前为止尚未建立。

二、流场中作用的力

流场中作用于汽车上的力取决于车身形状和方位以及流体的物理特性。由于不论是空气运动、车身静止，还是空气静止、车身运动，只要保持相同的相对运动特性，两者就是相同的。因此，在研究流场中作用的力时，我们假设车身静止而空气运动。

置于流场中的一个单元流体，其体积为 $dxdydz=\delta V$，则作用于此单元流体上的力有惯性力、重力、压力和粘性力（图 8-3）。

作用在单元流体上的惯性力为

$$F_\mathrm{i} \sim \frac{\rho v \delta V}{l/v} = \frac{\rho v^2 \delta V}{l} \qquad (8\text{-}1)$$

式中　ρ——空气密度；

　　　v——空气流速；

　　　l——特征长度。

作用在距流体单元距离 dx 的静压力为

$$\frac{\partial p}{\partial x}dxdydz = \frac{\partial p}{\partial x}\delta V \qquad (8\text{-}2)$$

图 8-3　作用于流体上的力

假定压力在所有分量方向上都大小相同，可由下式建立

$$F_\mathrm{p} \sim \frac{\delta p}{l}\delta V \qquad (8\text{-}3)$$

式中　δp——典型压力变化；

　　　l——特征长度，代替 x。

由于流体单元作用在 dy 面上的粘性力相互平衡，可只考虑作用于 x 方向上的粘性力分量。作用于 x 方向上的粘性力为

$$\frac{\partial \tau}{\partial y}dxdydz = \frac{\partial \tau}{\partial x}\delta V \qquad (8\text{-}4)$$

式中　τ——切应力，可表示为 y 方向的速度梯度，即

$$\tau = \mu\frac{\partial u}{\partial y} \qquad (8\text{-}5)$$

式中　μ——粘度；

　　　u——x 方向的速度分量。

设流体单元各方向的切应力分量大小相等，用特征参数 v、l 代替 u、y，则

$$\frac{\partial \tau}{\partial y}\delta V \sim \mu\frac{v}{l^2}\delta V \qquad (8\text{-}6)$$

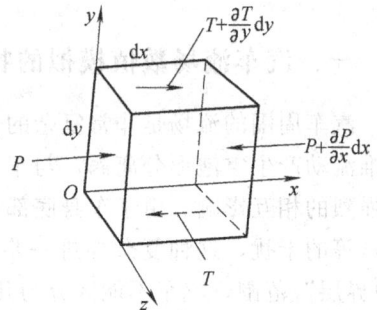

作用在流体单元上的惯性力、压力和粘性力之间的大小可表示为

$$F_i : F_p : F_v = \frac{\rho v^2}{l} : \frac{\delta p}{l} : \mu \frac{v}{l^2} \tag{8-7}$$

三、理想流体的计算准则

雷诺数 Re 是空气动力学中重要的基本参数。它是一个无量纲参数，其物理意义是代表流场中流体所受的惯性力与粘性力之比，其值为

$$Re = \frac{\rho v^2 / l}{\mu v / l^2} = \frac{\rho}{\mu} v l = \frac{v l}{\nu} \tag{8-8}$$

式中　ν——运动粘度，$\nu = \mu / \rho$。

用 Re 的公式可建立流场中各力的相互关系。基于汽车平均长度和最高速度的流场的雷诺数变化范围为 $10^5 \sim 10^8$。在流场中占主要成分的惯性力比粘性力大几个数量级。在距车身表面极近处，气流流速缓慢；而到车身表面，速度减小到零（无滑动状态）。在此很薄的"边界层"内，粘性力起着主要作用。由于边界层内空气的运动粘度很低，故对边界层外的气体假定为"完全气体"是很接近真实气流的。

对于完全气体

$$\frac{\delta p}{p} = -\frac{\delta V}{V} \tag{8-9}$$

式中　$\dfrac{\delta p}{p}$——压力 p 的相对变化；

$\dfrac{\delta V}{V}$——体积 V 的相对变化。

根据质量守恒定律，体积的变化可用密度的变化来表示，即

$$\frac{\delta V}{V} = -\frac{\delta \rho}{\rho} \tag{8-10}$$

将其代入式（8-9）得

$$\frac{\delta p}{p} = \frac{\delta \rho}{\rho} \tag{8-11}$$

式中　p——非扰动区气流的压力；

ρ——非扰动区气流的密度。

由于流体运动的压力变化可由伯努利方程建立起来，则得

$$\delta p \sim \frac{\rho}{2} v^2 \tag{8-12}$$

代入式（8-11）得

$$\frac{\delta \rho}{\rho} \sim \frac{1}{2} \frac{\rho}{p} v^2 \tag{8-13}$$

完全气体的声速为

$$c^2 = \frac{p}{\rho} \tag{8-14}$$

代入式（8-13）得

$$\frac{\delta \rho}{\rho} \sim \frac{1}{2} \frac{v^2}{c^2} = \frac{1}{2} Ma^2 \qquad (8-15)$$

式中　Ma——马赫数，流速与声速之比。

如果能够保证密度变化$\frac{\delta \rho}{\rho} \ll 1$，从式（8-15）可以看出，压缩性的影响可以忽略。换言之，保持流场的马赫数小于 1，就可忽略压缩性的影响。常温时，空气的声速大约为 1332km/h，假设汽车的最高车速为 250km/h，流场的马赫数为 0.19，从方程式（8-15）可知，密度变化大约为 2%。航空空气动力学的经验证实，马赫数低于 0.3 时，可忽略气流的压缩性。因此，对道路汽车的流场，可不考虑压缩性的影响。

四、空气的两种近似法

前面已分析了汽车绕流研究的难点，为了使汽车空气动力学问题易于处理，必须对空气的物理特性进行近似和简化。汽车空气动力学把空气分为两种类型，即完全流体和粘性不可压缩流体。

完全流体是一种无粘性、单一不可压缩介质。根据式（8-8）和式（8-15）可描述如下：不可压缩非粘性流的雷诺数无限大，马赫数为零。由于其特性不受雷诺数的影响，故在分析时，可不考虑外形比例的影响，并可很好地模拟边界层外和尾流区的流场。

把流体假设为无粘性、单一不可压缩介质，适用于有限雷诺数、马赫数为零、粘性层流状态的汽车空气动力学问题的研究。

第三节　非粘性流方法

一、控制方程

非粘性、不可压缩、完全气体的运动方程由 N—S 方程推得。对于无约束、单一粘性、不可压缩流体，N—S 方程表示其惯性力、压力和粘性力之间的平衡。对于完全气体，没有粘性力，故在笛卡尔坐标系中，三维流的运动方程组为

$$\begin{cases} \rho \left(\dfrac{\partial u}{\partial t} + u \dfrac{\partial u}{\partial x} + v \dfrac{\partial u}{\partial y} + w \dfrac{\partial u}{\partial z} \right) = -\dfrac{\partial p}{\partial x} \\[2mm] \rho \left(\dfrac{\partial v}{\partial t} + u \dfrac{\partial v}{\partial x} + v \dfrac{\partial v}{\partial y} + w \dfrac{\partial v}{\partial z} \right) = -\dfrac{\partial p}{\partial y} \\[2mm] \rho \left(\dfrac{\partial w}{\partial t} + u \dfrac{\partial w}{\partial x} + v \dfrac{\partial w}{\partial y} + w \dfrac{\partial w}{\partial z} \right) = -\dfrac{\partial p}{\partial z} \end{cases} \qquad (8-16)$$

式中，等号左边的式子为惯性力，等号右边的式子为压力。

式中　u、v、w——速度矢量v在x，y，z方向上的分量；

　　　　ρ——密度；

　　　　p——压力。

对于不可压缩流体，根据质量守恒定律，连续性方程可表示为

$$\frac{\partial u}{\partial x} + \frac{\partial v}{\partial y} + \frac{\partial w}{\partial z} = 0 \tag{8-17}$$

u、v、w 和 p 这四个未知数可从方程式（8-16）和方程式（8-17）中得出。总之，不管在求解上述未知数时方程多复杂，都可以归结为无旋流。

二、作为欧拉方程解的无旋流场

如果矢量 w 在流场中任一位置的分量均为零，则此流场为无旋流，有

$$w = iw_x + jw_y + kw_z \tag{8-18}$$

及

$$\begin{cases} w_x = \dfrac{1}{2}\dfrac{\partial w}{\partial y} - \dfrac{\partial v}{\partial z} \\[2mm] w_y = \dfrac{1}{2}\dfrac{\partial u}{\partial z} - \dfrac{\partial w}{\partial x} \\[2mm] w_z = \dfrac{1}{2}\dfrac{\partial v}{\partial x} - \dfrac{\partial u}{\partial y} \end{cases} \tag{8-19}$$

由于是无旋流，故

$$w_x = w_y = w_z = 0 \tag{8-20}$$

无旋流的这种状态可由方程式（8-16）及方程式（8-17）直接推出。如果流场满足无旋条件方程式（8-19）以及连续性方程式（8-17），就存在一个欧拉方程的解。

三、无旋流

1. 速度场与压力场

无旋流速度场可以表示成一个标量势函数 $\boldsymbol{\Phi}(x, y, z)$ 的梯度，速度势函数定义为在整个流场内是连续可微的，则可表示为

$$v(x, y, z) = \text{grad}\boldsymbol{\Phi} = i\frac{\partial \boldsymbol{\Phi}}{\partial x} + j\frac{\partial \boldsymbol{\Phi}}{\partial y} + k\frac{\partial \boldsymbol{\Phi}}{\partial z} \tag{8-21}$$

由于 $v = iu + jv + kw$ 速度的分量可表示为

$$u = \frac{\partial \boldsymbol{\Phi}}{\partial x}; \; v = \frac{\partial \boldsymbol{\Phi}}{\partial y}; \; w = \frac{\partial \boldsymbol{\Phi}}{\partial z} \tag{8-22}$$

从方程式（8-19）和方程式（8-21）推出涡矢量为

$$w_x = \frac{1}{2}\left(\frac{\partial^2 \boldsymbol{\Phi}}{\partial y \partial z} - \frac{\partial^2 \boldsymbol{\Phi}}{\partial y \partial z}\right) = 0 \tag{8-23}$$

$$w_y = w_z = 0$$

所以势函数 $\boldsymbol{\Phi}$ 满足无旋条件，方程式（8-22）代入连续性方程式（8-17）得

$$\frac{\partial^2 \boldsymbol{\Phi}}{\partial x^2} + \frac{\partial^2 \boldsymbol{\Phi}}{\partial y^2} + \frac{\partial^2 \boldsymbol{\Phi}}{\partial z^2} = 0 \tag{8-24}$$

使用拉普拉斯算子

$$\nabla^2 = \frac{\partial^2}{\partial x^2} + \frac{\partial^2}{\partial y^2} + \frac{\partial^2}{\partial z^2}$$

方程式（8-24）可表示为

$$\nabla^2 \boldsymbol{\Phi} = 0 \qquad\qquad (8\text{-}25)$$

方程式（8-25）就是 Laplace 方程。

引进势函数的概念简化了欧拉方程的积分问题，把寻求三个非线性局部微分方程式 (8-16) 以及连续性方程的解转化为寻找满足方程式（8-25）的势函数 $\boldsymbol{\Phi}$ 的解的问题，线性 Laplace 方程的解要比非线性欧拉方程组简单得多。Laplace 方程的直线性允许使用叠加原理时，从已知的基本解中产生一系列解。

如果 $\boldsymbol{\Phi}_1(x, y, z)$，$\boldsymbol{\Phi}_2(x, y, z)$，$\cdots$，$\boldsymbol{\Phi}_n(x, y, z)$ 存在 n 个 Laplace 方程的基本解，而

$$\boldsymbol{\Phi}(x, y, z) = a_1 \boldsymbol{\Phi}_1 + a_2 \boldsymbol{\Phi}_2 + \cdots + a_n \boldsymbol{\Phi}_n \qquad\qquad (8\text{-}26)$$

也存在 Laplace 方程的解，选择适当的常量 a_1，a_2，$\cdots$，a_n 就可得到特解。因为每一个解 $\boldsymbol{\Phi}_1$，$\boldsymbol{\Phi}_2$，$\cdots$，$\boldsymbol{\Phi}_n$ 都是线性的，所以各速度分量及速度矢量也是可以叠加的，即由式 (8-22) 可得出

$$u = \frac{\partial \boldsymbol{\Phi}}{\partial x}; \qquad v = \frac{\partial \boldsymbol{\Phi}}{\partial y}; \qquad w = \frac{\partial \boldsymbol{\Phi}}{\partial z}$$

$$u_1 = \frac{\partial \boldsymbol{\Phi}_1}{\partial x}; \qquad v_1 = \frac{\partial \boldsymbol{\Phi}_1}{\partial y}; \qquad w_1 = \frac{\partial \boldsymbol{\Phi}_1}{\partial z}$$

$$u_2 = \frac{\partial \boldsymbol{\Phi}_2}{\partial x}; \qquad v_2 = \frac{\partial \boldsymbol{\Phi}_2}{\partial y}; \qquad w_2 = \frac{\partial \boldsymbol{\Phi}_2}{\partial z}$$

$$\vdots \qquad\qquad \vdots \qquad\qquad \vdots$$

$$u_n = \frac{\partial \boldsymbol{\Phi}_n}{\partial x}; \qquad v_n = \frac{\partial \boldsymbol{\Phi}_n}{\partial y}; \qquad w_n = \frac{\partial \boldsymbol{\Phi}_n}{\partial z}$$

合成速度矢量场 $\boldsymbol{v}(x, y, z)$ 可表示为

$$\left.\begin{aligned} \boldsymbol{v}(x, y, z) = \ & \boldsymbol{i}(a_1 u_1 + a_2 u_2 + \cdots + a_n u_n) + \\ & \boldsymbol{j}(a_1 v_1 + a_2 v_2 + \cdots + a_n v_n) + \\ & \boldsymbol{k}(a_1 w_1 + a_2 w_2 + \cdots + a_n w_n) \end{aligned}\right\} \qquad (8\text{-}27)$$

应用伯努利方程，从速度场建立压力场 $p(x, y, z)$

$$p + \frac{\rho}{2} v^2 = 常数 \qquad\qquad (8\text{-}28)$$

由于压力和速度间的平方关系，基本流的压力 p_1，p_2，$\cdots$，p_1 是不能叠加的。

2. 流线函数

用满足无旋性条件的势函数 $\boldsymbol{\Phi}$，建立连续性方程式（8-24），另外定义一个函数 $\boldsymbol{\Psi}$，它满足无旋性条件，$\boldsymbol{\Psi}$ 称为流线函数。

根据速度分量 u 和 v，流线函数 $\boldsymbol{\Psi}(x, y)$ 可表示为

$$u = \frac{\partial \boldsymbol{\Psi}}{\partial y}, \ v = -\frac{\partial \boldsymbol{\Psi}}{\partial x} \qquad\qquad (8\text{-}29)$$

代入二维不可压连续性方程中

$$\frac{\partial u}{\partial x} + \frac{\partial v}{\partial y} = 0 \qquad\qquad (8\text{-}30)$$

对于二维流动，只有速度分量 u 和 v 存在，无旋条件为

$$w_z = 0 \text{ 或 } \frac{\partial v}{\partial x} - \frac{\partial u}{\partial y} = 0 \tag{8-31}$$

方程式（8-31）常被用来确定流线函数 $\Psi(x, y)$。

由方程式（8-29）消去 u、v 得

$$\frac{\partial^2 \Psi}{\partial x^2} + \frac{\partial^2 \Psi}{\partial y^2} = 0 \tag{8-32}$$

用流线函数描绘流场中的流线。流线是一条曲线，其任意点的切向与该点速度矢量的方向相同。

由方程式（8-21），速度场给出一个二维势流

$$v(x,y) = \mathrm{grad}[\Phi(x,y)] = i \frac{\partial \Phi}{\partial x} + j \frac{\partial \Phi}{\partial y} \tag{8-33}$$

和

$$\mathrm{grad}\Phi = iu + jv \tag{8-34}$$

流线函数的梯度由方程式（8-29）给出

$$\mathrm{grad}\Psi = i \frac{\partial \Psi}{\partial x} + j \frac{\partial \Psi}{\partial y} = -iv + ju \tag{8-35}$$

比较方程式（8-34）和方程式（8-35）可以看出，$\mathrm{grad}\Phi$ 与 $\mathrm{grad}\Psi$ 是相互垂直的（图 8-4）。$\mathrm{grad}\Phi$ 和 $\mathrm{grad}\Psi$ 是指向曲线 $\Phi=$ 常数和 $\Psi=$ 常数的各自的法向矢量。$\mathrm{grad}\Phi$ 代表速度矢量的方向。曲线 $\Psi=$ 常数各点的切线方向相同，所以曲线 $\Psi=$ 常数表示流线，流线 $\Psi=$ 常数和等势线 $\Phi=$ 常数是正交的。

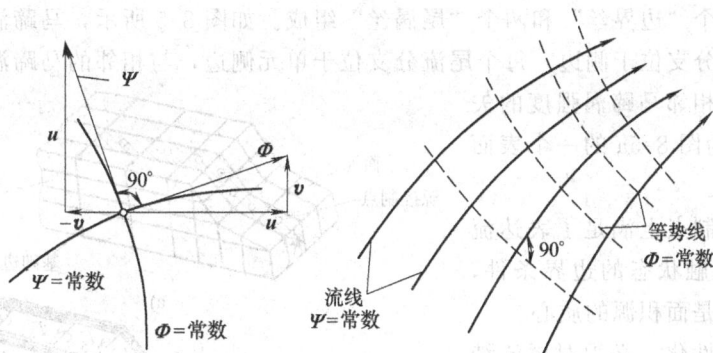

图 8-4　流线和等势线

四、涡格法和面元法的基本概念

用涡格法和面元法模拟绕任意形状物体的势流，允许将流动视为两个流场叠加而成的流场，其一为定常 v_∞ 的均匀"原始"流场，另一个是具有速度为 $v_p(x, y, z)$ 的"扰动"流场。

均匀原始流定义为没有物体时的流动，扰动流则使流场的每一点实际速度为 $v(x, y, z)$，则

$$v(x,y,z) = v_\infty + v_p(x,y,z) \tag{8-36}$$

用该方法进行汽车的流场计算时，对于给定外形的汽车原始流动是已知的，汽车以等速

行驶就相当于空气以相同的速度v_∞流过汽车，则可找出相应的干扰速度场$v_p(x,y,z)$。在确定边界条件时，可认为无粘性流体等速滑过汽车表面时，流动在汽车表面的所有点都沿切向附着，即在汽车表面法向流动分量为零。汽车表面对原始流的干扰流动最强，干扰效应随着与汽车表面距离的增大而减弱。用ϕ、ϕ_0和ϕ_p分别表示结果流动、原始流动和干扰流动的势，上述两个边界条件可表示为

$$\frac{\partial \phi}{\partial n} = \frac{\partial \phi_0}{\partial n} + \frac{\partial \phi_p}{\partial n} = 0$$

$$\phi_p \rightarrow 0 \text{ 与 } r \rightarrow \infty \tag{8-37}$$

式中　n——车身表面法向；

　　　r——从汽车表面算起的距离。

汽车周围流场的特征是从车身尾部拖出尾流，不同车型的尾流结构不同，尾流结构中有尾涡和拖曳涡。

对于给定外形的汽车，在流场中并不能预知尾流边界面的几何形状，在解决实际问题时，对这种非线性问题要通过对尾流结构的假设来线性化。

对汽车通常用镜像法模拟地面效应。由汽车及其镜像产生的非粘性流关于地面对称，其对称面是一个流线面，代表地面上的无粘流，以模拟地面效应。

五、涡格法

涡格法的概念来自于空气动力学中"升力面"的概念。

用平面面积单元来近似模拟汽车周围的流场，而每个单元流动模型由一个马蹄涡来模拟。马蹄涡由一个"边界丝"和两个"尾涡丝"组成。如图8-5所示，马蹄涡的边界分支位于上游边，尾流分支位于侧边。每个尾流分支位于单元侧边，与相邻的马蹄涡相连，因此尾涡分支的强度是相邻马蹄涡强度的矢量和。图8-5b为图8-5a的一个表面条域涡格的排列。

在一系列控制点上满足了表达流动与汽车表面接触状态的边界条件，这些控制点可以是面积源的质心。

为使问题线性化，必须对尾流结构形状进行假设，因此计算精度与对未知的尾流结构形状的假设精确度有关，这是线性化理论模型中存在的缺欠。

在用涡格法计算汽车周围的流动时，对表面的模拟排除了被尾流覆盖

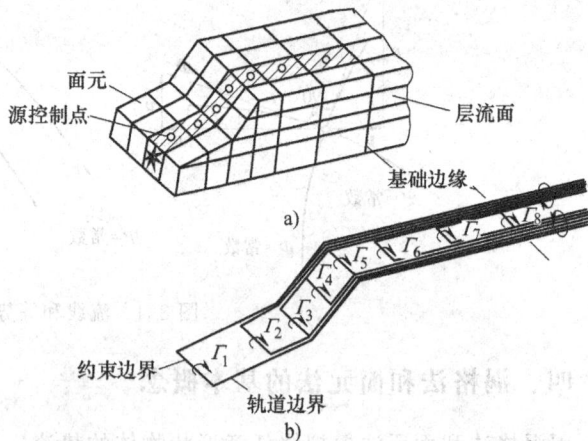

图8-5　涡格法
a）涡流网格表面分割　b）分离表面的马蹄涡的排列

的尾部区域。车身内布置的点源经开放的车尾产生向外的流动，该点源的强度由开放尾区的强度和初始流速给定。车身内点源的位置应满足车身表面面元上的流动切向条件，恒定横断面上的湍流在尾部延伸至无穷远处，致使车尾的涡丝和尾流分支也延伸至无穷远处，对尾流面未进行离散化，对其未加进边界条件。

如前所述，用均匀初始流和由车身表面布置的马蹄涡产生的干扰流的叠加得到最终的流场。每点的总速度量、初始流速度及车身上所有涡丝、尾流的诱导速度的矢量和由 Biot-Savart 定律通过每点涡丝产生的诱导速度给出。

在图 8-5 中，Γ_1，Γ_2，$\cdots$，Γ_n 表示车身表面 n 个面元上布置的马蹄涡的强度，令 a_{ij} 代表位于第 j 个单元的单位强度的马蹄涡在面元 i 的控制点上的诱导速度，若 A_{ij} 为该诱导速度在面元 i 表面的法向分量，则

$$\sum_{j=i}^{n} A_{ij}\Gamma_j \tag{8-38}$$

是由面元 i 的控制点处所有的涡丝诱导的总法向速度，a_{ij} 和 A_{ij} 包含了与地面对称的地面下的镜像模型的涡格的影响。为满足流动的边界条件，即无横穿面元 i 表面的流动，该速度应等于控制点处初始速度的法向分量 R_i，即

$$\sum_{j=i}^{n} A_{ij}\Gamma_j = -R_i \tag{8-39}$$

由于流动切向条件应当在 n 个面元控制点上成立，在线性方程系统中反复使用式 (8-39)，得

$$\begin{bmatrix} A_{11} & A_{21} & \cdots & A_{1n} \\ A_{21} & A_{22} & \cdots & A_{2n} \\ \vdots & \vdots & \vdots & \vdots \\ A_{n1} & A_{n2} & \cdots & A_{nn} \end{bmatrix} \begin{bmatrix} \Gamma_1 \\ \Gamma_2 \\ \vdots \\ \Gamma_n \end{bmatrix} = \begin{bmatrix} -R_1 \\ -R_2 \\ \vdots \\ -R_n \end{bmatrix} \tag{8-40}$$

方程式 (8-40) 可用解线性方程的标准解法求解，如 Gauss-Seidel 迭代法。解的精确性和计算时间取决于模拟表面的面元的数量。在车身表面急骤变化的临界区域，可能会产生两相邻面元之间的干涉，因此面元划分要比平坦表面区域更细，因为平坦表面速度梯度较小。

若已知涡强 Γ_1，Γ_2，$\cdots$，Γ_n，则应用 Biot-Savart 定律可确定每个控制点处的诱导速度，由此求出这些诱导速度的切向分量以及扰动速度的切向分量的矢量和，进而求出控制点处网格的切向速度。将该值代入伯努利方程，得到控制点的压力。该压力值作为面元表面上的平均值，而作用于车身上的力和力矩则以作用于每个单元的力（力矩）的和给出。

涡格法的主要问题是确定尾流表面的边界条件很困难，因此所用的涡格模型中没有模拟尾流区，这显然影响计算精度。

图 8-6 为斯坦福用涡格法计算的结果。

理论模型的车身由 480 个面元模拟，图 8-6 中给出了沿上表面中心线的压力分布。计算表明，尽管车身表面面元划分得较粗，在散热器格栅与发动机罩的连接处及前风窗与顶盖的连接处，面元的密度可能不够，但计

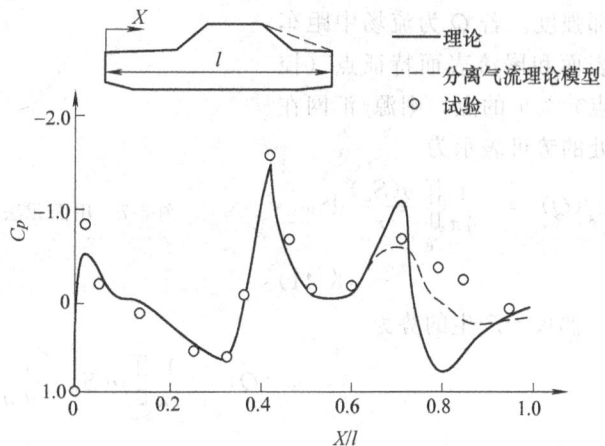

图 8-6　沿轿车上表面中心线的压力分布

算结果与试验结果是吻合的。理论计算的结果与试验结果的偏差在顶盖后缘处是明显的。风洞试验表明，气流在此处发生分离，无粘理论模型显然无法模拟这种现象。通过改变模型外形，将顶盖后缘与行李箱相连，可使尾流的压力分布状况改善（图 8-6）。真实流动中，在后风窗与行李箱盖间的区域存在一个分离泡，根据对此分离泡的假定"边界"的压力计算，可估算出尾流区模型表面的压力值。

斯坦福的研究表明，建立更适当的尾部模型，可提高压力预测的精度。

六、面元法

为了克服涡格法在建立汽车干扰流模型中的的难点，斯坦福在车身内布置点源，该点源仅由一个涡格代表。

为了模拟有限厚度的有升力物体的绕流，在理论模型中需要建立源/汇，偶极子/涡等奇点。本节讨论的面元法，通过在车身表面布置源/汇、奇点网来产生扰动流（图 8-7）。对于有升力体，引入偶极子或涡以产生环流，奇点网的强度沿表面按如下方式变化：在车身及尾流上的每个奇点产生的法向速度恰等于扰动流速度的分量。

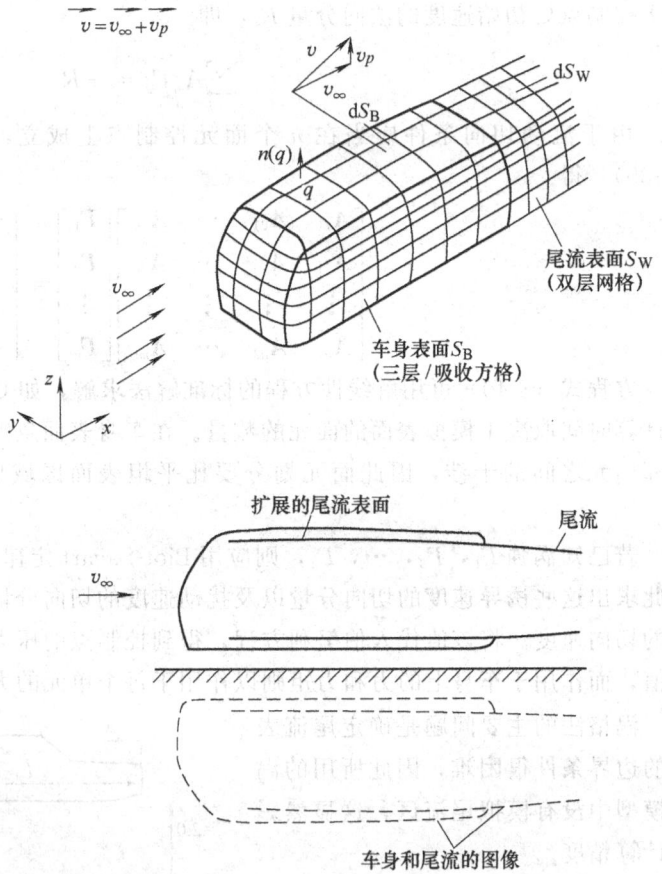

用面元法计算汽车流场的基本特征如图 8-7 所示。设 $\sigma(S_B)$ 为车身表面 S_B 上设置的点源局部强度，$\mu(S_W)$ 为假定的尾流表面 S_W 上的偶极子的局部强度。若 Q 为流场中距车身表面和尾流表面特征点（控制点）为 r 的点，则源/汇网在 Q 处的势可表示为

$$\varphi_s(Q) = -\frac{1}{4\pi}\oiint_{S_B}\frac{\sigma(S_B)}{r}\mathrm{d}S_B$$

(8-41)

图 8-7　用面元法进行汽车模型数值模拟的基本特征

偶极子产生的势为

$$\varphi_D(Q) = \frac{1}{4\pi}\oiint_{S_W}\mu(S_W)\frac{\partial}{\partial n}\left(\frac{1}{r}\right)\mathrm{d}S_W \qquad (8-42)$$

对式（8-41）和式（8-42）在车身的尾流表面进行积分，式（8-42）中的 $\frac{\partial}{\partial n}$ 表示沿表面法

向。

Q 点的总扰动势 $\varphi(Q)$ 由 φ_{S} 和 φ_{D} 的和给出，即

$$\varphi(Q) = \varphi_{\mathrm{S}}(Q) + \varphi_{\mathrm{D}}(Q) \tag{8-43}$$

由于用镜像法模拟地面效应，故车身和尾流表面上的每点在地面之下对称地拥有其相应点，对式（8-43）中的每一项都应认为是每点与其镜像点贡献之和。最终的流动是通过将均匀初始流 $v_{\infty}(x, y, z)$ 与由 $\sigma(S_{\mathrm{B}})$ 和 $\mu(S_{\mathrm{W}})$ 所确定的扰动流进行叠加而得出的。将流动的切向条件应用于车身和尾流表面，尾流表面的几何形状通过风洞中的流态显示试验进行估计。车身上的一点 q 的流动切向条件意味着那里的扰动速度的法向分量恰与初始流速度的法向分量相等，即

$$\operatorname{grad}[\boldsymbol{\varphi}(q)]\boldsymbol{n}(q) = -\boldsymbol{v}_{\infty}\boldsymbol{n}(q) \tag{8-44}$$

将 $\varphi(q)$ 代入式（8-40）、式（8-41）和式（8-42）得

$$\operatorname{grad}\left[-\frac{1}{4\pi}\oiint \frac{\sigma(S_{\mathrm{B}})}{r}\mathrm{d}S_{\mathrm{B}} + \frac{1}{4\pi}\oiint \mu(S_{\mathrm{W}})\frac{\partial}{\partial n}\left(\frac{1}{r}\right)\mathrm{d}S_{\mathrm{W}}\right]n(q) = -v_{\infty}n(q) \tag{8-45}$$

方程式（8-45）是非线性的，点源和偶极子强度函数 $\sigma(S_{\mathrm{B}})$ 和 $\mu(S_{\mathrm{W}})$ 是未知的，初始流场 $v_{\infty}(x, y, z)$ 是已知的。该方程将未知的 σ 与 μ 与已知的由车身表面法向分量表达的车身和尾流表面联系起来进行求解。

面元法是用被称为面元的平面四边形或三角形的面积单元代替连续的车身和尾流表面，假定面元上的点源或偶极子强度为常数。这种方法的特点是：

1）通过表面离散化，把式（8-44）中的面积分简化为每个面元上的有限积分的和。

2）设面元上 σ 和 μ 为常数，则将它们从积分中提出，使方程线性化。

若车身面元数为 m，尾流面元数为 n，则式（8-45）中的积分可表示为

$$\oiint_{S_{\mathrm{B}}} \frac{\sigma(S_{\mathrm{B}})}{r}\mathrm{d}S_{\mathrm{B}} = \sum_{j=1}^{n}\sigma_{j}\oiint_{S_{j}}\frac{1}{r}\mathrm{d}S_{j} \tag{8-46}$$

$$\oiint_{S_{\mathrm{W}}} \mu(S_{\mathrm{W}})\frac{\partial}{\partial n}\frac{1}{r}\mathrm{d}S_{\mathrm{W}} = \sum_{j=1}^{n}\mu_{j}\oiint_{S_{j}}\frac{\partial}{\partial n}\frac{1}{r}\mathrm{d}S_{j} \tag{8-47}$$

引入简化记号

$$\left.\begin{aligned}
X_{j} &= \sigma_{j}/(4\pi v_{\infty}) \\
Y_{j} &= \mu_{j}/(4\pi v_{\infty}) \\
A_{qj} &= \left[-\operatorname{grad}\oiint_{S_{j}}\frac{1}{r}\mathrm{d}S_{j}\right]n(q) \\
B_{qj} &= \left[\operatorname{grad}\oiint_{S_{j}}\frac{\partial}{\partial n}\left(\frac{1}{r}\right)\mathrm{d}S_{j}\right]n(q)
\end{aligned}\right\} \tag{8-48}$$

则式（8-44）简化为

$$\sum_{j=1}^{m}X_{j}A_{qj} + \sum_{j=1}^{m}Y_{j}B_{qj} = R_{q} \tag{8-49}$$

式（8-49）是表达点 q 处流动切向条件的线性代数方程，X_{j} 和 Y_{j} 以无量纲形式表达面元 j 的点源和偶极子的强度。A_{qj} 和 B_{qj} 可解释为点 q 处由面元 j 单位强度奇点分布产生的诱

导速度的法向分量，A_{qj} 和 B_{qj} 常被称为"影响系数"。对 m 个车身控制点、n 个尾流表面反复应用式（8-48），满足流动切向条件，导出 $m+n$ 个方程的线性系统。用 Gauss-Seidel 和 Gauss-Jordandie 迭代法解方程式（8-49），则

$$
\begin{bmatrix}
A_{11} & A_{12} & \cdots & A_{1m} & B_{11} & B_{12} & \cdots & B_{1n} \\
A_{21} & A_{22} & \cdots & A_{2m} & B_{21} & B_{22} & \cdots & B_{2n} \\
\vdots & \vdots & & \vdots & \vdots & \vdots & & \vdots \\
A_{m1} & A_{m2} & \cdots & A_{mn} & B_{m1} & B_{m2} & \cdots & B_{mn} \\
A_{(m+1)1} & A_{(m+1)2} & \cdots & A_{(m+1)m} & B_{(m+1)1} & B_{(m+1)2} & \cdots & B_{(m+1)n} \\
\vdots & \vdots & & \vdots & \vdots & \vdots & & \vdots \\
A_{(m+n)1} & A_{(m+n)2} & \cdots & A_{(m+n)m} & B_{(m+n)1} & B_{(m+n)2} & \cdots & B_{(m+n)n}
\end{bmatrix}
\cdot
\begin{bmatrix}
X_1 \\
X_2 \\
\vdots \\
X_m \\
Y_{(m+1)} \\
\vdots \\
Y_{m+n}
\end{bmatrix}
=
\begin{bmatrix}
R_1 \\
R_2 \\
\vdots \\
R_m \\
R_{(m+1)} \\
\vdots \\
R_{m+n}
\end{bmatrix}
$$

$$(8-50)$$

由于各奇点强度 X_j 和 Y_j 已知，其表面点上的干扰势由方程式（8-45）、方程式（8-46）和方程式（8-42）估算。

由于奇点强度 X_j 和 Y_j 满足流动切向条件，根据控制点 q 处的扰动速度 $v_p(q)=\mathrm{grad}\varphi(q)$ 和初始速度 v_∞ 的矢量给出 q 点的切向速度，应用伯努利方程即可求出压力。于是，作用于面元上的力等于该压力（在面元上认为是常数）与面元面积的乘积，作用于车身上的力和力矩为作用于各面元上的力和力矩之和。

七、非粘性无粘流方法

1. 不可压流非线性方程的解

在前一节中，处理无粘性不可压流的主要不足之处是不能模拟分离区的势流，如车尾、A 柱等处产生的分离及形成的纵向涡。为了考虑这些真实流动，必须采用现象模拟方法。这可通过施加模拟真实物理流动的边界条件，形成在特定位置特定强度的奇点排列，模拟空气动力学中产生分离的流动。而在适当的控制点采用适当的现象模拟，确定适当的边界条件，是一个难题。

基于解不可压、无粘、非定常流的非线性方程，将模拟尾流分离区的形成视为时间相关过程［式（8-16）］，通过微分消除方程中的压力项，得出仅含速度项 u、v、w 的方程，引入涡量 W，即

$$W = \mathrm{curl}\, v \qquad (8-51)$$

由式（8-18）和式（8-19），W 可表示为

$$W = i\left(\frac{\partial w}{\partial y} - \frac{\partial v}{\partial z}\right) + j\left(\frac{\partial u}{\partial z} - \frac{\partial w}{\partial x}\right) + k\left(\frac{\partial v}{\partial x} - \frac{\partial u}{\partial y}\right) \qquad (8-52)$$

于是得出式（8-24）所示的欧拉方程，即

$$\frac{\partial w}{\partial t} + (v\,\nabla)w - (w\nabla)\,v = 0 \qquad (8-53)$$

这些方程与连续性方程式（8-17）一起给出仅含速度 u、v、w 的纯运动学表达式，方程式（8-52）的边界条件为

$$v \cdot n = 0$$
$$v \to v_\infty \text{ 与 } r \to \infty \qquad (8-54)$$

n 为车身表面法向。边界条件意味着流体与物体表面相切，随着与车身表面距离的增加，扰动流逐渐消失。解方程式（8-52）的方法为由面元得到初始解求出小时间步长 Δt 之后的后继解；并假设尾流涡丝为已知的放射分离线，随着时间步的进行，不连续的放射涡丝长度增加，进行尾流计算。由于边界条件而产生的变形，形成与真实流动中观察到的相类似的轨迹。

在用面元法求解之后，根据计算表面的速度分布绘出表面流线，并沿每条流线进行计算。首先按层流计算，在转捩点后再按湍流计算。当表面摩擦系数为零时，预测在给定的流线上湍流边界层分离，分离线的位置可认为是这些分离点的位置。随着迭代的进行，分离线的位置可能移动，这表明代表尾流的偶极子面的位置必须进行相应的调节。为改善该方法的预测能力，对层流模拟的改进是关键技术。

图 8-8 给出了 Chomon 对 Renault R20 车计算的结果。车身由 375 个面元离散化，在每个面元上布置偶极子，等于在面元周围布置涡丝。假定分离线在车尾周边，除顶盖后缘外，涡丝沿分离线伸出，随每个时间步延长。图 8-8 表明，在 5 个、10 个、15 个时间步长后，在车尾的下底边处，涡的边缘和"剪切层"上卷的发展。

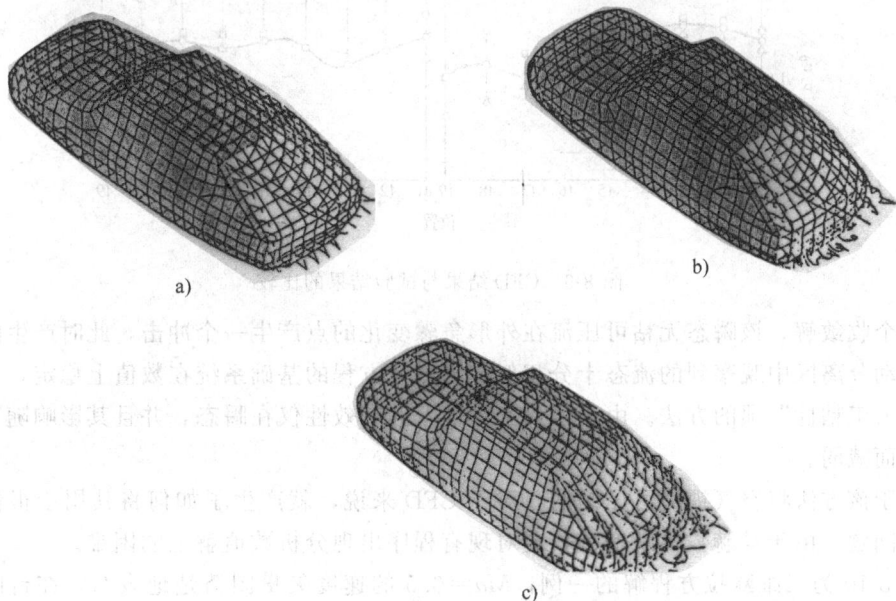

图 8-8　各种时间步长后，在车尾下底边处，涡的边缘和剪切层上卷的发展
a）5 个时间步长　b）10 个时间步长　c）15 个时间步长

图 8-9 为计算结果与试验结果的比较，在倾斜表面上的中部区域与试验结果吻合较好，而接近倾尾的侧边或底边时情况变坏。

2. 可压流欧拉方程的解

用非线性无粘方法模拟分离区，该方法的控制方程为与时间有关的无粘性可压欧拉方程，是双曲线型非线性偏微分方程组。

用环量的非零值刻划真实流动中的分离区。对可压欧拉方程解中环量产生的机理解释如下：

解与时间相关的欧拉方程的行进坐标是时间 t，该过程涉及许多时间步。在某瞬间之后

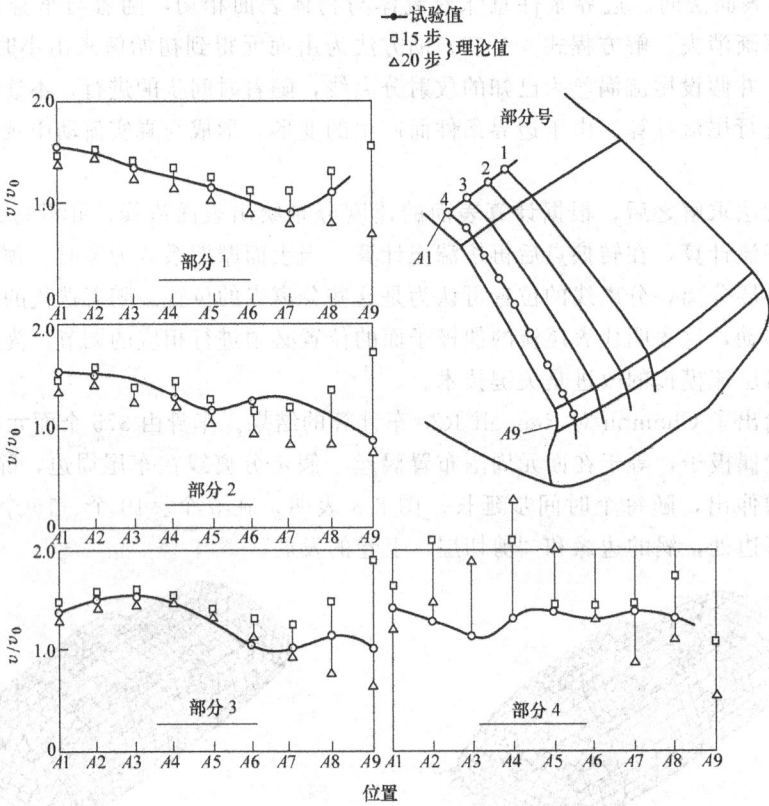

图 8-9　CFD 结果与试验结果的比较

得出一个收敛解，该瞬态无粘可压流在外形急骤变化的点产生一个冲击，此时产生的流动与真实流动分离区中观察到的流态十分相似。为了使方程的基础系统在数值上稳定，目前使用引入"人工粘性"项的方法。由于"人工粘性"的有效性仅在瞬态，并且其影响随着解收敛于稳态而减弱。

由于该方法将空气视为可压缩的，对于 CFD 来说，就产生了如何将其用于很低马赫数的流动问题。由于马赫数不断增加，会对现有程序出现分析数值解上的困难。

图 8-10 为二维欧拉方程解的一例，$Ma=0.5$ 的速度矢量图清楚地表明，在台阶后存在

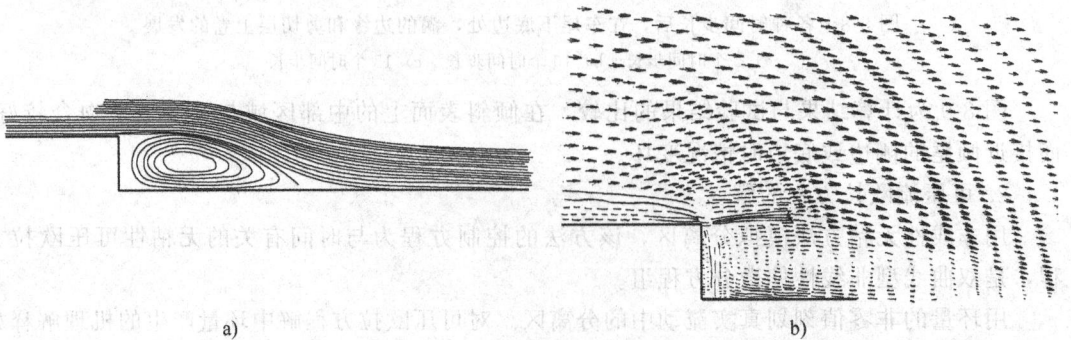

图 8-10　二维欧拉方程解的一例

一个分离循环流动区。计算结果无法与试验数据相比较，尤其在 Ma 很低时，因此图 8-10 的计算结果仅与实际定性相似。对于欧拉方程的三维解，还没有文献介绍。

第四节　N—S 方程的简化

当考虑到高雷诺数附着流的粘性效应时，传统方法是把粘性限于车身表面附近的一个薄层内，用简化的 N—S 方程作为该边界层的控制方程，在该粘性边界层之外，认为流动是无粘性的。粘性边界层的主要效应是在表面附近使流动减速，在表面速度为零（无滑移条件下）。

与无粘性绕流相比，真实流动中的边界层将无粘流从车身表面向外推移。对车身绕流的计算方法是首先对车身绕流进行无粘计算，使用诸如面元法 i 类的方法并假定得到的车身表面的压力、速度和流线等数据都是车身表面稍稍向外位置的数据，即位于边界层之外。以此为输入数据计算边界层位移厚度，用一个等价的源或位移厚度概念计算边界层，就完成了新的无粘计算。重复该迭代过程，直到算得的边界层值没有明显变化为止。

上述方法称为位移厚度法，其特点是，对面元法中每个迭代步之后都要产生新的几何形状，使计算量加大。因此，在附着流区域，建立边界层位移效应的等价源的方法是可取的。等价源的概念涉及车身表面上点源的排列，这种分布法将无粘流从车身表面向外推出，其距离等于当地的位移厚度。

将流域分为粘性边界层和无粘区域，意味着两个流域间有较弱的相互作用，为此要在附着区和弱的横向流动梯度间调节，但这不适用于汽车的尾流流场区域。Losito 考虑汽车上的边界层效应时，用了一种简化方法。他不用三维边界层方法，而是用面元法按无粘计算获得三维流线，再采用二维边界层方法计算。

关于用积分法和有限差分法计算边界层的研究表明，即使两种方法所得到的边界层位移厚度相同，积分法对边界层位移厚度和摩擦系数的计算值也都偏大。分析表明，有限差分法适用于边界层计算，它能真实地预测分离流。

对数值计算结果的影响因素如下所述。

1. 不同计算方法的计算结果的差异

图 8-11 为对快背式车身表面进行二维计算的例子，图 8-11a 用差分法，图 8-11b 用有限体积法。图 8-11b 为面元法的计算结果与试验值的对比。计算分析采用小林、诸冈，谷口及 VW 公司的数据。由图 8-11 可见，压力分布计算值定性的倾向是一致的，但定量差别较大。从图中还可看出，即使采用同一数值解法，采用同一湍流模型，由于网格分割密度不同、边界条件不同，计算结果也有很大的差别。因此，恰当地选择计算方法，计算中进行精密的网格划分，选择适当的边界条件，是保证计算精度的重要前提。

由于网格分割的密度对各种计算方法的不同影响，使不同计算方法的计算结果不同。图 8-12 表明用差分法和有限体积法对车身表面压力分布计算结果的影响。计算采用 k-ε 湍流模型。由图可见，计算结果虽定性相似，但定量分析存在如下差别：

1）采用有限体积法的计算结果表明，在车身顶盖前、后端棱角部位，C_p 有较大的峰值。

本书的精选的，所以有许多已经把其数据列出了。尤其在以后，你们因，经成为了你们对于这类数据的时候为它自己的解释，它是在这里你们的这个。

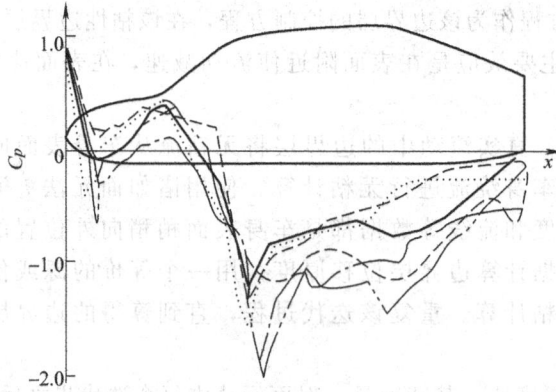

a)

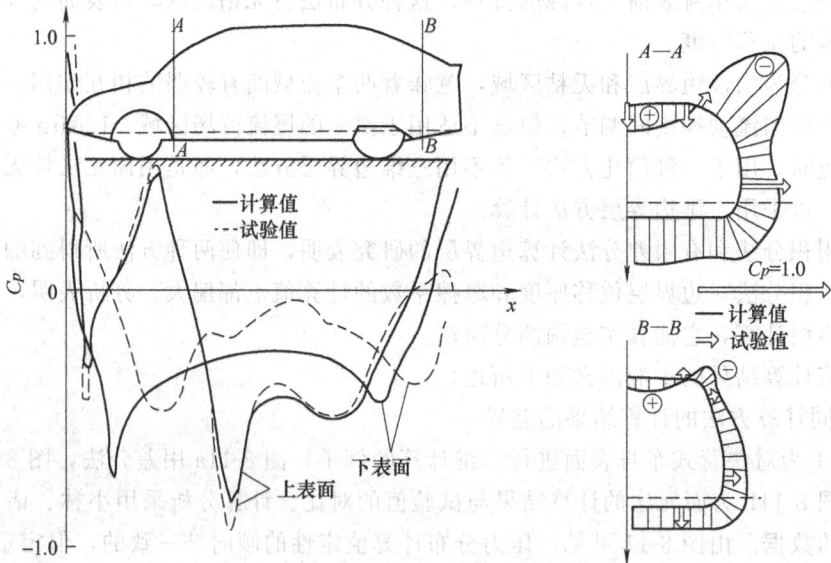

b)

图 8-11 快背式车身表面二维计算的例子

a）CFD 各种方法的比较　b）VW 公司对 Audi 2000 轿车的压力分布计算结果与试验结果的比较

2）采用差分法计算车身下部的压力分布，得出较低的 C_p 值。

图 8-12 表明，用有限体积法计算出沿车身表面的棱角处的 C_p 值，意味着不容易产生分

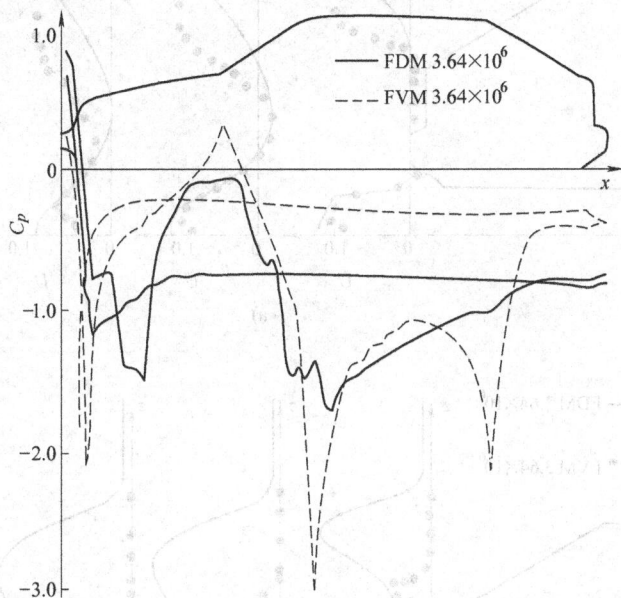

图 8-12　用差分法和有限体积法计算车身表面压力分布的差异

离；而用差分法计算的结果，在车身顶盖前、后端的棱角部位，没有出现上述的峰值。这种差别产生的原因是，用有限体积法进行计算时，在壁面附近采用了较密的网格分割。计算时，即使不同的数值解法采用同一边界条件，产生的边界层状态也不相同，从而使计算结果出现较大的差异。

图 8-13 表明用差分法和有限体积法计算车身尾流的差异，计算条件与图 8-12 相同。图 8-13a、b 分别为车身尾部 $0.25l$ 和 $0.5l$ 处（l 为车身长度）的主流方向的速度分布和湍流度分布的测定结果。由图可见，用差分法计算出在地板附近有较大的速度分布，并在车身尾部倾斜面的背后生成较大的流动滞区。湍流度的计算结果与速度分布的规律相同，在最大速度处，湍流度 K 出现两个峰值。两种方法计算出 K 的规律相同，但用差分法计算得出的值都比较大。

2. 边界条件

由于边界层附近的速度和湍流粘性系数等物理量有较大的变化，故难以对其进行细的网格分割。为此，建立边界条件的模型，合理地确定边界条件是非常必要的。边界条件的确定与边界层附近的流动极限有密切的关系，但由于边界层的存在，使边界层附近平均速度降低。对于高雷诺数流动，不能直接采用湍流模型；对于低雷诺数流动，可采用根据混合长度理论导出的代数辅助式，避免对边界层附近进行直接计算

图 8-14 为采用不同的边界条件，对车身上、下表面压力分布的计算结果，图中以 1:17.5 的缩尺模型（$Re=1.2\times10^5$）的试验数据作对比，边界条件列于表 8-3。

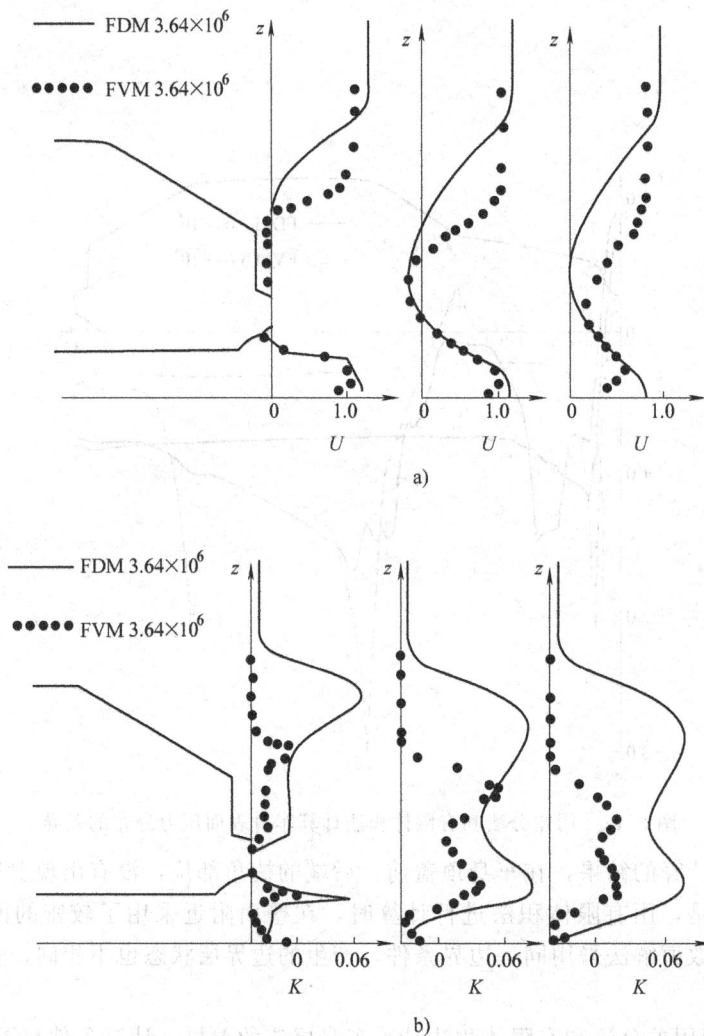

图 8-13 用差分法和有限体积法计算车身尾流的差异

a) 数值解法对尾流速度分布的影响　b) 数值解法对尾流能量分布的影响

表 8-3　边界条件

	u、v	K	ε	v_t	$k_{in}\varepsilon_{in}$
C_1		无滑动	无滑动		
C_2		自由滑动	自由滑动		
C_3	平行于壁面方向的速度	无滑动	自由滑动		
C_4	为 1/7 次方,则垂直方向	自由滑动	无滑动	线性化	Laufer 试验值
C_5	的速度为零	无滑动			
C_6		自由滑动	适用于辅助式		
C_7		适用于辅助式			
C_8		适用于辅助式		无滑动	

由图 8-14 可见,计算结果与试验结果在车身尾部定量差别很大。

3. 面积分割

图 8-15 为用差分法对二维车身湍流模型在不同网格分割密度下,对压力分布的计算结

果。由于网格密度不同，其计算结果也不同。由图可见，网格分割细密化可提高压力分布计

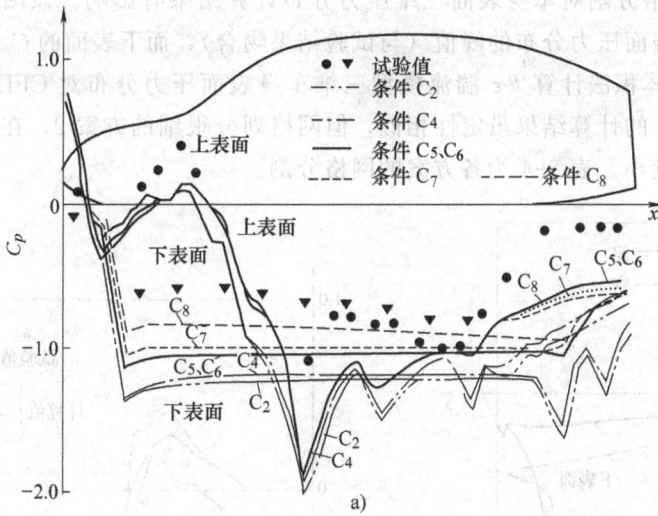

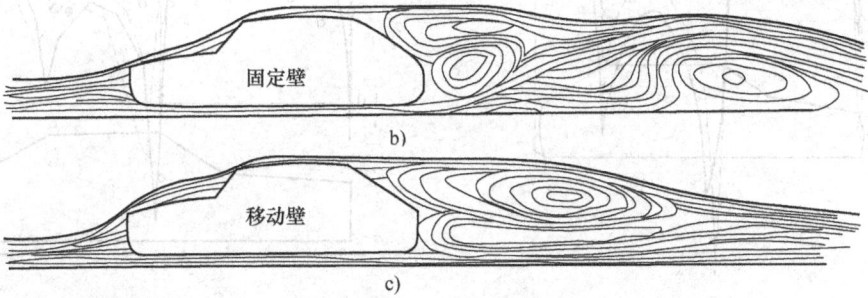

图 8-14 采用不同边界条件计算车身上、下表面压力分布的结果

a）边界条件对车身表面压力分布的影响 b）固定壁对尾流的影响 c）移动壁对尾流的影响

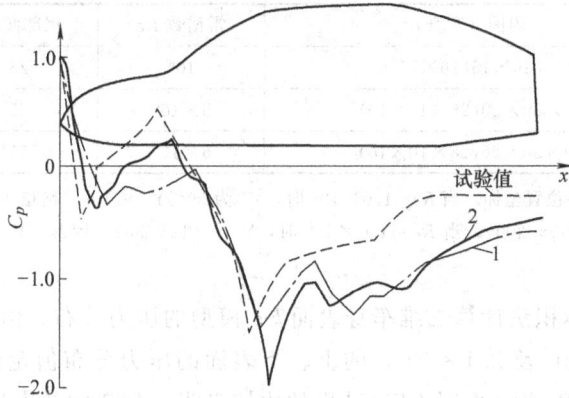

图 8-15 网格分割密度对车身表面压力分布计算结果的影响

1—采用 160×80 等间距（车身为 25×12 等间距）网格分割

2—采用 149×69 不等间距（车身为 51×29 等间距）网格分割

算的精度。

图 8-16 表明，网格分割对车身表面三维压力分布计算结果有影响。该图表明，网格划分越密，越易得到上表面压力分布的峰值（与试验结果吻合），而下表面的 C_p 值也越小。

图 8-17 为用有限体积法计算 k-ε 湍流模型三维车身表面压力分布对 CFD 结果的影响。由图可见，方案 1 与 2 的计算结果虽定性相似，但网格划分很细的方案 2，在车身后部的计算结果与试验值相差较小。表 8-4 为各方案的网格分割。

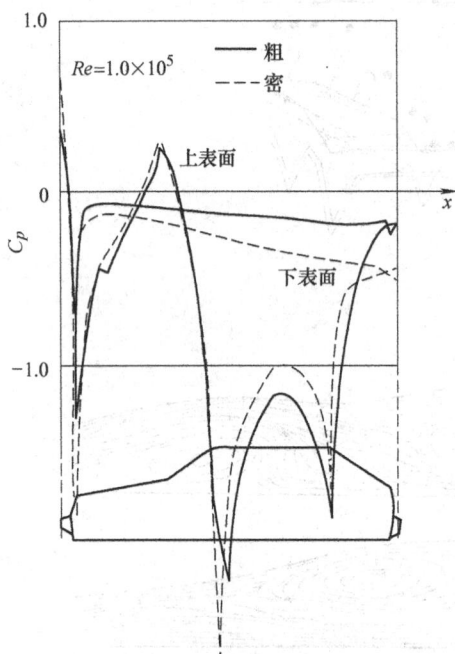

图 8-16　网格分割密度对车身表面三维
压力分布的计算结果

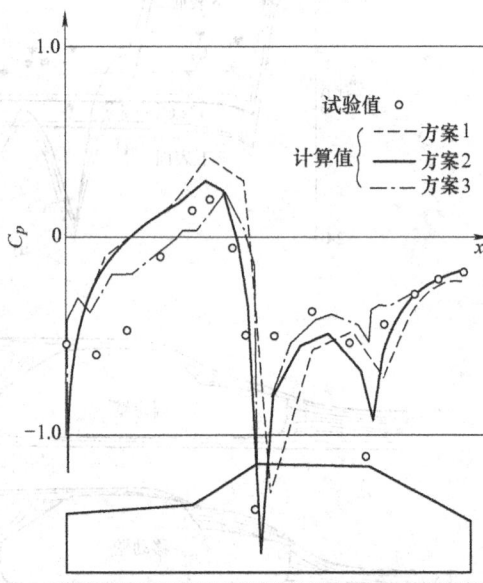

图 8-17　用有限体积法计算的车身表面压力分布
对 CFD 结果的影响

表 8-4　网格分割

方　案	周围（车身）	雷诺数 Re	尾部倾角 θ	项　目
1	$40 \times 20 \times 15(16 \times 7 \times 6)$	10^6	$25°$	$30 \leqslant Y^+ \leqslant 100$
2	$60 \times 30 \times 20(26 \times 10 \times 10)$	5×10^6	$25°$	网格细化
3	$60 \times 30 \times 20(28 \times 10 \times 10)$	5×10^6	$25°$	调整 Y^+

注：Y^+ 为壁近边第 1 网格位置坐标。当 $Re=1.0 \times 10^6$ 时，Y^+ 为 $30 \leqslant Y^+ \leqslant 100$（网格距离）；当 $Re=2.1 \times 10^6$ 时，Y^+ 的范围为 $Y^+ \sim (100 \sim 200)$；当 $Re=1.0 \times 10^5$ 时，$Y^+ \sim (12 \sim 30)$。因此，Y^+ 受网格分割密度的强烈影响。

图 8-18 为用有限体积法计算二维车身表面 k-ε 模型的压力分布。由图可见，不同雷诺数（$Re=10 \times 10^5$、1.0×10^6 及 2.1×10^6）的上、下表面的压力分布值定性一致，但存在定量差别。对 Re 为 10^5 与 Re 为 10^6 时 CFD 结果的比较表明，分离的状态出现差异、C_p 的分布也出现差异。

由于汽车三维绕流动态理论模型尚未建立，在汽车空气动力学数值计算中，边界条件、网格分割、计算方法等方面还存在很多问题尚未解决，CFD 技术将在不断解决上述难题的

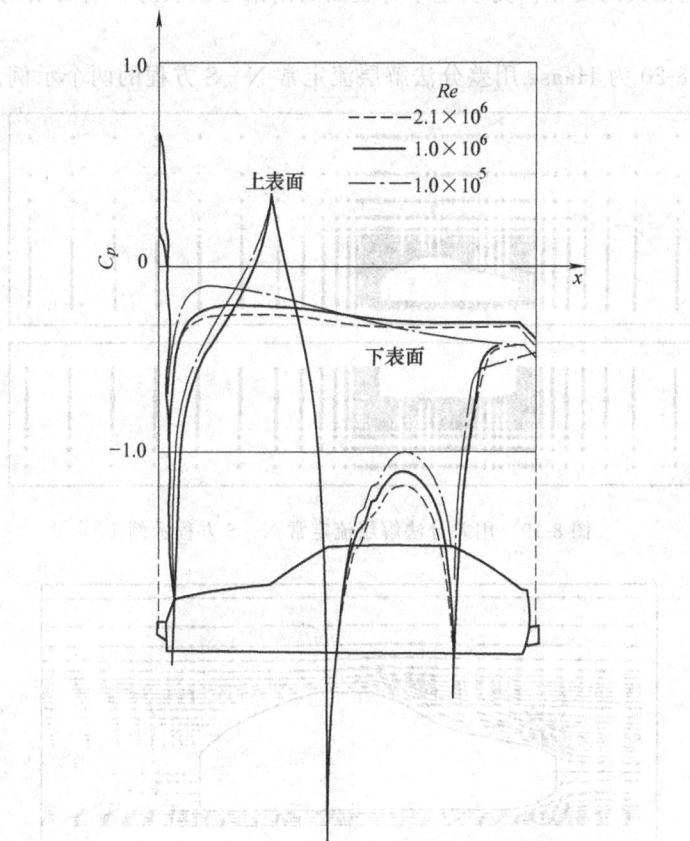

图 8-18 不同 Re 数下的 CFD 计算结果

同时得到发展。

第五节 N—S 方程的解法

车身周围的层流可用不可压流体的 N—S 方程与连续性方程组一起来描述。由于这些方程体现了所有涉及的物理现象，故不需像前几节一样附加另外的假定条件。然而，车身周围的真实绕流主要是湍流。对于湍流的 N—S 方程，需要建立一个湍流模型，以使方程适合于数值计算。对于时间平均的基本方程的时间间隔的选择，应使方程不依赖于随机的涡流脉动，同时应允许对可能出现的不稳定的宏观结构进行分解，其主要问题是建立严谨的湍流模型和选择合适的数值解法。当前人们对建立湍流模型虽然给予充分的关注，但能适用于汽车这样钝头体形状的复杂流场的绕流模型还没有建立。

航空界用于解 N—S 方程的方法通常是有限差分法。用该方法对汽车周围的流场进行绕流计算时，把车身周围区域离散为一系列有限差分方程，并进行网格分割，通过标准解在该网格中迭代地搜寻离散化方程的解。由于汽车的不规则形状，不能找出适合的网格，因此表示车身外形数值的网格线，不能与车身外形一致。网格分割的结果，使车身表面外形呈锯齿形，显然这是一个缺点。汽车空气动力学的大量研究表明，车身表面上微小的细节变化，能导致汽车流场产生很大的变化。为改进车身表面的网格分割状态，有必要对车身附近区域进行特别处理。

图 8-19 及图 8-20 为 Haase 用差分法解层流定常 N—S 方程的两个示例。

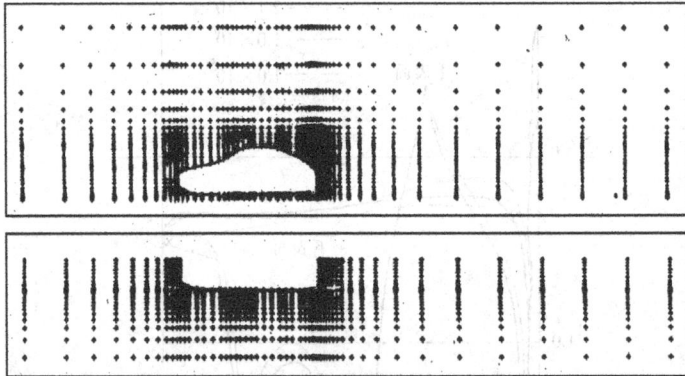

图 8-19　用差分法解层流定常 N—S 方程示例 1

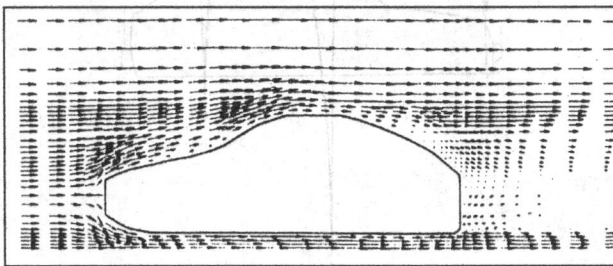

图 8-20　用差分法解层流定常 N—S 方程示例 2

图 8-21～图 8-24 为解 N—S 方程的计算示例。图 8-21 为车身表面的网格划分。图 8-22a 为表面均匀网格划分，图 8-22b 为外形急剧变化处用密网格划分，这种网格密度保持在整个计算区域。图 8-23 为车身周围的压力分布。图 8-24 为地板下部的流速矢量。

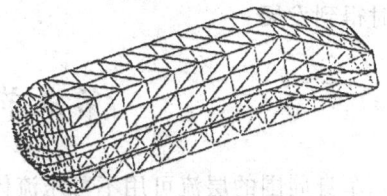

图 8-21　车身表面的网格划分

上述表明，用解 N—S 方程进行 CFD 计算，可正确、定性模拟汽车周围复杂的三维湍流宏观结构，给出形成的分离及纵向涡，与真实流动中观察到的现象相似。但湍流模型的精确度、使用网格

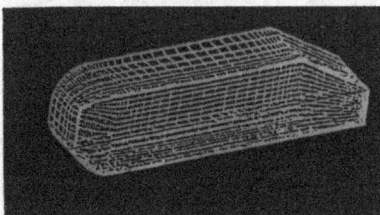
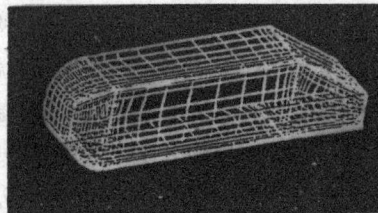

a)　　　　　　　　　　　　　　b)

图 8-22　车身表面的网格划分

a) 表面均匀网格划分　b) 外形急剧变化处用密网格划分

的划分密度、车身外形的准确度、近壁区的边界条件等因素都影响计算结果，而计算结果随网格密度不同也有很大的差异。

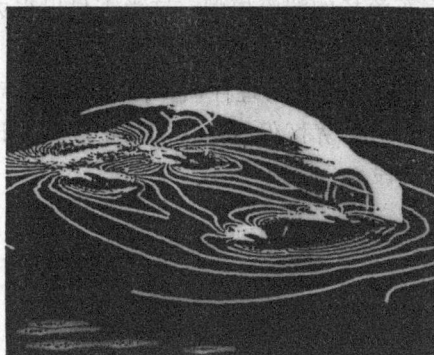

图 8-23　车身周围的压力分布

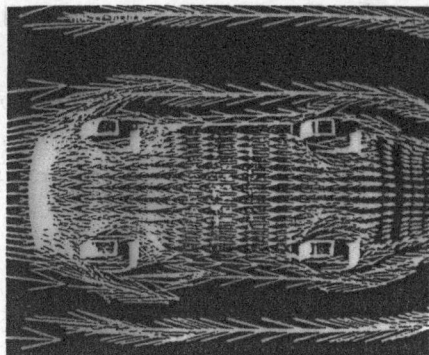

图 8-24　地板下部的流速矢量

第六节　结　束　语

本章介绍的许多数值计算方法，在航空工业领域已是常规的设计工具，而到目前为止，还没有一种计算方法能对汽车的真实绕流进行既定性又定量的描述。其原因之一是汽车的设计和使用都没有像航空界那样对 CFD 有迫切的需要；另一方面，在飞机设计初期就充分考虑了空气动力学，飞机的外形使其周围的流场没有或很少出现分离。因此，大部分为航空工业开发的 CFD 技术是建立在附着流基础上的。

汽车绕流计算的第一步是采用无粘性层流方法，如面元法。面元法的主要优点是，在描述复杂的车身外形的绕流时，比其他方法相对简单且灵活。面元法仅对车身表面进行离散化，计算过程中只需考虑车身表面的速度和压力分布；而其他方法，如欧拉方程和 N—S 方程的解，则必须对车身整个流场区域进行离散化，即使在远离车身表面的区域，也需给出大量的数据。在参数化设计研究中，这种流场的计算量很大。

面元法的主要局限是，它只能模拟附着流。由于不能用面元法计算分离区的压力，所以不可能预测压差阻力。用此方法时，在车身尾部的分离区，需要有试验基础才能正确地模拟分离流结构。但是，即使没有精确的分离模型，用面元法也能预测升力。

采用面元法与边界层双重计算方法与精确模拟尾流现象相结合的方法，是一种节省设计成本的有效方法。该方法的计算精度依赖于涡与"分离泡"型尾流结构的真实模拟程度。

现有的边界层计算程序不适用于分离区，只能根据三维流动的复杂特性，近似确定分离线。通过计算附着区的边界层，可估算摩擦阻力。尽管摩擦阻力仅是汽车气动阻力的一部分，但通过计算得到的更真实的车身表面流线，对合理选择驾驶室通风口的位置及研究车身表面雨水流的路径、灰尘的附着和沉积等问题都很有用。

解可压欧拉方程的非线性无粘流方法不需要现象模拟，这是其明显的优点。因此，该方法适用于汽车的数值计算，并得到迅速的发展。由于将空气视为无粘性的，欧拉方程的解不包括粘性效应，如边界层位移、总压力损失等，因此计算结果需要进行修正。

N—S 方程能代表对粘性流的真实模拟。目前，采用该方法的主要缺点是笛卡尔网格只粗略地描述车身外形；又由于近壁处的处理等问题，可能会导致不正确的计算结果。

解 N—S 方程的有限体积法避免了笛卡尔网格的缺点，并且能更灵活地生成一般车身的外形。但是当采用上述两种方法时，要得到适合于汽车流场的湍流模型，这尚需付出很大的努力。

若利用正确的湍流模型，N—S 方程则完全描述了粘性流的物理性质，而计算的精确性基本依赖于网格密度。由于现有的数值方法必须在大部分计算区保持这种网格密度，使计算量变得相当大，因此 N—S 方程解适用于设计的最后阶段。

参 考 文 献

［1］ Hucho W H. Aerodynamics of Road Vehicles［M］. London：Butterworth Co. Ltd,1987.

［2］ 傅立敏. 汽车空气动力学［M］. 北京：机械工业出版社，1998.

［3］ 傅立敏. 汽车空气动力学数值计算［M］. 北京：北京理工大学出版社，2001.

［4］ 傅立敏. 汽车新技术［M］. 长春：吉林科学技术出版社，2000.

［5］ Fu Limin，Hu Xingjun，Yang Bo. Research on Numerical Simulation of Exterior Flow Field of Rotating Wheels［R］. 日本航空宇宙学会西部支部講演集，2004.

［6］ Fu Limin，Hu Xingjun. Study on Numerical Simulation of a Saloon Car's Wake Structure［J］. Proceedings of 7th APSTVS Conference，2004：123-131.

［7］ Fu Yuanfang，Fu Limin. Numerical Simulation Study on Ground Effect of Simplified Car Model［J］. Proceedings of 7th APSTVS Conference，2004：186-192.

［8］ Fu Limin，Hu Xingjun. Numerical Simulation Study on the Flow Characteristics in the Intake Pipe of a Truck Air Filter［J］. Proceedings of EASED，2004：157-167.

［9］ Fu Limin，Hu Xingjun. Virtual Instrument System of Measuring Automotive Wake Velocity Based on Hot-Wire Anemometer［J］. Proceedings of IBEC 2003，JSAE，2003：565-569.

［10］ Fu Limin，Yang Bo. PIV Technology in The Transient Measurement of Car's Wake Turbulence［J］. Proceedings of IMAC XXI，2002.

［11］ Fu Limin，Wang Huiyong. Numerical Study of Separated Flow around Rear of Road Vehicle［J］. 2000 FISITA Automotive Innovation for the New Millennium World Automotive Congress，2000.

［12］ Fu Limin，Wang Huiyong，Wang Jingyu. Research on Numerical Computation of Drag by Wake Integration Method［J］. Society of Automotive Engineers of Japan inc. 2000 JSAE Spring Convention，2000：13-16.

［13］ Fu Limin. Research of Car's Separating Flow Characteristics［J］. 1998 FISITA World Automotive Congress，1998.

［14］ 傅立敏. 中国の自動車空力研究について［R］. 日本航空宇宙学会西部支部講演集，2004.

［15］ Fu Limin. Application of Laser-velocity-measuring on Diagnosis of Structure of Car's Wake［J］. Proceedings of the 3rd International Conference on Fluid Dynamics Measurement and its Applications，1997：73-84.

［16］ Fu Limin. On the Relationship Between Aerodynamics Characteristics and Driving Stability at High Speed［J］. SAE paper 901267，1990.

［17］ L. M. Fu，S. Muto. On the relationship between aerodynamics characteristics and driving stability at high speed［J］. Proceedings of 2nd ASIA-PACIFIC SYMOSIUMDN WINDENGINEERING，1989：1069-1078.

［18］ L. M. Fu. Visualization of Flow Around and After the Road Vehicle［J］. Proceedings of 2nd ASIA-PACIFIC SYMOSIUMDN WINDENGINEERING，1989：1079-1084.

［19］ 傅立敏. 汽车空气动力学研究概述［J］. 国外汽车，1977(4)：1-17.

［20］ 傅立敏. 降低国产轿车阻力的风洞试验研究［J］. 空气动力学学报，1998，16(2).

［21］ 傅立敏. 汽车尾迹涡的形成及其控制［J］. 汽车工程，2000，22(1).

［22］ 傅立敏. 典型汽车尾流结构的研究［J］. 汽车工程. 1996(6).

［23］ 傅立敏. 轿车三维分离流动特性的研究［J］. 汽车工程，1998，20(6).

[24] 傅立敏. FD-09 风洞改造为汽车模型风洞的关键技术研究[J]. 吉林工业大学学报，1996(3).

[25] 傅立敏. 关于改造航空风洞为汽车试验风洞的技术探讨[J]. 航空学报，1999，20(1).

[26] 傅立敏. 用空气动力学附加装置降低国产载货汽车气动阻力的探讨[J]. 汽车工程，1994，16(3).

[27] 傅立敏. 红旗轿车三维分离流动特性[J]. 吉林工业大学自然科学学报，1999(4).

[28] 傅立敏. 红旗轿车尾流结构特性的研究[J]. 吉林工业大学自然科学学报，1999(1).

[29] 傅立敏. 轿车地面效应的数值模拟[J]. 吉林大学学报（工学版），2003(2).

[30] 傅立敏. 轿车外形参数对空气动力特性参数的影响[J]. 吉林工业大学学报，1997，27（4）.

[31] 傅立敏. 汽车风洞试验地板边界层控制技术[J]. 汽车工程，1998，20（1）.

[32] 傅立敏. 汽车流场及尾部涡系数值模拟[J]. 吉林工业大学自然科学学报，2000，30（2）.

[33] 傅立敏. 汽车三维分离流动特性的数值研究[J]. 汽车工程，2000，22（6）.

[34] 傅立敏. 红旗 CA774 轿车尾流结构特性的研究[C]. 第四届全国工业及车船空气动力学学术会议论文集. 武汉：[出版者不详]，1997.

[35] 傅立敏. 国产小公共汽车空气动力特性分析[J]. 汽车技术，1980(3).

[36] 傅立敏. 车身尾部外形对空气动力特性影响的研究[C]. 第八届全国汽车年会论文集. 9130030. 1991：243-252.

[37] 傅立敏. 轿车外形的变化对空气动力特性影响的研究[R]. 长春汽车研究所技术报告，1993.

[38] 傅立敏. Audi 100. 红旗 CA774 轿车 1:5 模型风洞试验分析[R]. 长春汽车研究所技术报告，1991.

[39] 傅立敏. 红旗 CA774 轿车 1:10 模型尾流测量[R]. 长春汽车研究所试验研究报告，1993.

[40] 傅立敏. Audi 100 轿车 1:5 模型压力分布试验报告[R]. 长春汽车研究所试验研究报告，1992.

[41] 长春汽车研究所. 汽车试验技术手册 [M]. 长春：吉林科学技术出版社，1993.

[42] 长春汽车研究所. 汽车车身设计 [M]. 长春：吉林科学技术出版社，1994.

[43] Fu Limin. The Mechanism and the control of the Road Vehicle Wake Vortices Formation [J]. Society of Automotive Engineering of Japan，1998，5.

[44] 傅立敏. 用于汽车风洞试验的低噪音风洞：中国，ZL 2004 2 0011612.2 [P]. 2005-04-20.

[45] 傅立敏. 用于汽车风洞试验的低噪音风洞：中国，ZL 2004 2 0011611.8 [P]. 2005-04-20.

[46] 傅立敏. 用于汽车风洞试验的低噪音风洞：中国，ZL 2004 2 0011613.7 [P]. 2005-07-27.

[47] Hucho W H. The wind Tunnel's Ground Plane Boundary Layer—Its Interference with the Flow Underneath Cars [J]. Automotive Aerodynamics，Progressh in Technology Serles，1977，16.

[48] Scibor~Rylski A J. Road Vehicle Aerodynamics [J]. Pentchpress，1975.

[49] 日本機械学会编. 写真集流れ [M]. 丸善株式會社，1989.

[50] 自動車技術会. 自動車工学便覽 [M]. 東京：東京圖書出版社，昭和 51.

[51] 柴田. 自動車の空力設計法[J]. 三菱重工技報，1989.

[52] 三田村樂三. テザイソと空力[J]. 自動車工学全書 2. 山海棠，昭 55-11.

[53] 櫛田敬三. 省動力カーエアコソシステムの開發[J]. 三菱重工技報，1984，1：21.

[54] 黒谷. カークーラの實車シミュレショソについて[J]. 日產ン技報，1979，14.

[55] 中村弘道. 車室内の空洞共振との防止[J]. 日本音響学会誌，1961，17：3.

[56] 梶昭次郎. 流れと騷音. 流体に関連する騷音とその対策[R]. 第 372 回日本機械学会講習会，1973.

[57] 中野有朋. 吸音，遮音機構と消音器，流体に関連する騷音とそ対策[R]. 第 372 回日本機械会講習会，1973.

[58] 日本機械学會. 流れの数値シミェレ-ショソ[J]. コロナ社，1988，3.

[59] 橋口真宜. 自動車周クの流れの数値解析[R]. 日本自動車技術会学術講演会前刷集 931，1993.

[60] Jack William . An Automotive Front-End Design Approach for Improved Aerodynamics[J]. SAE paper

850281, 1985.

[61] Hucho W H. Designing Cars for Low Drag-State of the Art and Future Potential [J]. International Journal of Vehicle Design, 1982.

[62] Olson M E. Aerodynamic Effects of From End Design on Automobile Engine Cooling Systems [J]. SAE paper 760188, 1976.

[63] Stapleford W R, Carr G W. Aerodynamic Noise in Road Vehicles (Part 1) [J]. MIRA Rep, 1971.

[64] Lorea A, et al. A Wind-Tunnel Method for Evaluating the Aerodynamic Noise of Cars [J]. SAE paper 860215, 1986.

[65] Fu Limin. Research of the Aerodynamic Characteristics through Wake by Flow Visualization [J]. Recent Advances in Wind Engineering, 1989, 1-2: 26-29.

[66] Takahide Nouzawa. Influence of Geometry of Rear Part on the Aerodynamic Drag and Wake Structure of a Vehicle [J]. SAE paper 871236, 1987.

[67] Addel A F. An investigation into the aerodynamics of the eternal flow around a bus (Daewoo Model) [A] [J]. SAE paper 962173, 1996.

[68] Howell Jeff. The influence of ground simulation on the aerodynamics of a simple car model [J]. SAE paper 970134, 1997.

[69] Carr G W. Aerodynamic testing of road vehicles: testing methods and procedures [R]. SAE Technical Information Report J2084, Warrendale: SAE, 1991.

信 息 反 馈 表

尊敬的老师：

您好！感谢您多年来对机械工业出版社的支持和厚爱！为了进一步提高我社教材的出版质量，更好地为我国高等教育发展服务，欢迎您对我社的教材多提宝贵意见和建议。另外，如果您在教学中选用了《汽车空气动力学》（傅立敏　著），欢迎您提出修改建议和意见。

一、基本信息

姓名：_____性别：_____职称：_____职务：_____

邮编：_____地址：_____

任教课程：_____电话：_____-_____（H）_____（O）

电子邮件：_____手机：_____

二、您对本书的意见和建议

（欢迎您指出本书的疏误之处）

三、您对我们的其他意见和建议

请与我们联系：

100037　北京百万庄大街 22 号

机械工业出版社·高教分社　赵爱宁　编辑　收

Tel：010-88379712（O），68994030（Fax）

E-mail：jbszan@mail.machineinfo.gov.cn

　　　　ainingzhao@sohu.com

　　　　ainingzhao@163.com

http://www.cmpbook.com

http://www.cmpedu.com